互联网 +
背景下高校与家庭协同育人研究

谢枭鹏　余　波◎著

辽宁人民出版社

ⓒ 谢枭鹏　余波　2024

图书在版编目（ＣＩＰ）数据

互联网+背景下高校与家庭协同育人研究 / 谢枭鹏, 余波著. — 沈阳 : 辽宁人民出版社, 2024.9
ISBN 978-7-205-11047-5

Ⅰ. ①互… Ⅱ. ①谢… ②余… Ⅲ. ①高等学校—学校教育—合作—家庭教育—研究 Ⅳ. ①G646

中国国家版本馆CIP数据核字（2024）第046039号

出版发行：辽宁人民出版社
　　　　　地址：沈阳市和平区十一纬路25号　邮编：110003
　　　　　电话：024-23284325（邮　购）　024-23284300（发行部）
　　　　　http://www.lnpph.com.cn
印　　　刷：沈阳海世达印务有限公司
幅面尺寸：170mm×240mm
印　　张：17.75
字　　数：255千字
出版时间：2024年9月第1版
印刷时间：2024年9月第1次印刷
责任编辑：张天恒　王晓筱
装帧设计：山月设计
责任校对：吴艳杰
书　　号：ISBN 978-7-205-11047-5

定　　价：88.00元

前　言

随着我国步入经济增长的新常态，互联网与传统行业的高速融合，"互联网+教育"模式也是日新月异。但是，在新时代背景下，教育的本质从未改变，从古至今，教育的内涵一脉相承，"教"和"育"是学校与家庭共同实现的。家庭是人生的第一所学校，家长是孩子的第一任教师，办好高等教育事业，家庭、学校、政府、社会都有责任。作为高校，虽然互联网为家校共育提供了新的平台，但如何形成高效率、有实效的高校与家庭协同育人模式，如何促进高校大学生的成人成才，值得我们深入探讨。加强大学生家校协同式教育，有利于发挥家庭教育的特殊优势；有利于提高大学生的"德性"素质；有利于促进高校自身的发展；有利于增强大学生思想政治教育工作的针对性。

2004年月10月，中共中央、国务院发布的《关于进一步加强和改进大学生思想政治教育的意见》明确指出："学校要探索建立与大学生家庭联系沟通的机制，相互配合对大学生进行思想政治教育。"通过高校与家庭的合作，对于提高学校的社会声誉，调整学校结构及人才培养模式、提高办学质量等都举足轻重。

为大力提升高校思想政治工作的质量，进一步推动高校思想政治工作会议精神落地生根，2017年12月，教育部党组印发了《高校思想政治工作质量提升工程实施纲要》（以下简称《实施纲要》），这为新时代我国高校思想政治工作的发展指明了方向、奠定了基调。《实施纲要》提出要"充分发挥课程、科研、实践、文化、网络、心理、管理、服务、资助、组织等方面工作的育人功能，挖掘育人要素，完善育人机制，优化评价激励，强化实施保障，切实构建'十大'育人体系"。"十大"育人体系的构建是当前我国高校思想政治工作的重心之一，对此课题的研究更凸显任重道远。

但当前，各高校"十大"育人体系的整体建设面临着外部环境和内在机制的考验，存在诸多问题。随着我国对外开放程度日益加深、"一带一路"建设的逐步推进和新媒体技术的广泛运用，西方的价值观和新思潮不断涌入。加之国内改革已进入到攻坚期，不同阶层出现了不同的利益诉求。高校正面临着意识形态渗透、社会分化转型、利益诉求多元等挑战。因此，如何来培养国家和社会所需要的人才，牢牢把控意识形态的主阵地，成为高校思想政治工作所面临的难题。并且，高校思想政治工作领域自身也出现了教育场域不平衡、区域发展不平衡、关注对象不平衡等发展不平衡问题和实践投入不充分、资源开发不充分、方法运用不充分等发展不充分问题，这些都严重影响了高校"十大"育人体系的构建进程。

本书主要研究"十大"育人体系中的"管理育人"，因为管理育人作为高校思想政治工作的重要组成部分和有效途径。当前，管理环节在高校人才培养过程中的作用日益凸显，但高校管理育人的机制建设和运行还有待完善。这就需要我们从理论上深入探究高校学生管理育人机制的结构特点和运行规律，优化管理育人的顶层设计、制度安排、实现路径，加强机制各组成部分的协同配合，努力提升管理育人的针对性和有效性。

本书拟对互联网+背景下做好家校合作工作在大学生思想政治教育中的必要性进行详细分析，以笔者所在单位（重庆科技大学）学生管理工作为例分析目前家校合作教育过程中具体存在的问题，并研究开展家校合作的几个主要原则，从掌握度、控制量、引对路、把牢关四方面提出新时代大学生思想政治教育开展家校合作的实践路径，重点在于分析新的时代背景下运用现代信息技术和手段，更有效地开展大学生的家校互动，提升大学生思想政治工作的有效性，助力大学生成才成长。

本书共十一章：第一章为家校协同育人的背景与意义；第二章阐释了家校协同育人的相关概念；第三章介绍了家校协同育人的现状及原因分析；第四章分析了大一新生转型教育中的家校合作；第五章探讨了家校协同育人做好职业生涯规划；第六章详细对家校合作中的心理健康教育进行了分析；第七章介绍家校合作帮扶学业困难生；第八章提出了家校协同助力资助育人；第九章着重介绍了家校合作中的实践育人；第十章介绍家校合作促进大学生就业；第十一章提出互联网+背景下家校合作协同育人机制创新。

总之，高校管理育人机制研究要在马克思主义认识论的指导下，积极探索从跨学科视角推进管理育人理论的研究，构建管理育人的研究范式；要坚持问题导向，结合时代特征，密切关注管理育人工作中的规律性、前沿性问题，不断推动管理育人机制的创新发展，切实提升高校管理育人的科学化水平和人才培养质量。

本书由重庆科技大学谢枭鹏副教授、电气工程学院副书记（主持工作）余波共同撰写，得到了重庆市教委人文社科研究项目（思政专项）"'互联网+'背景下高校与家庭协同育人研究"（项目编号：21sksz060）和重庆科技大学余波主持的"向心力辅导员工作室"、谢枭鹏主持的"圆梦辅导员工作室"建设支持，也是该项目阶段性成果。在撰写过程中，重庆工业职业技术学院陈磊，重庆科技大学都进学、黄黎平、刘英春、董晓欢、王艳、白翠翠、陈淘利、吴扬、段宏林、王宇、张兰、杨青青、王卉蕊等人为搜集素材和案例，查阅资料等工作付出了辛勤的劳动，同时也参考了国内专家学者及朋友们的研究成果，由于篇幅关系，不能一一致谢，在此一并表示感谢。由于研究水平有限，加之写作时间仓促，不足之处在所难免，希望读者批评指正，也希望能与朋友们多多交流。

作 者

2023 年 11 月 18 日

目　录

第一章

家校协同育人的背景与意义

随着我国改革开放的深入，教育在社会发展中的功能日益凸显。社会参与教育已经成为世界教育发展的一个重要趋势，家校合作在许多国家和地区得到越来越多的关注。许多国家采取各种形式沟通社会和学校之间的联系。家庭与学校的合作成为整个教育体系中不可缺少的组成部分。在为社会培养人才的过程中，学校单方面的力量在教育的环境中显得非常薄弱，而家庭教育在大学生思想政治教育中具有特别重要的作用，构建家校合作教育平台，形成教育合力等措施对大学生的培养具有积极的意义。

第一节　家校协同育人的背景分析

一、大教育观的兴起

20世纪后期，世界各国政府为了解决社会现实问题，在推动社会的可持续发展过程中，把建设新教育，构建大教育体系作为一项重要的工作。大教育体系实质上就是全民的终身教育，它是以学习型社会为背景，以终身教育和终身学习为基础，以社会、家庭和学校三位一体化为模式的教育。在大教育的视野中，学校、家庭、社会教育三者之间是紧密联系的统一体。

随着我国改革开放的深入，教育在社会发展中的重要功能日益凸显。以教育的社会化和社会的教育化为主要标志的大教育体系正在逐渐构成，其纵向特点是终身教育；其横向特点是家庭教育、学校教育和社会教育的三位一体。教育是个系统工程，所谓"大教育系统"，即学校、家庭、社会的结合最终发展成为组织性较高的广义的教育系统。对于青少年来说，家庭和学校是影响其发展最重要的两个子系统，二者之间是一种相互影响的关系。一方面，学校教育影响并制约着家庭教育；另一方面，家庭教育也以它的力度和成效制约着学校教育。

家校合作就是这种大教育体系中的一个不可缺少的组成部分。在为社会培养人才的过程中，学校单方面的力量在现代教育的生态环境中显得非常薄弱，单靠学校教育的力量已无力撑起一个完美无缺的教育空间。这就需要学校进一步确立科学的教育发展观，在苦练内功、深挖内涵的同时，重视与家庭教育之间的融合、协作，努力培育学校改革与发展的新的增长点，从而全面推进素质教育，提高人才培养质量。

二、教育民主化的推进

世界范围内的去中心化和决策权力运用的民主化，也是家长参与学校教育的大背景。通过简政放权促进家长参与是近二三十年来西方教育改革的主要趋势。教育上的民主和权力下放的基本依据有两个方面。一是尊重原则。当我们做一个决策时，最受这个决策影响的人，应该具有发言权，因为决策直接影响他们的切身利益。换言之，应该尊重每一位受影响的人，在决策过程中，应该尽可能地听取他们的意见，并在充分讨论下共同参与决策。二是理性原则。最了解学生的需要及学校的问题的人，应该参与学校事务的决策，并为这些决策及学校学习成效负责任。家长与孩子关系最近，对孩子了解最清楚，他们的参与能保证决策的科学与理性。

在管理理论中，责权统一的原则表明，在管理活动中责任与权力是相互制约、不可分割的。责任由担当的职务决定，权力是履行责任的保证，若只有责任没有相应的权力，责任制就无法建立，相反只有权力，没有责任，就会滥用权、瞎指挥。因此，责任、权力必须坚持相统一的原则。根据尊重和理性这两个原则，家长确实应该参与学校的决策，因为学校的任何决策都会影响学生的发展，而家长是孩子的监护人，他们了解孩子发展的一般需要和特殊需要，他们的参与为学校决策的科学与民主提供了保证。

三、家长权利受到重视

家校合作本身就代表着一种观念的转变，代表着一种对家长地位和人格的尊重。从教育发展来看，随着体制改革的不断推进与深化，教育更强调民主化、人性化，更强调来自教育外部的监督与参与作用。从家长来看，随着时代的发展，国民的参与意识不断增强，民主与公平、公开正成为一种社会潮流。随着新一代学生家长素质的不断提高，家长参与学校教育的能力正在不断增强。

父母教育权是亲权的组成部分。在以自然经济为主的古代社会，家庭是社会基本的生产单位，家庭的生产和经济功能是最重要、最基本的功能。亲权的基本表现就是家长对其家庭成员的劳动和劳动产品的支配，其中包含了对劳动者养成目标和过程的决定和支配，也包括了对子女教育的支配和控制。因此，在古代社会父母对子女具有绝对的教育支配权。

随着工业革命的到来，社会发展带来了生产方式的根本变革，科学技术成为生产力的基本要素。社会化大生产，使得家庭的功能发生了根本性转变。家庭不再是社会的基本单位，而逐渐转变为经济共同体和消费单位。生产的社会化、工业化，使家庭不得不放弃原有的教育权利，即家庭对劳动者的培养，而学校尤其是公共教育取代了父母相当部分的教育权利，于是开始出现了教育权利由家庭向国家公共教育的转移。

四、家庭与学校的双向需求

（一）家庭教育的优势

家庭教育是个体社会化过程中的主要场所，青少年正处于成长的关键期，也是学习和人格陶冶的最重要时期，把握家庭社会化方向的舵手自然非家长莫属。父母与子女之间的血缘关系，其天然的亲子之情是其他情感无可比拟的。由于我国在20世纪70年代实施了计划生育政策，在跨世纪的新一代中绝大多数是独生子女，所以现今孩子成长的家庭条件是比较优越的，特别是物质生活条件和教育条件，家长对子女的抚养、教育特别重视，为子女在身心各个方面的发展提供了许多十分有利的条件。

随着人们教育意识的增强，许多家庭都把子女的教育摆在了优先发展的地位，这就使家庭教育在观念上有了提高。由于孩子少，父母、祖父母都加入教育的行列中来，将教育力量集中在一个孩子身上，也有较充裕的时间来教育孩子，客观上使个别教育、因材施教成了家庭的最大优势，这是其他教育所难以达到的；同时，社会的进步也使得家庭成员文化素质有了提高，因此，家庭教育的质量也相应地不断提高。另外，更为优裕的家庭经济条件，使得家庭教育有了可靠的物质保障，家长得以关注孩子的营养健康，尤其在孩子的智力投资上舍得花钱。因此，很多孩子的智力得到早期开发，并健康发展。

（二）家庭教育的局限

只有良好的愿望，而无教育子女的科学知识和方法，是当下困扰中国家长的首要问题。现代家庭的父母大多并不缺乏教育子女的责任感，问题是不知如何才能把孩子教育好。另外，不少家长对子女期望过高，在教育孩子的过程中力图寻求一条快速有效的教育捷径，希望有一个现成的、理想的能"包治百病"的教育方法套用在孩子身上，其盲目性往往导致事与愿违的结果，不仅使许多家庭白白花费精力与财力，更使很多家长失去了教育孩子的信心。

家庭教育目标的确定，很大程度上取决于家长的意志，许多家长往往从自身考虑，以自己的经验和爱好作为依据，很少考虑孩子的实际能力和水平以及社会的需求、现实的可能性等，所以出现了目标定位过高和不当的现象。"望子成龙""望女成凤"成为家长的普遍心态。

学校、家庭、社会教育三者各有自己的职能，但近年来，受应试教育及社会传统观念的影响，家庭教育出现了异化，主要表现为家庭教育学校化。许多家长过度关注孩子的学业，自觉不自觉地放弃了家庭教育固有的职能，使家庭教育的功能大大缩小。因此，要开展好家庭教育的前提是必须首先做好家长教育，而家长的教育素养较低，则成了充分发挥家庭在教育中优势的最大障碍。而消除这一障碍的艰巨任务，则历史性地落到了教育的专门机构——学校的身上。

（三）学校教育的优势

学校是专门从事教育工作的机构，是促使青少年儿童社会化的专门场所，它的一切活动都是从培养、造就人才出发，服从于教育工作，并为培养人才服务。因而学校可以有效地控制教育环境，抵制那些影响学生成长的不利因素，依据一定的教育方针，有目的、有计划、有组织地对学生进行系统的教育和训练。它能按一定的社会要求，并根据教育大纲的要求，遵循儿童身心发展的规律，选择适当的教育内容，采取有效的教育方法，利用集中的时间对学生施教。学校的组织性、计划性和系统性，以及教育教学的一切物质设施等，是家庭教育所不能比拟的。

（四）学校教育的局限

同家庭教育天然的连续性相比，学校教育具有阶段性，幼儿园、小学、初中和高中不同的阶段发展的任务不一，教育的环境不一，教育的方式不一，另外，往往在一个阶段结束时有升学的压力，一个阶段的开始时有适应新环境的压力，这或多或少会影响教育的效果，会使发展的进程延缓甚至倒退。这些阶段若没有良好的家庭教育的弥补，缺乏家长的指导与帮助，学校教育就不可能达到应有的教育效果。另外，学校的教育教学内容以相对稳定的、系统的、科学的教材为依据，一般不能随意更换，更不能像家庭教育那样从孩子的需要出发，发现什么问题就进行相应内容的教育和训练，缺乏家庭教育的灵活性和针对性，而教育的系统性和科学性容易脱离学生的生活实际，难以满足学生日常生活的实际需要。虽然，学校的教育者——教师，受过专门训练，具有较高的文化修养和教育学、心理学的知识，对学生的教育能取得较好的效果，但是，师生关系只是一种人为的关系，比起亲子关系，其情感的感染性和感化作用则较为逊色，加上教师经常的变动，以及面对几十个学生，一个教师很难较全面地了解每一个学生。这些都给密切师生关系带来障碍，也给教师实施因材施教和个别教育带来困难。尽管学校教育与家庭教育在孩子的期望、要求以及教育方式和方法等方面存在许多差异，它们也都有各自的优势和局限性，但总的来说，学校和家庭的教育目标是一致的，教育对象也是一致的，因此，只要家校合作就能充分发挥两方面教育的优势，就学生的教育与培养问题展开讨论和合作，用家庭教育的优势来弥补学校教育的不足，支持、强化学校教育，用学校教育指导家庭教育，弥补家庭教育的局限，这样就能使家庭和学校形成教育合力，相得益彰，携手并进。

第二节 家校协同育人的理论意义

一、体现了马克思主义人文关怀思想和促进人的全面发展的理论

强调家校合作是当前高校思想政治教育工作环境创新的一种形式，要尊重学生的主体性地位，要发挥思想政治教育工作的引导作用，要创新思想政治教育方法，将学生作为教育当中的核心因素。"以人为本"作为一种价值取向，其根本主旨就是以人为尊、以人为重、以人为先、以人为宝。一方面，高校思想政治教育坚持"以人为本"要注重教育过程中把学生当作亲人或朋友来对待。在教育过程中应摆脱传统的居高临下的教育形式，用平等的方式给予大学生关心、帮助、鼓励和思想渗透，重视学生个体的真实情感，强化人性关怀。人是充满情感的高级生命体，如果把其置于对立面必然导致其对思想政治教育的反感和疏离，在很大程度上会直接影响教育效果。而如果能够从情感的角度出发，把其视为亲人或朋友，做到真心对待、真诚帮助、真正关心，就能得到对方心理上的认同，从而提高思想政治教育的针对性和实效性。另一方面，高校思想政治教育坚持"以人为本"也要注意单个学生个体的差异性，要注重运用不同的方式方法开展教育，从根本上走入学生的内心，被学生所接纳，达到思想政治教育影响的最终效果，这也是强调家校合作育人的理论意义之一。

二、体现了管理学原理责权统一的原则

责权统一的原则表明，在管理活动中责任与权力是相互制约、不可分割的。责任由担当的职务决定，权力是履行责任的保证，因此责任、权力必须坚持相统一的原则。学校管理中有家长参与决策，能够增强家长在学

校管理中的责任感，提高教育质量。在学校管理中，为了提高教育质量，必须协调学生成长的各方面力量，形成合力，而其中家长的力量是至关重要的。学校管理过程中有关决策、措施的制定有家长的参与，就会增强家长在学校管理中的主人翁意识和责任感。同时，由于家长又是最了解学生的成长经历，了解学生各方面的需要、兴趣、爱好，由家长参与决策，将更具有针对性。因此，在学校管理中，要授家长以管理权，委家长以责任，使家长与教师密切配合，共同探讨学生成长中的教育问题，进而实现教育目标。

三、体现了协同学原理

家校合作正是教育系统内各子系统协同效应的表现。协同学是系统科学的新分支，德国著名物理学家哈肯发表的《协同学导论》中，系统地论述了协同理论。他认为，客观世界存在着各种各样的系统：社会的或自然界的，有生命的或无生命的，宏观的或微观的。这些看起来完全不同的系统内部都具有深刻的相似性，那就是各系统内部的各子系统之间受相同原理支配，这个相同原理是各子系统之间的相互影响而又相互合作形成的协同效应并自组织成为协同系统。教育系统是社会大系统中的亚系统，而教育系统内部又有许多子系统，从宏观上看，有学校教育、社会教育、家庭教育，从微观上看，有教育者、受教育者、教育措施。教育这一社会现象在实现其社会功能和个体功能过程中，需要其系统内各子系统之间的相互作用与协调。家校合作就是实现其功能的手段之一，它使学校、家庭、社会各系统之间形成协同效应，其中学校教育居于系统的主导地位，指导家庭教育，协调社会教育，使教育系统不断向着平稳、和谐、有序状态发展。

第三节　家校协同育人的实践意义

一、教育模式差异呼唤家校合作

中小学的教育大多是应试教育，而大学是建立在较高的自制力基础上，不同于中小学的"他制"——是老师和家长主导的学习及生活，这两种教育方式差异太大。导致许多高考成绩优秀的学生进入大学后无所适从，学习频频亮起红灯，成为学困生。不仅在学习方面，还表现在基本的生活方面，人际关系的处理也十分欠缺，中学到大学本身也意味着家庭向社会的跨越，这种跨越可能导致部分大学生无法适应，在大学校园里败下阵来。

二、高等教育的发展要求家校合作

"科学技术是第一生产力"，"人才资源是社会的第一资源"，这已在社会上达成广泛的共识，人们都清楚人才问题是关系党和国家事业发展的关键问题。邓小平同志早在20世纪80年代就指出："一个十亿人口的大国，教育搞上去了，人才资源的巨大优势是任何国家也比不了的。有了人才的优势，再加上先进的社会主义制度，我们的目标就有把握达到。"这段论述，强调教育对人才培养重要性的同时，也反映了社会发展对教育的必然要求，那就是教育必须适应社会的发展，人才培养必须满足社会的需要。社会发展需要人才，人才的培养依靠教育。为此，党中央曾以文件的形式，规定了高校家校合作教育的根本任务。2004年，中共中央、国务院发布的《关于进一步加强和改进大学生思想政治教育的意见》（中发〔2004〕16号文件）中明确指出："学校要探索建立与大学生家庭联系沟通的机制，相互配合对大学生进行思想政治教育。"这在新中国成立以来尚属首次。从党中央的高度强调了家庭及家庭教育在大学生教育中的无可替代地位和积极影响作用，最集中地体现了社会发展对高校家校合作教育的根本要求。因此，高等教育必须采取切实有力的措施，加强高校家校合作教育，使得其共同育人的作用得以充分发挥。中国高等教育发展至今，经历着精英教育向大众教育的转型，但这种转型不应理解为大学培养目标的降低。大学的教育本来异乎中学教育，更不可能沿袭中学的教育和管理模式，要求大学生提高独立学习和生活能力，而这种能力正是高中学生所欠缺的。每年因为生活处理能力、独立学习能力欠缺，而被退学的大学生不乏其人，对于每一个被淘汰的个体，足以令每一个家庭倍感痛苦，而学校也是非常惋惜的。因此，在大学开展家校合作的研究，减少学生被淘汰的概率，帮助广大学习困难学生健康成长，具有非常大的现实意义。

三、家校合作是教师职业的要求

教师新职业精神的内涵之一，就是重塑教师形象，使教师走出封闭的校园环境，走向社会，走向家庭，把与教育对象的成长密切关联的各方面因素联合起来，达成一致，形成合力，共同实现学生的和谐发展。从教师的新职业精神的角度分析，家校合作正是教师树立新的职业形象的良好途径。

四、家庭教育迫切需要学校教育的指导和配合

现代社会的发展使得越来越多的大家庭解体，代之以由父母与子女构成的核心家庭，核心家庭的人际关系情感密切，父母对子女更加关注，家长的教育意识也在不断增强。但是，由于大部分家长不是教育方面的专家，缺乏教育理论的指导，缺乏对青少年生理、心理特点和年龄特征的研究，又缺乏相关的教育经验，仅凭着对孩子的爱进行教育，因此往往会出

现许多偏差。家庭教育并没有发挥应有的积极作用，有些家长的做法甚至是在阻碍子女的成才。目前家庭教育的实践中存在种种误区，突出表现在教育观念落后、教育方法不科学、教育内容偏差等，这些都严重影响着家庭和学校教育的质量和效果。因此，学校教育必须加强与家庭教育的合作，加强对家庭教育的指导，提高家长的教育素养和家庭教育的水平，形成合力，共同促进学生的健康发展。

第四节　家校协同育人的时代价值

马克思主义认为，不管是人对客观世界的认识和改造，还是对人生价值和理想的追求，都与社会实践紧密相关。作为教育现代化发展孕育出的一种新理念、新策略和新方法——家校协同育人，承载着党、国家、社会、学校和家庭的期望。对于思想政治教育而言，学校教育与家庭教育是不同空间、不同层次的实践活动，思想政治教育的时代任务与发展需求又为两者进行广泛协同缔造了条件。开展家校协同育人，是思想政治教育环境优化的现实需要，是构建"大思政"育人格局的重要选择，为德育目标的实现夯实根基。对于家庭教育而言，推进家校协同育人，利于实现教育资源互补与综合，为家庭教育的顺利实施提供丰富多元资源供给，提升家庭教育的能力和水平。同时，实现家校协同育人有利于树立全民终身教育理念，促进终身教育体系的构建。

一、家校协同育人是提升家庭教育能力和水平的重要途径

党的十八大以来，家庭教育的责任和使命得到了高度重视，强调要加快把家庭教育纳入整个教育体系之中。无论时代和社会如何发展变化，家

庭的教育功能不可替代，家长迫切需要相关组织或机构对家庭教育进行专业指导，对家长教育观念、综合素质、思想品德素养、教育方法与能力进行规范培训，提升家庭教育能力和水平，让家庭回归育人本位。新冠疫情暴发以来，后疫情时代打破了家庭教育、学校教育之间的边界，人们对家校协同育人的共识有了飞跃式的提高，协同育人理念逐渐深入人心，如何构建综合性、深层次的家校协同育人关系，促进家庭教育提升是不可忽略的战略问题。

2021年国家颁布了《家庭教育促进法》，标志我国家庭教育进入法治化阶段，对家庭教育的内涵，推进家庭教育工作的体制机制、保障措施、家校协同育人机制等做了明确规定，家庭教育能力和水平提升成为其发展的内在需要。从而，加强家校协同育人，明确学校具有指导家庭教育的责任，促进家长学校、家长讲堂、家庭教育指导委员会等组织管理的制度化与规范化，积极调动社会资源服务于家长，有目的、有组织、有计划地对家长进行知识传授和能力培养，实现家庭教育指导精准发力、汇聚动力，积极探索适应于新时代家庭教育发展需要的新理念与新模式，引导和推进家庭教育健康发展。同时，始终坚持以一种鲜活的态度去捕捉家庭教育的需要和前沿问题，实现育人主体间的立体互动，更深层次激发和强化家长参与育人的使命感，鼓励家长以最大的热情和潜能投入教育事业中，促进家庭教育能力和水平的提升。

二、家校协同育人是构建"大思政"育人格局的关键环节

"大思政"是构建全员、全过程、全方位的育人格局，充分调动学校、家庭、社会育人积极性，各种教育力量同向同行，坚持育人与育才的有机统一，形成协同育人效应。"大思政"育人格局，其特点在于"大"，要利用系统思维，统筹兼顾，将学校、家庭、社会各方面凝聚在一起，构建大教育格局；其核心在"合"，要促进人力资源、组织资源、

社会资源、管理资源、文化资源等各类资源融合，凝聚思想政治教育最大合力，构建起多维、立体、多元的教育体系。

家庭与生俱来的教育功能会随着时代的变迁和社会的发展不断完善，以适应时代发展和个体发展的需要。家庭思想政治教育是家庭教育的核心部分，家庭教育的最主要任务是品德教育，充分发挥家庭教育在"大思政"格局推动中的特殊作用，积极构建家校协同、共建共享的育人模式，打通区域、学校、校际界限，构建开放共融的"大思政"育人格局。因此，要推进家校协同育人，探索可转化、可推广的家校协同育人模式和平台，分工协作，优化协同育人实效，让思政课走出学校小课堂，走进社会大课堂，深入社会实践，做到校内外思政课同向而行、同频共振，实现传授知识、能力培养和价值引领的有机统一，从思想上到行动上全面深入贯彻协同育人，使思想政治教育工作更有深度、有温度，更好地满足新形势下学生的现实期待与全面发展需求，构建整合校内校外、线上线下的特色鲜明的"大思政"育人格局。

三、家校协同育人是落实立德树人根本任务的必要举措

高校的人才培养目标是培养创新型、复合型的高素质人才，这是符合高校办学的基本规律和大学生的根本利益。因而其一切工作，如教学、科研、日常管理等，都是围绕培养人才这一中心工作而展开的。高校家校合作教育，就是通过争取大学生家长的协助，提高教学质量、改善办学条件、创造良好的育人氛围，尤其是对家长资源的开发和挖掘，为大学生的实际"练兵"提供丰富的实践素材，在实践中使得大学生在学校所学到的本领得以及时凝炼和升华，从而实现"多出人才、出好人才、出创新拔尖人才"的目标。

大学生的成长、成才过程是一个必须内因和外因同时起作用的过程，家校合作教育的努力，就是外因作用于内因的重要举措。青年大学生，由

于成才意识不强、成才目标不明确、成才动力不足等内在的缺陷，加上教师的重视力度不够，使得高等教育的效果不明显。高校家校合作教育，就是需要家长和教师双方对大学生进行目标一致的成才教育，进一步采取得力的措施给予及时地引导，强化其内因的作用和功能，从而激发他们的成才内在动机、增强他们的成才自主意识，让他们实现自我内化、自我更新。因此，加强高校家校合作教育符合高等教育培养人才的目标，高校对家校合作教育务必引起足够重视。

纵观历史长河，不论是儒家思想，还是近现代思潮，对人才的要求都以德为主。才华固然重要，但德行好坏更是评价一个人的最高标准，因此要加强德育教育，培育出德才兼备的新时代接班人。德行是人们在实践活动中不断认识、沉淀的最核心的价值判断。新中国成立以来，虽然不同历史时期具体教育任务各不相同，但立德树人一直是教育目标的共性要求，是新时代教育发展的根本任务和价值支撑。《国家中长期教育改革和发展纲要（2010—2020年）》明确提出，"要充分激发社会参与的积极性，进一步激发教育活力，满足人民群众多层次、多样化的教育需求"，其中要实现学校、家庭和社会密切配合，为实现教育根本任务探索更多培养方式。习近平总书记指出："要坚持把立德树人作为中心环节，把思想政治工作贯穿教育教学全过程，实现全程育人、全方位育人，努力开创我国高等教育事业发展新局面。"立德树人是思想政治教育的重要任务，是学校、社会和家庭共同遵循的育人目标，是现代教育综合改革发展的本质要求。家校协同育人始终以立德树人根本任务作为指路明灯，打破家庭、学校、社会分割、联通不畅等状态，凝聚德育的关键力量和主要力量，审视发展状况是否实现了家庭教育和学校教育共同发展，促进家校育人主体认清自身担负的历史使命、社会责任和教育任务，坚持育人主旨，以共同目标划定家校协同育人同心圆，形成学校、家庭、社会与学生构成一个密切相关的德育系统，是促进人的发展和人才培养的重要遵循和关键举措，对于落实立德树人根本任务具有重要意义。

四、家校协同育人是促进人自由全面发展的有效措施

中国特色社会主义进入新时代，人民群众的需求正在由"有学上"向"上好学"转变，亟须深化教育教学改革创新，对思想政治教育也提出了新的期望和要求。马克思认为，人的自由全面发展是人最根本的发展，是"人以一种全面的方式，也就是，作为一个完整的人，占有自己全面的本质"，主要包括物质发展、精神发展和自我价值的发展。习近平总书记强调："要培养德智体美劳全面发展的社会主义建设者和接班人，加快推进教育现代化、建设教育强国、办好人民满意的教育。"人的自由全面发展，不仅是教育事业追寻的最终目标，更是人对人的本质、人生意义的追寻。

学生的自由而全面发展，离不开家庭教育与学校教育的协同合作。汇聚教师与家长的集体智慧、理论学习与实践活动的融合，注重沟通、协调合作，创新共育机制，在个性与共性的交汇过程中，实现育人的系统化、协同化与专业化，从影响学生全面发展的各种影响要素出发，进行系统设计和整体行动，更好地为学生的全面发展提供指导和服务。家校协同育人作为一种实践活动，是促进思想政治教育更加优质均衡发展的有效途径，是能够满足新时代教育发展的需求和人的发展提升的一种方式，或者说是一种手段。一是家校协同育人对于家校育人主体的发展具有促进作用。马克思主义关于人的自由全面发展理论贯穿于家校协同育人实践活动的全过程，家长与教师在实施教育行为之前，首先要进行自我教育，不断提升自我。二是家校协同育人是满足教育事业发展的需要。家校作为育人的主要力量，不断以育全人作为活动的价值取向，在学生成长成才中发挥着积极作用，推动学生树立健全的品格和良好的素质，实现其自由全面的发展，这是家校协同育人的时代使命。

五、高校家校合作教育是大学生健康成长的客观要求

当代大学生有着强烈的进取心和求知欲，也有刻苦学习、勤奋钻研的实际行动，他们希望能通过大学的学习和深造，成为对社会有用的人才。可是，在学习生活中，他们却面临着来自各个领域不同程度的困难和问题，如学习压力大、心理负担重、就业困难等。这些问题，在一定程度上小则挫伤大学生学习的积极性，大则影响他们的人生观，甚至价值取向发生偏离。一旦大学生的价值观跟高等教育的初衷相悖，他们看不到高等教育给自己的成长带来的新的机遇和未来的巨大的发展空间，以及无法预知将来可能给家庭和社会带来更大的贡献，从而作出相抵触的行为，再努力的教育付出也会付之东流。

"木桶理论"告诉我们，一只木桶能盛多少水，并不取决于最长的那块木板，而是取决于最短的那块木板。大学生的教育，犹如装水木桶的制作过程，就是务必注重德智体美劳各方面教育培养的过程。大学生的教育不是一个简单的知识传授和技能训练问题，而是需要统筹各方力量，兼顾大学生各项素质指标的均衡发展。高校家校之间的合作，正迎合这种全面发展的教育需求，家长的配合和督促，将使得大学生的教育工作更系统、更全面。因此，做好高校家校合作教育工作，就是大学生健康成长需要的满足。

六、高校家校合作教育是大学生思想政治教育的重要内容

高校家校合作教育，是将大学生思想政治教育具体化、操作化的形式。大学生分为大学生群体和大学生个体，受限于诸多原因，以往大部分高校的大学生思想政治教育工作多是群体化进行，而高校家校合作教育则为落实思想政治教育个体化教育找到了突破口。高校家校合作教育，就是采取"一对一"的方式，深入大学生个体的生活，理解大学生及其家庭的处境和困难，使得合作各方彼此得以尊重，这符合思想政治教育的科学性

原理，即"实事求是""具体问题具体分析"。高校家校合作教育是大学生思想政治教育的重要内容。高校通过家校合作教育工作的展开，调动家长的积极性，共同培养大学生的社会公德、职业道德、家庭美德，使其形成健康的思想素质。这种情商的提高，有利于大学生调整积极向上的身心，从而以饱满的精神投入文化知识的摄取和专业技能的掌握中，其智商也得到进一步的提升和强化。他们通过这种自我内化，培养科学的热情，树立科学的理想，最终以高度的责任感和崇高的献身精神投身于社会主义事业的建设中。高校家校合作教育对大学生思想政治教育的细化，既使其内容更加具体，又提高了其实效性。

第五节　家校协同国内外研究现状

一、国外研究现状

（一）家校合作研究的理论基础

苏联教育家苏霍姆林斯基的观点奠定了家校合作研究的理论基础。苏霍姆林斯基认为，没有家庭教育的学校教育和没有学校教育的家庭教育都不可能完成培养人的社会活动。教师和父母都是无可替代的孩子的教育者。学校教育要有家庭教育的密切配合，而良好的学校教育是建立在良好的家庭教育基础上的，这是一种相辅相成、互相促进的关系。苏霍姆林斯基把学生比作一块大理石，这块大理石要雕琢成一件成功的艺术品，主要依赖6位雕塑家：家庭、学校、学生所在的集体、学生本人、书籍、偶尔出现的因素，这6位雕塑家必须配合得当，其中学校和家庭任务最重。学校工作需要家庭的支持和配合，学校又担当着"指挥者"的任务，家庭教育水平的提高，需要学校的不断指导和帮助。

家校协同育人是我国独有的概念，国外特别是西方国家通常使用"家庭、学校和社区合作伙伴关系""家校联合"等特有的概念。通过整理文献发现，家校协同育人主要从家校合作的重要性、开展方式以及政策法规等进行论述和研究。

（二）关于家校协同育人重要性的研究

家校协同育人重要性的论述主要散见于一些教育读本中，例如，在美国学者哈德森的调查研究中，我们可以清晰地看到当家长参与到学校教育之后，不仅可以提升孩子的学习效果，并且对学校的教育和管理工作都起到了一定的推动作用。《给教师的一百条建议》一书中有不少内容涉及了家校共育这个主题，苏联教育家苏霍姆林斯基指出："生活和社会留给学校的这项繁重且复杂的教育任务，如果缺乏家庭和家长的高度教育素养，缺少与家长之间建立的伙伴关系，学校教师付出再多的努力都无法达到最完美的结果。"同时，英国也高度肯定了家长在教育中的重要作用，通过明确的法律规定，明确了家长在教育方面的权利与义务，并规定了家长参与学校教育的权利、角色及相关内容。从已有研究来看，西方国家现阶段讨论的重点不是家校协同育人是否有必要，是否需要进行家校协同育人，家长是否需要参与学校教育的问题，而是如何进一步加强家校协同育人，如何充分发挥其协同育人效果。可见，西方国家普遍认可和接受家校协同育人在推进教育事业发展上具有的战略价值。

（三）关于家校协同育人开展方式的研究

国外的家校协同育人研究起步较早，美国学者兰根布伦纳以及素恩伯格通过实证研究分析，按照家长扮演的角色分类：第一，家长以学习和参观的方式进入到学校之中，这一方式是较为普遍常见的一种方式；第二，家长自愿参加学校活动，愿意为学校提供免费服务，这一方式对家长的能力提出了较高要求；第三，家长参与到学校的教育、管理之中，这一方式无论对学校还是对家长都具有一定挑战性。爱普斯坦将家校合作区分成了六种层次，即当好家长、相互交流、志愿服务、在家学习、参与决策和社区合作。舒默则认为家校合作主要包括了三种模式：家庭导向模式，学校导向模式，基于社区的模式。摩根教授主要从家长参与学校教育的层次与深度划分为：一是低层次的参与，家长主要通过家长会、开放日和家校通讯等较为表面、表象的方式参与到家校合作之中；二是较高层次的参与，家长拥有参与学校教育的权利；三是建立正式组织形成的参与，家长通过成立相关组织，如家校委员会、家长教师联合会等组织，参与到学校的教育教学、相关内容决策和监督之中。由于各地的文化习俗、教育发展、环境变化、传统理念等存在着较大差异，世界各国在家校合作的方式上也存在较大差异，呈现出较为丰富的发展态势，其中家长参与学校管理是家校协同育人中比较高的层次。

（四）关于家校协同育人相关政策法规的研究

法律法规的权威性和强制力，为家校协同育人实际工作的开展和社会行为的实践提供了坚实的保障作用，家校协同育人工作的开展离不开法律提供的保障。国外家校方面的研究起步较早，实践经验丰富，一些国家颁布了相关的政策法规，为家校协同育人工作的顺利开展提供了法律保障。1970年美国颁布的《美国中小学教育法案》，首次明确提出家长参与教育所拥有的权利，从法律层面上保护美国家校协同育人工作。美国不仅在普通学校制定了严格的政策法规，而且特别重视特殊教育学校，美国政府出台了《残疾儿童教育法》，保障了残疾儿童的父母参与学校教育的权利，促进了该领域家校协同育人工作开展的规范化和制度化。此外，许多国家通过制定法律明确家校协同育人相关内容的同时，也明确强调了每个公民都应该参与到教育事业当中，这是公民的权利，也是应该履行的义务。西班牙的《宪法》中明确了教师、家长以及学生都对现存的教育机构拥有监督权和管理权。英国出台的《2002年教育法》明确家长有权参与到学校教育的决策、实施、管理、监督和考评之中，家长要依法行使权利和履行义务，同时家长对于学校校长及相关教师的任免也可以依法发表自己的意见和建议，充分表达自己的诉求。许多国家都通过立法为家校协同育人制度的制定提供了有力的制度保障，使得家校协同育人工作更加合理、合法、规范。

综上所述，家校协同育人已成为当今学校改革的一个世界性研究课题。国外一些国家对于这一领域的研究较为全面，各国高度重视家校协同育人，无论是理论研究、政策支持，还是在法律保障方面的理论成果和实践经验，对我国当前或者今后的家校协同育人研究与实践都有借鉴作用。不过，在对国外家校协同育人研究的梳理中，要明白国家性质以及历史发展的差异会导致家校关系的认识和文化存在区别和差异，本书坚持只有在马克思主义的指导下，探究家校协同育人的科学内涵，家校协同育人实践活动才更具时代性，才能获得长久的进步与发展。

二、国内研究现状

（一）从父母教育权的演变历程来看

家校合作使孩子权利更大限度地得以维护。古代社会里，父母对子女具有绝对的教育支配权。随着社会的发展，工业革命的到来，带来了生产方式的根本变革，科学技术成为生产力的基本要素，社会化的大生产，使得家庭功能发生了根本性转变。生产的社会化、工业化使家庭不得不放弃原有的教育权利，即家庭中对劳动者的培养，而学校尤其是公共教育取代了父母相当部分的教育权利。于是，开始出现了教育权利由家庭向国家公共教育的转移。

（二）从系统科学的新分支——协同学角度分析

家校合作正是教育系统内各子系统之间协同效应的表现。德国著名物理学家哈肯认为，客观世界存在着各种各样的系统：社会或自然界的，有生命的或无生命的，宏观的或微观的。这些看起来完全不同的系统内部都具有深刻的相似性，那就是各系统内部的各子系统之间受相同原理支配，这个相同原理是各子系统之间的相互影响而又相互合作形成的协同效应，成为协同系统。教育这一社会现象在实现其社会功能和个体功能过程之中，需要其系统内各子系统之间的相互作用与协调。家校合作使学校、家庭、社会各系统之间形成协同效应，学校教育居于系统的主导地位，指导家庭教育，协调社会教育，使教育系统不断向着平衡、和谐、有序状态发展。

（三）从教师的新职业精神角度分析

家校合作是教师职业的要求。它使教师把与教育对象的成长密切关联的各方面因素联合起来，达成一致，形成合力，共同实现学生的和谐发展。在家校合作系统中，学校与教师理所当然起到主导作用。一方面，社会担负起对家长的教育责任；另一方面，教师有责任面对不同的学生家长有针对性地进行教育方法指导，并与家长在教育学生上达成一致。

（四）从家庭教育的特点和功能来看

学校教育离不开家庭教育的配合。家庭教育具有以下特点：家庭成员的接触方式是面对面进行的，成员之间互动的频率很高，而且主要是通过非正式的形式相互控制和影响，同时家庭成员彼此利益相关，目标一致，联系十分密切。另外，家庭群体关系在时间上最为持久，父母通过情感方式对子女的影响在其效果上就显得异常有力。家庭教育所具有的这些特点与优势是学校教育无法比拟的。学校要提高教育质量，就应该考虑如何调动家庭的力量与学校教育密切配合，从而最终实现将青少年培养成为符合国家教育目标的人才。

（五）从家庭教育的现状来看

家庭教育需要学校教育的指导和配合。由于大部分家长不是教育方面的专家，缺乏教育理论的指导，缺乏对青少年生理、心理特点和年龄特征的研究，面对孩子又缺乏相关的教育经验，仅仅凭着对孩子的爱进行教育，往往会出现许多偏差，突出表现在：教育观念落后、教育方法不科学、教育内容偏差，等等。这些都严重影响着家庭和学校教育的质量和效果。因此，学校教育必须加强与家庭教育的结合，增强对家庭教育的指导，提高家长的教育素养和家庭教育的水平，形成合力，共同促进学生的健康发展。

（六）研究目标

针对高校大学生的家校协同育人问题进行研究，探索家校协同在大学生思想政治教育中的作用，帮助大学生成长成才。目前，我国针对中小学的家校合作问题进行的研究十分普遍，也比较成熟，全国各地都有非常成熟的经验。但是针对大学生这个群体，经过查阅资料，特别是课题组成员们作为多年的学生思想政治教育工作者，对家校合作的欠缺是有着深切体会的。因此，拟对家校合作在做好新时代大学生思想政治教育的必要性进行具体详细分析，分析目前家校合作教育过程中具体存在的问题，并研究开展家校合作的几个主要原则，提出新时代大学生思想政治教育开展家校合作的实践路径：夯实家校合作基础，利用现代信息技术，创新沟通手段，进行必要的家校合作；完善家校合作内容；提高家校合作实效。

（七）主要研究内容

本书基于家校合作的理论，结合课题组成员丰富的管理经验进行大学生的家校合作问题的研究。主要内容包含但不限于：家校合作的理论基础；大学生家校合作缺失的现状及后果；家校合作在大学生思想政治教育中（十大育人体系）的作用分析；探讨新时代互联网+背景下高校家校合作育人策略。

（八）拟突破的重难点

1. 本书研究拟突破的重点

一是要让大学生家长认识到，在大学期间仍然需要家校良好互动，甚至要比中小学更加重视，因为家长可能存在误区，进入大学就进入了保险箱，是高校的事情，与家庭无关了。如何改变家长目前的错误观念，树立家校良好互动关系，是本书拟突破的一个重点。二是如何利用现代信息技术，适应新时代家校合作的新形势，开展有效的互动，探索帮扶机制，这也是研究中要突破的重点内容。

2. 本书研究拟突破的难点

家校合作在中小学应用广泛，并且也起到了很好的作用，这是由中小学的学生特点所决定的，而要探讨家校合作在帮扶学习困难学生成长成才中的作用，探讨家校合作在大学生心理健康等方面则是一个新的命题。原因在于：一是大学生来自五湖四海，全国各地，与中小学截然不同的地理特点，家庭与学校的联系难度加大；二是大学的管理体制和机制与中小学不同，两者的体系完全不同，互动的模式方法迥异；三是大学生的身份变化，大多为成年人，对他们的管理方式不能等同于中小学；四是各高校的管理机制不同，实施家校合作的难度、效果各异。探索大学与中小学在家校合作上的差异，从机制体制上实施不同的策略并实践是本书研究的一个难点。

3. 本书研究主要创新点

目前涉及中小学生的家校合作的研究文献很多，也形成了系统。但是专门针对大学生的家校合作研究的文献较少，尤其是关于新时代大学生思想政治教育如何贯彻家校合作协同育人的文章，尚未见专门研究论文。因此，从新时代要求、从思想政治教育的严峻形势方面来看，要探讨新时代互联网+背景下，如何利用现代信息技术探讨高校家校合作育人策略，本书的建言献策的研究具有一定的开拓性。

第二章

家校协同育人的相关概念

　　教育是个系统工程。家庭教育、学校教育和社会教育是整个教育系统的子系统。全面提高人的素质是教育工程各子系统的共同目标。系统要整体优化，发挥实现目标的最佳效应，就要求其内部的子系统必须协调配合同时又有明确分工。当今时代，社会发展与教育发展要求家庭与学校必须建立一种新型的合作关系。这种合作关系的含义就是家庭教育和学校教育应在正确的指导思想下，在培养目标和方向一致的前提下，形成一个既相互合作配合，又各有职责分工的协调互补的关系。因此，家校合作的本质，是围绕共同的培养目标，进行两种教育资源的整合和优化，有效地作用于教育对象——学生。这是建立现代学校教育制度的必然要求，也是培养健全人格的必由之路。

　　在开始研究家校合作这个领域前，有必要先明确若干涉及家庭教育和学校教育的基本概念及问题。因此，首先，本章第一、第二节首先对家庭与家庭教育、教育与学校教育的概念和含义作概要的描述；其次，为了明确家庭教育与学校教育的区别，第三节对家庭教育与学校教育进行了比较；再次，第四节则对本书研究的重点——家校合作领域的主要概念作了界定；最后，第五节阐明了家校协同机制的内涵及意义。

第一节 家庭与家庭教育的概念

家庭教育是家庭的重要功能，那么，家庭的含义是什么？家庭对未成年人意味着什么？家庭教育的含义是什么？家庭教育的概念中是如何界定亲子互动的？

一、家庭的概念、要素及解读

（一）家庭的概念

每个人都有自己的家庭，每个人亦很熟悉家庭指的是什么，但是，当我们给"家庭"这个词下定义时，却感到并不容易。社会学、教育学和家庭教育学的专家学者是这样给"家庭"下定义的。

费孝通："父母子形成的团体，我们称作家庭。"

陈桂生："家庭是以一定的婚姻关系、血缘关系或收养关系组合起来的初级社会群体。就社会群体的发生来说，家庭是人类社会最原始的社会结合形式。在复杂的社会有机体中，它又可算是社会的缩影。就人类个体的生长来说，它是个人最初加入的群体，是个人与社会联系的桥梁。"

叶霞翟等："家庭是人类社团中的首要社团，家是人类社会中最基本的组织，是人类精神和物质生活所寄托的所在……"

杨宝忠："家庭是人类社会发展到一定历史阶段的产物，它是指人们以一定的婚姻关系、血缘关系或收养关系组合起来的社会生活组织形式，是关系密切、共同生活的小型群体，是社会的基本单位与细胞。"

赵忠心："家庭是以婚姻为基础，以血缘为纽带而形成的社会生活的基本单位，是社会最微小的细胞。"

（二）家庭概念的要素及解读

从以上对"家庭"下的定义来看，我们可以发现，这些定义包含了以下几个要素：

第一，家庭是男女两性以婚姻关系形成的社会组织。

第二，家庭是亲子两代（也可以超过两代）以血缘关系或收养关系形成的社会组织。

第三，家庭是人，特别是未成年人精神和物质生活的寄托。

第四，家庭是个人最初加入的群体，是个人与社会联系的桥梁。

第五，人从家庭走向社会，但他一刻也没有离开家庭。所以，家庭也是个人与社会联系的纽带。

对家庭的概念，我们可以作出如下解读：

1. 婚姻是社会为男女双方约定的共同担负抚育子女责任的契约

家庭是由婚姻构成的，血缘关系是姻缘关系派生出来的（衍生物）。但是，关于家庭的概念和定义，总会提到血缘关系，也就是亲子关系。通常情况下，我们认为，男女的生物需要是人类社会婚姻制度的基础，而事实上，婚姻契约要旨在于保证婚姻中的男女必须永久地、共同地担负抚育子女的责任。

在自然界中，动物的抚育是单系的。费孝通说："雌雄生殖细胞的重要区别之一就在前者带有给子体的营养原料，而后者不带。……它固然给子体以生命，可是并没有帮助子体得到生活。……从生物层上说，抚育作用是以单系开始的。"

而人类的抚育却是双性的。费孝通认为："抚育作用之所以能使男女长期结合成夫妇是出于人类抚育作用的两个特性：一是孩子需要全盘的生活教育，二是这教育过程相当的长。……因之，抚育作用不能由一女一男单独负担，有了个母亲还得有个父亲。""一个完整的抚育团体必须包括两性的合作。两性分工和抚育作用加起来才发生长期性的男女结合，配成夫妇，组成家庭。"所以，"婚姻是人为的仪式，用以结合男女为夫妇，在社会公认之下，约定以永久共处的方式来共同担负抚育子女的责任"。

无论是在性观念封闭的过去，还是在开放的现代，事实上，男女双方满足性的需要并不一定需要婚姻的约束，同居之所以被接受也是这个原因（当然是以不破坏另一个家庭为原则，也就是不破坏另一个家庭的抚育体系）。一个没有孩子的家庭要解体相对简单，而社会对有了孩子的准备离异的夫妻，总是首先明确双方对抚育孩子具有不可推卸的责任，然后慎重地用法律的手段确定孩子的监护人。

2. 父母的姻缘关系带来了亲子的血缘关系

英国教育家洛克在《家庭学校》一书中说："每一个人都不是他（她）自己要出生的，父母的一次欢愉，使他或她偶然来到这个世界，来到了一个他（她）自己无法选择的家庭，有了一对永远不能变换的父母。"因此，每个孩子都是被动地来到这个世界，有了一双命定的父母。这双父母能不能有效地履行婚姻所赋予他们的神圣使命，就要看他们作为父母的素质如何了。

3. 家庭是社会的细胞，是儿童与社会联系的桥梁和纽带

家庭是儿童的出生地，也是孩子最早生活和成长的地方。一般而言，每个人都是从家庭走向社会的，所以说家庭是儿童走向社会的桥梁；家庭又是社会最小的细胞，儿童通过家庭与社会发生联系，所以家庭又是儿童与社会联系的纽带。

二、家庭教育的概念、要素及解读

（一）家庭教育的概念

"家庭教育"的定义也像"家庭"的定义那样丰富。了解这些定义，可以帮助我们知晓家庭教育所涉及的领域，以及家庭教育与其他教育的区别。

王兆先等："家庭内部的教育。广义的指父母与子女的相互教育，是一个双向的过程。狭义的指父母或家庭中的年长者自觉或不自觉地、有意识或无意识地对未成年的儿童施加的教育和影响，是一个单向过程。一般意义上，它专指狭义而言。"

缪建东："家庭教育是人类的一种教育实践，是在家庭互动过程中父母对子女的生长发展所产生的教育影响。广义的家庭教育既包括家长对子女的教育，又包括子女对家长的教育，甚至包括双亲之间、子女与子女之间、子女与祖辈之间相互产生的教育影响。狭义的家庭教育是指父母对子女所形成的影响。"

赵忠心："狭义的家庭教育是指在家庭生活中，由家长，即由家庭里的长者（其中主要是父母）对其子女及其年幼者实施的教育和影响。广义的家庭教育，应当是家庭成员之间相互实施的一种教育。"

彭立荣："在家庭中对子女进行培养、教育和影响，使其长大成人，成为社会中的一员，就是家庭教育。"

邓佐君："家庭教育是在家庭生活中发生的，是以亲子关系为中心，以培养社会需要的人为目标的教育活动，是在人的社会化过程中，家庭（主要指父母）对个体（一般指儿童青少年）产生的影响作用。"

（二）家庭教育概念的要素及解读

家庭教育的概念中，涉及三个有关亲子互动的概念——影响、培养和教育。一般而言，我们都肯定亲子之间存在着相互影响。与后两个概念相比，影响似乎属于一个中性词汇，因为，父母对子女可以产生积极的影响，也可以产生消极的影响。家庭对孩子的作用常常是潜移默化的，这种不被完全意识到的作用，就是影响（包括子女对父母的影响）。家庭教育是"自然过程，家庭不像学校，学校是作为专门从事教育的机构而创办的，家庭则首先是私生活的据点。确保精神的舒畅和安定同生儿育女一起，构成了家庭的重要职能。在家庭里也没有像学校的教师那样的教育专家。因此，家庭教育倘若过于理想地刻意追求，反会招致种种破绽。它是在现实的日常生活中自然而然地进行的。与其说它是教育，毋宁说是一种社会化更为贴切"。

"培养"这个概念包含了养育和培育，前者主要从身体的角度着眼，后者主要从心理的角度着眼。培养着重的是儿童身体和心理的发展，而这一行为是由父母承担的。当然父母在承担这一责任时，总会以自己的孩子为特定的对象，考虑这个特殊对象的发展需求。

"教育"在父母的行为中更显示它的目的性与规范性。父母作为家庭中的教育者、成年人、监护人，他们对孩子的教育应该起到主导作用，特别是在孩子年幼时。当然，家庭中也有子女对父母的教育，但子女对父母的教育，往往没有父母那样具有非常明确的目的性。依其对儿童教育目的性与规范性的强弱作为衡量的尺度，这三个概念的排序是教育、培养和影响。

第二节　教育与学校教育的概念

众所周知，教育产生于人类生存与发展的需要，教育对社会发展和人的发展具有重要作用，制度化的学校教育是教育发展到一定历史阶段的产物。本节将简要分析"教育"和"学校教育"这两个概念，以便明确教育和学校教育的含义。

一、教育的概念及要素

（一）教育的概念

随着时代和社会的进步，"教育"一词越来越频繁地出现在报纸、刊物、书籍、文件上，出现在一般老百姓的讨论中。今天，恐怕很难找到不知道教育或不明白教育是什么的人了。然而真要给教育下个定义却并不容易。在有代表性的辞典、学术著作中，我们来看一看教育究竟指的是什么。

中国大百科全书："从广义上说，凡是增进人们的知识和技能、影响人们的思想品德的活动，都是教育。"

日本筑波大学教育学研究会："所谓教育，乃是把本是作为自然人而降生的儿童，培育成为社会一员的工作。"

张人杰："教育是年长的几代人对社会生活方面尚未成熟的几代人所施加的影响。其目的在于，使儿童的身体、智力和道德状况都得到某些激励和发展，以适应整个社会在总体上对儿童的要求，并适应儿童将来所处的特定环境的要求。"

叶澜："教育是有意识的、以影响人的身心发展为直接目标的社会活动。"

袁振国："教育是培养人的一种社会活动，是承传社会文化、传递生产经验和社会生活经验的基本途径。从广义上说，凡是增进人们的知识和技能、影响人们思想观念的行动，都具有教育的作用……"

（二）教育概念的要素

从以上对教育概念下的定义来看，我们可以发现，这些定义包含了以下几层含义：

第一，教育是人类特有的有意识的社会活动——教育活动的目的性。

第二，教育主要是年长者对年轻人的影响——教育活动的承担者和对象。

第三，教育是对人的身心（或知识和技能、思想观念）产生影响——教育的内容。

第四，教育所期待的影响是正面的：感化、促进、增进、培育、塑造——教育的性质。

二、学校教育的概念及解读

（一）学校教育的概念

学校是社会发展到一定历史时期的产物。

陈友松："……在专门技术性的意义上，教育就是通过各级学校、成人教育机构和其他有组织的媒介，有意地把上一代的文化遗产和所积累起来的知识、价值和技能传给下一代的过程。"

中国大百科全书："狭义的教育，主要指学校教育，其含义是教育者根据一定社会（或阶级）的要求，有目的、有计划、有组织地对受教育者的身心施加影响，把他们培养成为一定社会（阶级）所需要的人的活动。"

叶澜："学校教育是由专职人员和专门机构承担的，有目的、有系统、有组织的以影响入学者身心发展为直接目标的社会活动。"

袁振国："狭义的教育主要指学校教育，是教育者根据一定的社会要求，有目的、有计划、有组织地对受教育者的身心施加影响，期望他们发生某种变化的活动。"

郑金洲："从狭义上说，是教育者有目的、有计划、有组织地对受教育者施加影响，促使其身心得到发展的活动。它主要指学校教育，但并不限于学校教育。"

（二）学校教育概念的解读

学校是社会发展到一定历史阶段的产物。学校的产生体现了一定历史阶段社会的客观需要，又反映了一定历史阶段社会发展的水平。

从形式上看，教育经历了从非形式化教育到形式化教育再到制度化教育的过程。

非形式化教育是指与生活过程、生产过程浑然一体的教育，没有固定的教育者，也没有固定的受教育者。形式化教育的教育者和受教育者相对稳定，有稳定的教育场所和设施，教育内容也相对规范化。随着学校教育的独立程度越来越高，教育的育人功能和筛选功能越来越重要，学校制度、课程设置、考试制度也越来越完备，制度化的教育逐步形成。学校教育制度（学制）的建立，是制度化教育的典型表征。

与其他教育活动比较，学校教育活动更为专门化，具有鲜明的系统性、目的性与组织性。

第一，学校教育较之教育更显其目的性：不仅是有意识的，而且是有目的、有计划、有组织的活动。

第二，学校教育的计划和方案是实现其目的的保证。

第三，学校教育的组织是实现其计划的保证。

第三节　家庭与学校教育的比较

家庭和学校是影响青少年成长的两个重要因素，在青少年的发展过程中起着各自不可替代的作用。近代社会大工业化生产后，学校作为制度化的教育逐渐成为整个教育系统的核心，相反，非制度化的家庭教育的功能逐渐弱化。今天，在应试教育的影响下，学校教育的权威性和家庭教育的依附性同时得到进一步的强化，人们似乎形成了这样一个观念，即把教育等同于学校教育。为此，我们有必要将家庭教育与学校教育作一比较。

一、家庭教育与学校教育的比较

（一）培养目标的区别

1. 自定意愿与法定意志的区别

家庭教育，尽管不可避免地要受社会与时代的影响和制约，但在培养目标的确定上，并不完全等同于学校教育，它在很大程度上取决于家长。家庭教育的目标，往往体现的是父母的意志，受父母的经历、思想觉悟、文化素养、职业、志趣和爱好的影响。

学校教育是目的性、系统性、组织性最强的教育活动。学校教育的目的性首先反映在它所制定的培养目标上。我国各级各类学校的培养目标是根据党的教育方针以及社会主义教育的性质制定的，它是法定的，体现了国家的意志。各级各类学校的培养目标还要接受国家教育行政部门的直接监督，任何人不能随意改变。

2. 现实具体与理想抽象的区别

父母对子女制定的培养目标除了体现自己的意愿以外，往往还参考孩子的能力、兴趣。它是针对自己子女的具体情况来定的，所以非常现实而且具体。

学校的培养目标就不同了，因为学校是一个集合的概念，它既包括不同类别，也包括不同级别，即使是同类同级的学校，每一所学校又有众多的学生群体。因此，国家针对学校制定的培养目标，总是相对理想和抽象的。

由于学校教育和家庭教育的教育对象是相同的，也就是说，受教育者既属于学校，也属于家庭，这样，在儿童、青少年面前，就可能有两种培养目标，一是学校的，一是家庭的。由于每个家庭的条件和状况不同，其子女的培养目标与国家的目标不一定一致。教育目标的不一致容易造成学校教师和家长之间的矛盾，对受教育者的影响也可能产生冲突和抵消。

（二）教育环境的区别

1. 多功能与单功能的区别

家庭虽然有教育的职能，但教育不是它唯一的职能，家庭不是专门从事教育工作、培养人的社会团体，而是一个具有多种职能的社会组织。家庭这个自然形成的生活环境，对未成年人的思想品德和行为习惯的影响，往往比任何人为形成的环境所产生的影响都要深刻得多，孩子在其中形成的习惯也稳固得多。孩子是在不知不觉、潜移默化中接受影响和教育的。

学校是一个人为的系统，是专门从事教育工作的机构，是培养人的专门场所。学校所有成员（包括师生员工）都是为实现教育目标，或是从事教育工作，或是接受教育，而集中在一起，结合成学校这样一个社会团体。

2. 不可控与可控的区别

家庭是私生活的据点，人们在家庭里比较放松，随意性较强。因此，父母的有些言行举止对儿童、青少年的影响可能是积极的，有益的；有些言行举止对儿童、青少年的影响则可能是消极的。

"学校教育是目的性、系统性、组织性最强的教育活动，因此也是可控性最强的。"学校是育人的场所，大到校园整体环境的创设，小到班级墙面的布置都是围绕着育人这个中心。在学校，教师作为国家公职人员，行为举止都有一定的规范和要求，即使是教职员工中有不利于学生的言行，也可以有条件地回避；大部分对学生不利的因素，都可以得到有效控制。

（三）教育者与受教育者之间关系的区别

教育者和受教育者之间的关系，直接影响教育者对受教育者的态度，也影响受教育者对教育者的态度，是影响教育效果的一个重要因素。

1. 自然关系与人为关系的区别

家庭中的两性关系是"人与人之间最自然的关系"，"双亲与子女的关系也基本如此"。家庭中教育者和受教育者之间教育和受教育的关系，是自然形成的。人们只要生养了子女，就做了父母，父母是子女法定的监护人和教育者。正因为如此，家庭成为人生第一所学校，父母成为孩子的第一任教师，这两个"第一"是家庭中有了下一代后自然形成的。

学校教育中，教育者和受教育者之间教育和受教育的关系，是人为形成的。教师是国家或教育行政部门委派的，教育学生是国家和教育行政部门交给的社会工作。由于教育者与受教育者的关系是为了完成特定的教育教学任务而确立的，因此，当任务完成以后，双方的社会地位和角色，都会随之发生变化，它们随时会发生分离。

2. 双重身份与单一身份的区别

家庭教育中教育者和受教育者之间的关系，不是单一的。从社会学的角度而言，家庭中的教育者和受教育者，都有双重社会地位和双重角色，亦即双重身份；在家庭生活中父母、长辈既是家长又是教育者；晚辈既是孩子又是受教育者。家庭教育中的教育者和受教育者之间的关系，同时也是家长和子女之间的关系。

学校的教育者和受教育者之间，是单一的师生关系，仅仅包括一种社会关系。从社会学的角度看，在学校生活中，教师和学生都是一种社会地位，一种社会角色，教师就是教育者，学生就是受教育者，他们的社会地位、角色是单一的，他们之间的相互关系也是单一的，只是师生关系，一般不存在别的关系。

3. 无选择与可选择的区别

人们从做父母的那一天起，教育子女的义务就历史地落在肩上，这是不能推卸的。家庭教育的教育者，到目前为止还不需要经过什么"考核""考察"，不需要类似教师的"资格证书"，不必经过谁来"任命"。对于子女来说，家庭的教育者是无法选择的，不管合格不合格、称职不称职，是家长，是父母，是子女的监护人，教育者。

相对家庭而言，学校的情况就不同，教育者可以更换、可以选择。如果学生认为教师不理想，不能胜任教育教学工作，可以建议学校领导予以调整，或调离教育岗位。学生如不满意教师的教育教学工作可以转学，也可以通过考试在升学时进入另一所更理想的学校。

4. 长久关系与短暂关系的区别

"家庭群体关系在时间上最为持久。"父母与子女的关系是永久的，它是以血缘为纽带，以亲情为基础，以法律为保障的人伦关系，这种关系不会因为岁月的流逝而发生变化。

青少年在学校接受教育结束以后，他们与学校教育的教育者的关系绝大多数中断了，即使有的还有联系，但与家庭中教育者（父母）的关系相比是不能同日而语的。

（四）教育者水平的区别

1. 兼职与专职的区别

家庭的教育者，不是专职的，他们有自己的社会职业。在社会发展日益加速且竞争日益激烈的情况下，父母既要胜任自己的工作，还要不断地学习、充电。因此，家长不可能将主要的时间和精力放在子女教育上。现在有不少家庭将孩子送到寄宿制学校，将大部分教育孩子的责任委托给学校，可能也是无奈之举。即使是住家孩子的父母，教育子女也只能在工作、劳动之余进行。

就实施教育的具体情况看，学校的教师是职业教育者，其专业领域、工作时间和主要精力用在学生的教育教学工作上，可以全力以赴地从事教育工作。

2. 非专业和专业的区别

因为家长是兼职的家庭教育的教育者，他们一般都没有接受训练，也缺乏教育理论修养和知识，许多人对教育工作不太熟悉，一般来讲教育工作不是他们的专长。所以，在家庭教育中家长就会出现价值观的迷茫，从而产生对学校的过分依赖。

学校的教师接受过系统的职业培训，是有一定的教育工作能力的专职教育工作者，职业所赋予他们的任务和工作就是培养教育学生。

3. 无监控与有监控的区别

家庭教育是无监控的，只要家长的教育行为不触犯法律，其他人一般很难干涉，社会也不可能对家庭中父母怎样教育孩子进行监控。学校教育则是有监控的，学校的教师一般都经过教育行政部门的业务考核、政治审查、品德鉴定，并确认合格，能够胜任教育教学工作，再由教育行政部门聘用。国家还实行教师资格考试制度，只有取得了教师资格证书的人，才可以任教。

（五）教育内容的区别

1. 无计划、随意与有计划、科学的区别

家庭教育一般没有计划，也没有系统的、固定的教育教学内容。父母的教育具有随意性，家长认为需要什么就教什么，发现问题或情况，就进行相应内容的教育和训练。家庭教育通过家长的言传身教和家庭生活的实践，随时随地进行。在许多情况下，教育是在无意之中进行的，往往寓于生活之中。

学校教育的基本途径是课堂教学和各种有组织的教育活动。学校教育教学活动有组织、有领导、有计划、有步骤、有检查、有考核。学校的教育教学内容，是由国家教育机关根据党的教育方针、培养目标，按照各级各类学校的不同性质、任务，学科本身的逻辑体系和各学科之间的关系，以及学生不同年龄阶段的心理发展水平、认识能力来确定的。教育教学内容，由国家教育主管部门制定的教学大纲指导，由相对稳定的系统的科学的教材为依据。教育教学内容，一般不能随意更换，教师要按照教育教学大纲进行工作。

2. 思想行为的社会化与系统的文化知识的区别

家庭对子女的教育，多侧重于思想品德、行为规范方面，注重培养孩子社会适应能力和自立能力，未成年人在家庭学习母语，形成基本的社会生活规范，从而奠定人格与个体社会化的初步基础。有关文化科学知识方面的教育，家庭配合学校进行学习目的、学习态度、学习习惯的教育，督促或辅导科学文化知识的学习，是学校教学的补充和助手。

学校教育以教学为中心，通过完整的、系统的、科学设计的各科课程对学生进行社会科学和自然科学方面的知识传授，培养学生对科学文化的兴趣和学习能力，以便让他们在学龄阶段接受最基本的人类文明的精华。

（六）教育方式的区别

1. 个体的一对一教养与群体的班级授课的区别

家庭是规模最小的社会团体，一个家庭的成员一般多则数十人，少则可以只有两三人，即便受教育者有好几个同龄人，在家庭中接受的往往也是一对一的教育，即个别教育、个别指导、个别训练，尤其是独生子女的家庭教育，更是如此。学校教育从教育的组织形式来看，它主要是通过班级集体进行的，教育的途径是班级授课，一个教师面对几十个甚至上百个教育对象，教育的手段、内容和方法是一致的。

2. 多渠道与主渠道的区别

家长可以在休息、娱乐、闲谈、家务劳动等各种活动中，对孩子进行教育和训练，还可以在带孩子走亲访友、逛商店、参观旅游等活动中，利用可能的条件和机会，对孩子进行教育。

学校的教育教学工作，其基本组织形式是班级授课，同一年龄阶段或知识水平大体相同的学生组成班集体，一起学习，一起活动，一起受教育。学校的教师教育学生，一般是面对集体，通过集体，使学生在集体生活和集体活动中受到教育和训练。个别教育和训练只是辅助形式。

（七）教育过程的区别

1. 连续与断续的区别

人们从出生到长大成人，离开家长，走上独立生活的道路，在这样一个漫长的过程中，一般都是连续生活在家庭这个比较稳定的环境里（父母离异再建新家庭除外）。家庭教育的整个过程，一般没有生活环境和教育者的变化与更换的问题，即使是在校学习的孩子，他们同时也在接受着父母的教育和影响，所以家庭对人的教育影响是连续的。青少年接受系统的学校教育虽然要经历相当长的时间，但它只是人生的一段时间，至于成年工作后再接受继续教育，往往与工作并行或暂时离开工作岗位。可见，人的一生接受制度化教育是间隔的。

2. 终身与阶段的区别

从教育过程实施时间的长短来说，可以分为阶段教育和终身教育。我们说家庭教育是终身教育，即使儿童、青少年入学以后，仍有超过三分之二的时间生活在家庭里，接受着家长的教育。当他们离开学校进入社会生活，家长的教育仍继续进行，只是教育的侧重点不同，在学龄前和学龄期，家长对子女进行的教育，多是行为规范、智力开发、文化学习、思想品德和身体保健等方面的教育，而成年之后，则是为人处世、就业、恋爱、婚姻，以及夫妻关系、养育子女等方面的教育。相对于家庭教育，学校教育只是阶段教育，是人生整个历程中的某一个或某几个阶段。

综上所述，我们可以看到，家庭教育与学校教育功能有别，学校教育永远也不可能替代家庭教育。家庭教育和学校教育有各自的价值取向，两种教育影响对儿童青少年来说可能一致，也可能冲突。家庭教育和学校教育各有所长，亦各有所短。在实践中，无论家庭还是学校，都应该取长补短、扬长避短。如果取短补长，就会造成功能错位、功能失调。我们应当追求家庭教育与学校教育功能的协调合作，避免家庭教育与学校教育功能的错位失调。认识它们的区别，发挥它们各自在育人中的作用是家校合作的前提。

二、家长与教师的比较

美国幼儿教育专家丽莲·凯茨（Lilian·Katz）在20世纪80年代提出家长与学校的功能差异，尤其是在孩子的综合成长方面，二者差异很大，与教师角色比较，家长的情感强度较高，理性偏低，责任范围较窄，功能范围更广，与子女的相互关系更长久。

第四节　家校合作的概念及理论

一、家校合作的概念

（一）合作的概念

《韦氏新大学辞典》将"合作"定义为："与另一个人或其他人一起

行动或工作，协同行动。为彼此的利益而联合另一人或其他人。"

M. 阿吉勒（M. Argyle）综合了合作的历史发展，以及合作的重要理论，总结出合作在研究方面，"有两个基本假设及六个意涵。假设方面：第一，合作会导致正面性的影响；第二，合作会导致参与者之间的人际互动。意涵方面：第一，人类具有合作的本性；第二，在正确的条件下，让冲突双方全然直接接触；第三，合作中的友谊关系，需要透过社会技能训练才有效能；第四，合作可以带来短期、长期及多元化的利益；第五，对合作团体提供支持力量；第六，合作本来就具有道德的影响力"。

"人类到这个世界，要面临两件事：接受分工和寻求合作。分工条件下的合作与合作基础上的分工，推动着人类文明一步步走到了今天。"人就是活在一个有差异分歧的世界里，于是，合作才成为可能。根据郭梓林的研究，合作带来的好处可以分成三类：第一，同质而不同量的合作（物理性合作）——不合作的好处各自为零，合作则使1+1大于1，但小于或等于2，例如两个人一起抬起一块重石头；第二，不同质和不同量的合作（化学性合作）——不合作的各自好处等于或小于1，合作则使1+1大于2，例如武侠片中的雌雄剑或提炼合金钢；第三，不以质量来界定合作（生物性合作）——不合作时，单体趋于死亡，合作则使双方的生命得以延续，例如有性繁殖，知识的更新和扩展，都表现为1+1等于无穷大。事实上，无论是竞争与冲突，都潜藏着合作的元素。

（二）家校合作的概念

家校合作是一个发展的概念，以往，人们在论述家校两者的关系方面，常用家校联络、家校联系、家校沟通、家校协调等词语表述。《辞海》"联系"条目中的解释是："指联络，结合相关的人和事物。"沟通，指彼此相通。协调，指两个人或单位相互配合，尽可能取得一致。从字义上理解，家校联系是把家庭和学校这两个相关的系统结合起来，联络起来。家校沟通是让两者相通，也就是有所交流。家校协调是在相通的基础上互相配合，达到双方的一致。可以看出，在家校关系中，联系、沟通、协调三个概念依其相互接近的程度与相互作用的程度而言是递进的。

现代社会家校关系已经不仅仅停留在联系、沟通、协调的层面上。岳瑛在《我国家校合作的现状及影响因素》一文中对我国家校合作的历史和概念进行了阐述："我国的教育实际工作者，从20世纪五六十年代开始重视家校合作的问题，70年代末期和80年代初期，许多学校在教育实际中逐渐意识到学校要主动争取家庭、社会各方面的支持和配合，将家校合作进一步扩展和延伸至社会各方面，并在实践中探索家校合作的形式和方法。"同时，该文对与家校合作相关概念的英语表述作了介绍："家校合作目前尚未有一个含义固定的概念，仍未形成确切的、被广泛接纳的定义。英语中表达家校合作的词最常见的是home-school cooperation（家校合作），与之相关的词还有education intervention（教育介入）、parent-teacher collaboration（家长—教师配合）、parent involvement（家长参与）等。"

岳瑛在文中还进一步对家校合作的内涵进行界定："家校合作尽管尚无确切定义，但是教育专家学者和教育实际工作者都一致认为应主要把握以下几点内涵：1. 家校合作是一种双向活动，是家庭教育与学校教育的相互配合。家长要对学校教育给予支持，学校要对家庭教育作出指导，其中学校教育应起主导作用。2. 家校合作活动围绕的中心应该是学生，学生是家庭和学校共同的服务对象。3. 家校合作是社会参与学校教育的一个重要组成部分。家长的参与离不开社会大背景，是广泛的社会背景意义上的参与。"

马忠虎在《家校合作》一书中研究了家庭教育与学校教育相结合的问题，分析了家庭与学校的地位和作用：家校合作，实质上是联合了对学生最具影响的两个社会机构——家庭和学校的力量，对学生进行教育。在教育活动中，家庭和学校相互支持、共同努力。学校在教育学生时能够得到更多的来自家庭方面的支持，家长在教育子女时也能得到更多的来自学校方面的指导。这一观点强调了家庭和学校在教育中的平等地位和作用，改变了我国教育界以往一直认为家庭教育从属于学校教育的看法，平衡了家校之间的关系，有利于调动家庭对子女教育的积极性，发挥家庭教育的巨大作用。

周丹对家校合作概念的界定，更主要的是从对形成孩子多种素质为目的出发的："家校合作是指家庭与学校以沟通为基础，互相配合，合力育人，使孩子受到来自两方面系统一致、各显特色、相辅相成的教育影响，形成多种终身受益的必要素质，更好地社会化。"文章强调家校合作既是一种关于家庭教育与学校教育两者关系的理念，也是一种处理两者关系的行为模式。

综观以上学者的观点，我们认为家校合作的概念应该包括合作的目标、合作的方式与内容以及合作的状态等方面。

家校合作的方式和内容十分丰富，如果以合作活动的主体划分的话，可以分为两大类：一类活动的主体是家长，即家长参与学校教育；另一类活动的主体是学校，即学校指导家庭教育，或称为学校进行的家长教育。

综上所述，我们认为，家校合作是家庭与学校以促进青少年的全面发展为目标，家长参与学校教育，学校指导家庭教育，相互配合、互相支持的双向活动。一般而言，"家长参与"指的是家长参与家庭教育及学校教育，学校指导家庭教育指的是学校的家长教育。

1. 家长参与的概念及类型

家长参与是家校合作的下位概念。家长参与是指家长为了子女身心的健康发展，在家庭里以及到学校和社区所参加与进行的各种教育活动。研究者将实践中的家长参与归为以下几类：

一是家庭为本的参与。家庭为本的参与指的是家长在家参与家庭教育或配合学校对孩子进行学习指导的参与方式。家庭为本的参与方式一般被认为是传统意义上的家校合作。

二是学校为本的参与。学校为本的参与指在家校关系中家长以平等的一方，为子女的发展进入到学校教育体系中，与学校配合并为支持学校而参与学校活动、学校教学、学校科研、学校管理与决策等的参与方式。从现代家校合作的理念和我国目前家校合作的基础出发，本书把研究的重点放在以学校为本的参与上。

三是社区为本的参与。社区为本的参与指家长作为家庭的一方为子女的发展，参与并支持子女所在的学校和家庭所在的社区的各种教育活动的参与方式。我国一些发达地区以社区为本的参与已经初露端倪，取得了宝贵的经验。相对学校为本的参与，社区为本的参与是更高层次的家长参与方式，它是我国未来教育发展的趋势，但不作为本书重点研究的范围。

如上所述，家长参与既包括家长在家庭为支持子女的教育所做的工作，也包括家长在学校和社区为支持子女的教育所做的工作。在家校合作中，家长无论是主动还是被动地参与学校教育都可看作是必要的一步，因为只有两者联系起来，才能相互沟通、相互了解、相互理解、相互协调、共同合作。

有关家长参与，何瑞珠在其著作中谈到，过去数十年，西方社会在家长参与子女教育的政策上，往往强调让家长以监护人、教师助手或工作人员的身份参与学校事务。但是，近年来家长参与的重点已由校内义务工作转为在家庭内参与教育事务，涵盖一系列以家庭为本的参与：帮助子女温习功课、建立有利于学习的家居环境、鼓励子女改进学习表现，以及在家中与孩子商讨学习计划。这些以家庭为本的家长参与，可说是亚裔父母的强项。……说明了亚裔父母无论身处于东方或西方文化背景的社会下，均较多选择家庭为本的参与模式。但是有些学者提出异议，认为家庭为本的参与模式并不足以改善整体的学校教育，并坚称除非家长在校内亦有所参与，否则学童的学业成就不会得到改善。因此，若干研究者建议，家长参与应采用一个涵盖更广的定义——在家庭、学校及社区动员家长的力量以协助学生与社群发展。

以上对家长参与的界定中，我们可以看到国外的家长参与已经经历了从家庭到学校（包括从学校到家庭的回归），再到社区的发展历程。从我国的情况看，我们的家长参与还属于较低的层次，也就是基本处于以家庭为本的参与和以学校为本的参与。在以学校为本的参与中，家长的参与基本停留在参与学校活动的层次，尚未达到参与学校教学、科研、管理、决策的层次。

2. 家长教育（家庭教育指导）的概念及模式

家长教育是家校合作的另一个下位概念。家长教育指学校或有关社会机构及人员，为提高家庭教育的科学性、针对性、实效性对家长进行的理论、内容、方法等方面的指导。

在家庭教育指导过程中，学校和有关社会机构与组织处于指导者的地位。不同的社会机构和组织有不同的机构特性、不同的教育资源、不同的指导方法，他们对不同的家长群体进行教育与指导。根据蒋亚辉的研究，目前我国家长教育有以下几种模式。

一是学校主导的模式。学校主导的模式指的是各级学校为提高家长的教育素质，利用自身的权威和优势对本校学生的家长进行的家庭教育理论、内容和方法的指导。本书中所用的家长教育的概念所指的是学校主导的模式。在家校合作中，学校通过家长教育，一方面与家长建立了联系，另一方面提高了家长的素质。

二是社团主导的模式。社团主导的模式指的是各类社会团体，特别是各级妇联、关心下一代工作委员会、共青团等组织，为提高家长的教育素质，对各类社会团体内外的家长进行的家庭教育理论、内容和方法的指导。

三是社区主导的模式。社区主导的模式是指城市中的各社区综合利用各自的教育资源，通过建立社区家长学校、社区亲子工作坊、组织志愿者服务等形式对所辖社区内的家长进行的家庭教育理论、内容和方法的指导。

四是市场主导的模式。市场主导的模式指的是教育咨询服务公司、家庭教育服务公司、家长学校等社会民营教育机构，根据不同家长个体和群体需求，所提供的家庭教育的有偿服务。

为了体现家校合作的不同侧重点，在本书中家校合作的论述往往是从家长参与和家长教育这两个角度展开的。而在实践中，家长参与和家长教育有时很难划分。事实上，家长在参与的同时也在接受教育，而在接受教育中也体现了他们的参与。

与其他教育活动一样，家校合作可以从理论与实践两个维度展开。家校合作的理论研究涉及：家校合作的意义、家校合作的概念、家校合作的理论研究、家庭与学校的地位与作用研究、家长的权利与义务研究等方面。家校合作的实践研究涉及：家校合作的现状、家校合作的内容、家校合作的方式、家校合作的问题与对策、家校合作的推进等方面。

二、家校合作概念的解读

（一）家校合作的特征

1. 家校合作的关系

人的教育是一项系统的教育工程，也是一个动态的管理过程，家庭教育与学校教育缺一不可，二者是辩证统一的关系，它们相互联系、相互影响、相互作用、相互制约。

家庭不仅是孩子生活的场所，也是孩子接受教育的场所。家庭教育既是家长的有意识行为，也是家长无意识的影响过程。家庭教育无论在教育时间、教育内容、教育方式上都具有优势，是社会教育、学校教育无法替代的。

学校不只是学生学习文化的地方，它还担负着培养学生思想品质、道德修养、心理素质等职责。家庭教育与学校教育有一个共同的教育目标，即培养出合格的社会成员。家庭教育和学校教育作为培养青少年的重要力量，前者是后者的基础、起点，后者是前者的合理拓展、深化和系统化。

在整个培养社会人的过程中，家庭与学校相互联系、相互促进、相互配合。家校合作既有利于教师更全面地了解学生、教育学生，又帮助家长更好地进行家庭教育；这种合作使得家庭教育与学校教育相互支持，密不可分，彼此渗透，融为一体。

我们假定学校教育与家庭教育对学生的影响是由一个支点发出的两个

分力，两种分力所形成的角度就决定了合力（对学生可能造成的影响）的大小，而这个角度就是学校教育与家庭教育或者教师与家长形成的某种关系。当学校教育与家庭教育的方向趋向一致、教师与家长的关系融洽时，所形成的合力就越强大，即对受教育者正向的影响越大。

在现实中，学校教育与家庭教育的相互关系有这样三种情况：一是分开责任。家长在家庭默默地支持教师的工作，但与学校谨慎地保持距离，不干涉学校的事务。二是一般联系。家长应学校的要求到学校参与学校活动和家庭教育指导。三是积极推进。家长与教师致力于学生发展的共同目标，双方积极努力，都是教育学生的主角。

2. 家校合作的特征

家校合作区别于传统的家校联系，它是一种全新的关系理念，也是一种崭新的行为模式。家校合作既是一种关于家庭教育与学校教育两者关系的理念，也是一种处理两者关系的行为模式。

作为一种关系的理念，家校两者在教育机构群中的地位是平等的，是合作伙伴关系；促进学生的全面发展是家长和学校的共同目标，家长与教师是儿童教育中的天然合作者；家庭教育与学校教育各有其优势与局限性，在教育儿童时，既要相互分工又要合作互补；家长有在家庭中教育孩子的责任，也有对学校教育参与、监督的义务和权利。

作为一种联系的行为模式，家校合作是一种双向活动，是家庭教育与学校教育的相互配合。家长要对学校教育给予支持，学校要对家庭教育作出指导，学校发挥主导作用。在这样一种联系方式中，家长、学生、教师之间的情感交流非常重要；家校合作应考虑学校和家庭双方的活动，但学生是该活动的中心，是家长和学校服务的共同对象，促进学生的全面发展是该活动追求的最终目标。

家校合作作为一种联系的行为模式，具有以下特征：两者联系目的具有互惠性；联系内容具有共需性；联系范围具有全面性；联系工作具有计划性；家校两者联系行为具有互动性。

（二）家校合作的目标

许多专家都提出，家校合作的目标是形成教育的合力。

1. 家校形成合力的目的

家校合作的最终目标，首先在于促进家庭教育和学校教育保持一致，形成合力，促进青少年在品德和学业及其他各方面的良好发展，身心健康发展，侧重于指明形成教育合力的目的是要促进青少年的身心发展。

2. 家校合力的内涵

家校合力，使家庭教育和学校教育成为一个一致的过程，不仅表现在二者在学生培养目标上的一致，而且表现在家庭全方位地支持学校教育工作，学校尽全力帮助家长解决在教育子女过程中遇到的各种问题。这样，家庭和学校才能在儿童教育过程中密切合作，互相配合。强调合力体现为教育目标上的一致，也指出了合力的内涵：作为家庭全方位地支持学校以及学校尽全力地支持家庭。

3. 形成家校合力的方法

陈桂兰在《建立新型家校关系推进素质教育》一文中指出："家庭与学校双方具有主动合作的意识，共同参与教育全过程，有双向交流的机制，并使这种关系制度化，从而达到家庭教育与学校教育目的一致，功能互补，形成教育合力。"这一界定强调了怎样才能形成教育合力。

第五节 家校协同机制内涵意义

一、家校协同机制的内涵

协同是表现系统内部各要素之间相互作用的一种特殊方式，是为实现系统总体发展目标，各要素之间相互配合、相互协作、相互支持而形成的一种良性循环态势。协同不仅强调几个要素在同一时刻具有各自不同的地位、不同的角色和不可替代的功能，而且强调这几个要素之间通过协调、同步、合作、竞争、互补的作用进而产生新的结构和功能，以实现期望目标。

家校协同是指学校教育子系统与家庭教育子系统作为学生最重要的社会化场所，既独立运行，又相互关联。当关联作用占主导地位时产生协同效应，形成整个教育系统的整体功能和联合作用，这时的整体功能大于学校系统和家庭系统各个部分功能之和，即1+1>2。机制原指机器的构造和工作原理，家校协同机制是指在教育学生过程中学校和家长的功能、结构及相互关系，通过机制的构建促使学校和家庭实现功能互补、相互兼容，从而形成教育合力。

二、家校协同机制的目的及意义

构建家校协同机制的目的是分析两个系统独立运行的特点，找出非线性的相互作用，加强彼此的利益协调、信息互通，促使学校和家庭教育力量的主动配合、积极合作、支撑互补、形成合力，从而产生整体性的协同联动效应，最终实现促进学生发展的共同目标。具有以下特点：第一，学生是学校和家庭的共同教育对象，家校协同的一切活动要以学生为出发点；第二，家校协同的信息传递是双向的；第三，家校协同中的学校与家庭、教师与家长是平等互助的关系。家校协同机制与现代学校制度的关系密不可分的。现代学校制度本质上是以学生发展为核心，强调学校利益相关者的作用，重视学校与家长互动的制度。其与传统学校制度的区别之一，就在于要充分考虑家庭教育的因素。家校协同机制是现代学校制度的重要组成部分，不仅能充分保障家长对学校教育的知情权、监督权和参与权，而且能充分发挥家长的教育优势，有效协调和整合学校与家庭教育力量，促进学校实现科学决策、民主管理和制度完善。如今，家长看法和社会舆论对学校发展的影响很大，家校协同机制的建立有助于发挥以家长为主体的外部评价的积极作用。

三、家校协同机制的内容

家校协同机制具体包括组织体系机制、信息沟通机制和主体关系机制。组织体系机制是指家校协同组织机构的建设及执行情况，主要通过学校成立家长委员会、家长教师协会等反映；信息沟通机制是指促使教师和家长协同发挥育人功能的沟通内容、沟通渠道和沟通频率，主要通过学校向家长介绍办学理念、目标和举措，学校通过各种渠道征求家长意见，家长能随时向学校反映问题，教师经常与家长交流孩子情况等反映；主体关系机制是指教师与家长相互尊重、理解和信任的人际关系，主要通过教师与家长关系融洽等反映。

第三章

家校协同育人的现状及原因分析

我国家校合作从20世纪80年代开始走上正轨，但合作的水平较低，在实践上还有许多未能开辟的领域。具体来说，在目前家校合作关系中，偏重的是低层次、临时性、单向的和分主客体性质的家校合作关系。而新的教育观念提倡的是高层次、计划性、双向的和伙伴性质的家校合作。前者的关系属于被动性质，不能有效地帮助学校和家庭发展良好的有助于提升教育品质的合作关系。后者主张学校和家庭互相需要对方协助，双方应采取主动角色和共同努力，成为教育上的伙伴关系，能够有效地帮助学校和家庭发展良好的有助于提升教育品质的合作关系。由于家校关系没有理顺，在我国的教育实践中，家庭与学校的合作存在诸多的问题，本章对这些问题进行梳理与剖析，分析产生这些问题的原因。

第一节　家校协同育人的现状分析

一、认识不足，双方存在角色差异，家校缺乏沟通

一是立场的差异。尽管家长与教师都是以抚育青少年的成长为出发

点，但是他们各自所持的立场仍是家庭和学校各方。有人说孩子是家长心中的树、老师眼中的林。家长看到的是自己的孩子，老师面对的则是班级这一群体。老师在集体中接触和教育学生，他们往往通过学生之间的比较，了解和评价一个学生的行为和发展状况；而家长往往缺少这样的参照系统。因此，很容易出现家长觉得自己的孩子表现很优秀，而老师对其评价一般的现象。同时，面对一个班级几十个孩子，老师必然更关注班级的集体发展，对学生的共性发展提出更多的要求；而家长面对一个孩子，当然更容易从孩子的个性发展需要多作一些考虑。家长希望老师对自己孩子多一点关注，可老师的注意力毕竟有限。

二是视野的差异。一般来说，父母来自社会的各个阶层，他们和教师对于如何去接触和看待孩子有着不同的观点，这种差异是由于他们的社会和文化背景的不同造成的。孩子生活在家庭、学校等多重世界中，他们从踏入学校的第一天起，就试图将自己对周围世界的理解与学校的想法相融合。这个过程对于那些生活在家长与老师价值观和立场相似的家庭中的孩子来说较简单，而那些生活在家长和教师观点冲突的家庭的孩子则不幸地经历着反复的思想斗争。许多家长凭自己的社会经验教育孩子，未必有科学的理论作为指导，往往更倾向于"现实型""功利型"教育。矛盾冲突使他们意识领域混乱，产生矛盾心理，影响他们的学习与发展。我们面临复杂的转型社会，大学生需要家庭和学校共同的声音、正确的答案。

三是观念的差异。在家校合作中，学校教育与家庭教育往往出现一些矛盾和碰撞。这主要是由于双方的某些观念不一致而导致。如在人才观方面，大多数教师能够确立符合社会需求和个性发展特点的正确人才观。认为凡是适合社会需要的、各级各类有专长的、全面发展的人都是人才。而不少家长则认为只有脑力劳动者，如科学家、工程师、外资企业的白领才是人才。由于培养目标上的差异，在培养方法手段上，也出现严重分歧。

在道德教育中，家庭学校因观念差异引发的冲突更为突出。家长、教师都知道道德教育在孩子成长中的重要作用。在这点上，双方都有共识。

然而涉及具体的培养目标及对孩子的发展期望时，家长的观念则有很大的变化。可以说，许多家长都重智轻德，只要孩子学习好，其他方面差点也行，他们把孩子升入大学作为第一目的。因而评判一个优秀孩子的标准，则是学习好、成绩好、分数高。学校根据教育方针，要求学生德、智、体、美、劳全面发展，而有的家长则是智育第一、分数第一、升学第一。因此，家庭和学校之间失去有序协调、统一与和谐，以至于在教育活动中往往出现对立的现象。反映了教师在教育指导思想方面也存在误区，但相对于家长来说，更多的教师有着正确的育人观。

四是角色定位不明。教师与家长对彼此角色的高期望容易造成双方的合作不欢而散。许多教师希望家长以支持者与学习者的身份与教师合作。家长也希望教师不要以居高临下的态度或支配的态度来对待自己。但有时家长和教师都有可能以一种挑剔者或批判者的角色与对方沟通，这就为合作设置了障碍。教师对那些自以为是教育专家并怀疑教师的判断力的家长感到厌烦，对那些不断批评现有教育制度的家长更是牢骚满腹。如果家长支持教师的工作并同教师意见一致时，教师便会感到心情愉快。当然，如果教师也能设身处地站在家长的立场看问题，情况就会大大改观。究其实质，造成家长与教师之间障碍的原因，主要在于家长与教师的角色定位以及力量的平衡、教育责任归属问题等不明确造成的。

五是功利的观点。在现实生活中，还存在着另外一种消极的、世俗化、功利化的家校合作观，即从学校的近期利益考虑，仅仅把家长当作可利用的资本。从现在学生家庭所具有的资本来看，基本上有三种类型：经济资本、社会资本和文化资本。这三种资本之间往往具有互换性与可增值性。对家长所能提供的不同类型的教育资源的利用与占有，使得学校与家长之间的关系发生了微妙的变化。家长的资源成为学校在录取学生以及对外政策中考虑的重要筹码。这样一种相互利用的"互利互惠"关系，在一定程度上影响着学校对学生教育影响的纯洁性，也影响着良好的家校合作关系的建立。

二、被动执行，缺乏互动

据调研，大部分家长很少与高校有联系，目前高校与学生家长之间的联系普遍未能有效地建立起来。首先，空间之隔阻碍了高校与学生家长之间的联系，并存在较大难度。类似于中小学阶段的教师家访、家长校访，或者学校请家长到校谈话，让家长定期检查学生学习情况，召开家长会等形式极为不便，甚至很难实现。中小学阶段学校与家长沟通的方式在高校行不通，而新型的高校与家长联系的途径还有待进一步探索，这将是一个长期而艰难的过程。其次，从家长方面看，家长去学校看望子女的机会本来就比较少，即便去学校，时间也相对较短，绝大多数家长很少与高校院系领导、辅导员或任课教师联系。家长也不清楚院系相关部门及工作人员的通信方式，或者就算知道，也很少积极主动与学校进行联系。从学校方面看，学校也未能建立有效的与家长联系的机构，不能提供便于家长来访进行交流的平台。双方沟通的缺乏，直接导致了家长对子女情况了解的片面性与表面性。因此，家长很难发现学生在哪些方面有待改进与发展，无法全面把握学生的当前的全面情况并进行因势利导、因材施教。从教师方面看，经过连年扩招，学校规模、班级规模过大，师生比例严重超标，教师也不可能经常关心到每个学生的学习和生活的细节。又由于大学生远离家乡，疏于家长联系。学校对于大部分的学生处于"不管"状态。有的教师有时也只是通过简单的电话了解一下家庭状况，而又往往了解不够。最后，学校与家长的沟通存在滞后性。目前，大多数情况下，是在学生先出现了各种各样的问题之后，如出现身体或心理疾病、多科考试不及格、严重违反校纪校规等，学校才被迫与学生家长进行联系，寻求协助解决问题的办法。尤为严重的是学生作出违法犯纪行为或者患上心理疾病之后，家长在事后才得知，除了感到突然和震惊之外，并没有能力去阻止事件的发生。学校与家长的沟通具有严重的滞后性，也造成了对大学生教育的缺失。

三、缺少多种形式的合作

因为家校双方的能力问题，许多教师和家长并非不愿合作，而是不能合作、不具备合作的能力。面对不断变化、日益发展与复杂的教育现象，一些家长与教师还是用传统的方法进行家校合作，尽管花了大量的时间、精力、财力，但收效甚微。一方面是有的家长因教育能力和文化素质较低，虽有望子成龙之心，却缺少点石成金之术。这在一定程度上削弱甚至抵消了学校教育的力量。正如一些教师所想，个别家长来学校的目的就是监督工作。有的家长甚至将孩子出现的一切问题归咎于学校。结果家校双方关系紧张、态度敌视，有了这一道屏障，双方很难进行平等交流与合作。此外，由于职业特点和工作原因，如有的家长是医生、警察等，则会错过与教师沟通和交流的时间。另一方面是教师的能力问题。个别教师认为家长不仅没能力参与学校教育工作，反而时常给学校带来麻烦和干扰。同时，他们又把学生出现的问题归到家长一方，认为是家教不好；或者将家长会、家访等家校合作形式看作是向家长告状的好机会，专讲学生的问题和不足，最后也很少与家长协商解决问题的办法。从教师方面看，如何克服单枪匹马、发号施令的习惯性工作方法，学会与各种各样的家长建立信任、互相沟通、调动他们参与的积极性，从而有效地分工合作是教师面临的新挑战。当然，实际的情况是，不能合作的障碍与不愿合作的障碍经常是相互交织、相互渗透的，由于不能合作而就不愿合作，由于不愿合作也就更不能合作。

目前家长与高校的沟通仅仅是电话或者微信，内容只是简单地涉及学生学习、生活。大学是一个开放的集体，是科技和人才资源的聚集地。大学与家长的合作如果仅限于促进学生发展，太显无力。充分挖掘大学的科技优势和能源资源，帮助学生自身家庭和所在地区实际解决现实问题，越来越成为新形势下的迫切要求。调研显示，家长迫切要求开展多种形式的合作，包括推荐实习就业和一定的资金支持，帮助当地企业及农民家庭解决农业专业科技难题等。

第二节　家校协同育人存在的问题

家校协同育人存在的问题，究其根源是多方面的原因造成的。有家长自身原因、有当事人学生自身原因、也有教师方面的原因，下面予以阐述。

首先，家长方面。家长不愿合作的情况，大致可分为三类：第一类是与教师关系疏远的家长，由于教师平时与家长联系不多，缺少心理沟通，结果使这些家长在心理上与学校和教师产生了障碍和隔阂。第二类是自卑型的家长，他们自身学识浅薄、文化素质低，或不懂教育，所以没有能力参与学校教育活动；或者是孩子学习成绩差、品行不端等，常有老师家访或是被叫去学校，所以惧怕与学校联系。第三类是放心乐观型家长，特别是那些各方面表现，尤其是学习成绩优秀学生的家长。他们相信，教师完全有能力教好孩子，自己没必要对学校有关的事情插手或干预。

家长在基础教育阶段侧重对学习成绩的关注，忽视了其他能力的培养。进入大学后，尤其在经历了基础教育阶段的教育后，家长认为子女已经成人，他们的认识、行为已经趋于成熟，不需要进行教育。殊不知现在大学生绝大多数是独生子女，面对进入大学后人际交往、各类生活问题及就业不知该如何应付，他们会经常求助于家长。他们无论是心理上、思想上、经济上都存在着对家长的依赖性。一部分家长认为随着孩子"一朝金榜题名"，上了大学就算成人了，进入大学形成了完全的"质变"，以为孩子上大学就是进了"保险箱"，算是已经完成了自己的基本任务，从此便可高枕无忧，完全放心地将孩子交给大学。一部分的大学生家长在孩子进入大学之后有一种如释重负的感觉，似乎自己一下子从巨大的心理压力中解脱出来，不愿意再背上沉重的教育包袱。也有一部分家长出于一种补偿心理，以前对孩子比较严格，在孩子上大学之后，对孩子的要求异常宽松起来，逐渐放弃了约束，更多精力转移到对于物质上的需求，而且有求必应，忽略了对子女的心理及生理变化，完全放松了本应该继续的教育，尤其是道德教育。家长到校看望子女的机会本身就较少，更不会去与高校领导、教师有联系，还有一部分家长因受教育程度、自身素质、经济压力等其他因素，很难再涉及教育，或者本身对于教育的态度，或者对教育的理解和观念存在许多误区，逐渐放弃了与高校的沟通合作。家长是家庭教育实践活动的组织者、教育者、实施者，如果他们对教育的意识都没有足够的重视，那么对于大学生的教育就更无从谈起。家长这种不正确认识，导致其在高校合作教育过程中的对子女教育的关注度不够、对校方提出的家长行为纠正建议的不配合、对家校合作教育改进的不作为，甚至抵触或反对……这些都成为高校合作教育顺利进行的阻碍因素。

其次，学生方面。本书所谓高校家校合作教育是围绕着大学生的教育问题进行的，父母跟教师的"缘分"也是因学生而促成的，学生是两者之间的沟通桥梁。分析高校家校合作教育工作的曲折性，因大学生的失位造成家长与学校交流的纽带作用断裂，是其中重要的影响因素之一，这跟他们对家校合作教育的理解和认识有着根本的联系。

学生进入高校后，有的认为自己已经长大，无须什么事都向家长反映，不应该让父母再为自己的学业操心；有的大学生对自由、独立的认识存在着理解误区，认为自己已经长大成人了，摆脱父母、家庭的束缚便是自由、独立。有的入学前受父母的管束较严，现在终于感到可以自由地按照自己的意志行事；有的本来就与父母存在较大代沟，现在交流就更少了，高校中就有很大一部分学生，几乎很少与家长谈及学校情况。"报喜不报忧"在当今大学生中更是常有的事，导致的原因往往是不相信家长，他们认为报了"忧"家长也不能解决，反而徒增家长的烦恼，甚至招来喋喋不休的说教和唠叨。许多学生不愿意让家里知道自己的成绩和在校表现，也不愿意与辅导员（班主任）和家长联系。学生，本来是家校之间沟通的重要桥梁，现在却成了交流的最大障碍，他们的不愿意就是高校家校合作教育难以实施的核心影响因素。还有一些大学生认为和父母交流沟通不再是接受教育，而只是一种平等的交流，与家长的联系也大多是问候或要钱要物。一部分学生认为文化水平较低的父母已经比不上受高等教育的自己，丧失了一定的教育资格，不愿再接受父母的教育，于是就将教育盲目地排除在外。以上种种表现，说明大学生对教育没有正确、深刻的认识，从而也导致了对自身受教育的偏见与缺失。

最后，教师方面。教师不愿合作的情况，大致也可分为三类：第一类属自信型教师。他们对自己的专业地位自视过高，自认为是教育专家，对于教什么、怎样教，自己最有发言权，无须家长"指手画脚"，提这建议或那方案。家长的参与只会给他们添加无谓的麻烦。第二类属自卑型教师。他们缺乏与家长合作的经验，因此对家长参与学校教育感到紧张。这类教师可能是新教师或未为人父母者，自己年轻、经验不足。当家长提出许多教育问题时，他们很不自在，特别是一些高学历、高职称的家长或事业有成的家长与他们交流时，这些教师甚至不知道如何回应。第三类教师是因为对合作的不理解而不愿与家长合作。他们认为家长不是教师，教育只是教师的权利，家长没必要介入学校事务，如果要介入，那是在监督和挑学校的毛病。当家长参与学校的日常运作和决策时，这类教师倾向于自我保护并产生某种程度的恐惧感，认为自己的职业权威和形象受到了威胁和挑战。作为高校家校合作教育的忠诚守护者，学校教师和管理人员一直在为之付出，可依然达不到我们所期望的理想效果，这跟学校公共生活的特有方式是分不开的。就如同很多教师所描述，他们身上背着明确的科研项目数量，师生之间"一对多"的管理方式，使得他们无法在繁重的教学任务之外，再拿出更多的时间与每个家长频繁联络。教师也不能强迫家长学习教育知识，改进其对子女的教育方式，同样强迫其务必配合高校家校合作教育也非易事。高等教育在教师和家长身上面临的特殊问题，在客观上就是高校家校合作教育得以顺利展开的限制因素。抽不开身是引起教师无法重视家校合作的重要因素之一，而部分教师的主动回避则是我们不愿看到的现象。很多高校，对于家校合作教育工作等"软任务"没有具体要求，使得有些教师有意减轻自身的责任负担。因为做不在规定范围之内的事不但没有得到好处，反而一旦出错却要被追究相应的责任，因此没人敢也没人愿意去冒这个险。这种有意识的责任避免现象，主观上说明，大部分教师对高校家校合作教育的合作理念的认识，依然缺乏科学性；客观上则是制度设计的重大缺陷。在访谈的过程中，很多教师都表示，家长对教育工作的认识有限，没有合作的基础和必要。这种对教育理念错误、片面化的认识行为，使得"清晰"的家校合作必要性和紧迫性被忽视，教师的不重视、不参与、不付出，注定高校家校合作教育工作计划终将流失。

由于大学生源分布广泛，大学生的学习生活环境相对封闭、条件所限等原因，在中小学阶段的家长与学校的沟通方式在高校是不适合的。绝大多数高校与家长之间没有建立联系机制，也没有提供与家庭进行交流的平台，家校合作尚未进入高校工作的日程。这些原因致使大学教师很少主动联系家长，很少把学生在校学习、生活和工作的表现与家长沟通。大学教师大部分承担教书的任务，对学生的评价与学生成绩及身心发展关注较少。另外，教师认为大学生家长基本素质良莠不齐，责任意识和教育能力参差明显，影响家校合力对大学生施行成才教育。

第三节　家校协同育人的原因分析

一、主观因素

第一，从学校方面看，学校难以提供便于与家长沟通交流的平台，更没有建立主动家访的制度。这直接导致了家长对学生了解的片面性，特别是思想、学习等情况。第二，从家长方面看，大学生的家庭沟通是一种远程式的教育和指导，学生普遍远离家乡，电话、书信、网络等成为家长与学生沟通的主要渠道，这种方式受到家长文化程度、物力、家庭财力的严重影响。尤其对于农村家庭来说，沟通渠道非常狭窄，他们很少主动和学校联系，很少能和院系的领导、辅导员或者班主任见面。第三，从学生方面看，有些学生怕出现问题时，学校与家长联系、反映问题，就采取迂回的战术，或含糊其词或避而不答，有的往往告诉学校错误的或者过期的联系方式，导致联系脱节。

二、客观因素

（一）从学校方面看

首先，从学校管理体制方面说。封闭的教育观念是影响家校合作的另一个根源，良好的制度是行动的可靠保证，也是家校合作教育创新发展的重要依据。纵观国外，部分西方国家的教育之所以取得良好成效，其前提就是拥有完善的制度保障体系。组织制度体系可以指导家校合作的组织设计，责任机制可以使得家长和教师明确各自的角色作用和责任义务，考核制度和惩罚机制体系是促使家校合作教育顺利实施的重要前提，物质保障制度体系是家校合作教育得以实施的核心动力……好的制度体系可以保证家校合作教育有据可依，尤其是当事人权利和义务的保障。而制度体系的欠缺、不好或者不合理，都将是高校家校合作教育的束缚。比如组织制度缺失的影响，导致学校没有一个明确具体的部门来承担这项工作，大部分高校"战斗"在家校合作教育前线的主要是辅导员（班主任）。可是，高校学生规模都在万人以上，具体负责的教师也是处于"一对多"的局面，哪怕他们会分身也是乏术的。在高校内部机构，其设置也是复杂的，虽然分工明确，但是部门与部门之间的协作和协调却不太顺畅，这种缺乏统一的调配管理规划，注定办事效率不高。责任机制的缺失带给家长的问题是，虽然明白子女的教育问题义不容辞，可是谈到具体如何担当教育责任时，很多家长除了能够提供充足的物质保障和宽裕的资金给予之外，再没有另外一个更清晰的表达或表示。这种没组织、没规范的家校合作教育，注定是一盘散沙，其具体实施状况将视学校领导的指示和重视而定。这也是高校家校合作教育"一阵风"、缺乏连续性现象的原因所在。

在长期部门分割的惯性思维作用下，学校画地为牢、与家庭和社会脱节，形成了学校垄断教育资源、教师独揽教育权的局面。其他社会单位很难涉足学校，家长也很难以主体的身份参与学校的教育教学与管理。其次，教师日常事务比较多，管理班级人数也比较多，因此无法熟悉所有的学生。另外，学校如果没有相应的规章制度支持与家长合作，就不能得到物质支持和时间支持，致使与学生家长之间的交流非常少。处于主导地位的学校教师无法很好地发挥作用，使得家长参与学校教育的层次较低。在现实中虽然也存在一些家校合作形式，如家长会、家访等，但学校与家庭的位置并没有摆正，家长与教师不是处在同样平等的地位。学校把家长当成教育的对象，自己是教育者。教师与家长沟通时，有的对家长不尊重，把学生在学校发生的问题的责任，全部推给家长。所以家校合作应该双向互动，而不能单面传输。单面传输抑制了家长教育学生的积极性，剥夺了家长参与的权利，使学校教育与家庭教育的资源不能得到很好发挥，无法做到资源共享。

（二）从家长方面看

家长认为自己的文化层次不够，或者没有足够的时间参与合作，有太多家庭事务需要忙碌，很少有时间参与学校活动、接受家长教育，或有时间家长也不积极，反应也不热烈，令学校教师心灰意冷。其实这样的家长并不能被谴责为漠不关心，也不能被学校忽视。学校应该表示支持和理解，尽可能创造条件加强合作。家长在参与学校管理与决策中处于被动状态。绝大部分家长仅仅关注学生的发展，仅限于对学习成绩的关注，对其他方面不感兴趣，家长缺乏主动参与学校管理的民主意识，未意识到参与学校管理是自己的合法权益，参与学校教育意识的淡薄是导致家长被动参与的最主要原因。

（三）缺乏组织机构及必要保障

目前的家长参与学校教育缺少广泛而稳定的联系。家长与学校联系的机制既没有得到社会的普遍关注，特别是教育行政部门的足够重视，也没有作为教育行政部门的或者校长的考核目标。究其原因主要是缺少沟通教师与家长、社区之间的上下贯通的枢纽机构和网络，缺少全国性的、地区性的和学校乃至班级不同层次的领导、组织与协调工作。所以真正缺少的是专门的负责沟通联系的人员和机构。在日本的多数学校都设有"后援会"之类的组织，其提供学校必需但无法从政府那里得到充足的经费和物资。

（四）有关法规制度不健全

在实行中央指导地方管理的体制下，各级教育行政部门缺少有关家校合作的规章制度和政策法规。因此对于家庭是否参与学校教育、家校双方合作关系如何、应采取哪些措施等，尚十分模糊。家校方面的工作，也尚未被列为考评教师业绩的指标，也常常不得不让位于其他更易于检验的事项，家校合作尚缺少制度上的保障。我国至今为止，还没有制定家长参与学校教育的政策或法律，明确家长参与学校教育的合法权益，不能使家长在参加学校的教育、教学活动、教育管理时有法可依，合法地行使自己的权利，同时强化家长对教育事业的参与，加强对家长自我教育和教育孩子的责任。所以在实际教育实践中，许多学校的家校合作并没有正式纳入学校整体工作计划之中，致使活动在时间上断断续续，在内容上缺乏前呼后应，家长不知道活动的时间安排，在活动中了解的教育知识也是零零碎碎、不系统的，无法从根本上形成一套相对完整的教育观念、知识、方法的体系。

（五）文化因素影响

不良的风气，或许只是表象，追根溯源，不难发现始作俑者——道德认知的相对主义、国家认同的无政府主义、法律纪律的虚无主义、个人生活的享乐主义……这些"西化""淡化""俗化"的价值观，渐渐地在社会上"蠕动"，并且相互交会、彼此碰撞。这股潮流，随着开放的春风从大洋彼岸吹向我们国家，它已经深深地弥漫在社会的每一个角落，作为思想前线的大学生，首当其冲。因为他们对外界的认知敏感程度，以及对信息接触的广度、深度，都因此而大大超过以往任何一个时代的人们。于大部分学生家长而言，这种影响更为明显、突出。我们不难看出，时代进步赋予个人更多的自由，以及更丰富的精神世界，同时也使一部分人因为判断力的缺失或者低下，导致在多元价值观面前迷失自己、无所适从，从而引起价值观、信念和行为方式等方面的混乱和错位，这给整个教育界带来严重挑战的同时，也增加了高校家校之间紧密合作的现实紧迫感。

（六）社会因素影响

随着时代的变迁、技术的推进，我国以经济建设为中心的发展方式，给社会带来福利的同时，也催生了社会的不良风气。浮躁的具体表现：急功近利，为追速度、求效率，不愿意遵守规则。这个诠释里面，对现实的描述再恰当不过了：家长急功，教师近利，彼此都为了避免过多的义务，视对方的权利于不顾，以最低的标准去要求自己，以最高的标准去衡量对方……整个教育局面处于一种急躁的境地，自然家校的合作也难逃此"劫"。这伤了大学生渴望接受更多、更好教育的心之外，也失了高校作为教育圣地的信誉。因此，某种程度上，加强家校的合作教育可以保全高校自身的信誉，同时也挽回其在社会中的公众形象，这将为其进一步的服务社会、文化传承使命的完成，奠定良好的群众基础。

第四章

大一新生转型教育中的家校合作

　　大一新生入学是完成从中学到大学转变的重要时期，如何使大学新生尽快适应大学生活是大学新生教育的重要内容。抓好这一时期的新生教育引导工作将会使学生受益终身。新生能否尽快实现从中学到大学的转变将关系到他们大学四年的学业，关系到他们的健康成长，关系到整个大学教育的质量。

　　从中学进入大学，这是人生中一个重要的转折点，是一个全新的起点，也是青年学子的第二个"心理断乳期"，新的心理结构尚未形成，各种心理矛盾冲突不断。良好的新生转型教育是整个大学生教育与管理良性循环的开始。因此对新生进行适应教育是至关重要的。适应教育是高校思想政治教育的重要环节，直接影响到学生能否在高校中健康成长与成才。

第一节　大学新生普遍存在的问题

一、生活不适应

　　大一新生首先面临的是生活环境的不同，大部分学生来自外地，在气候、语言、饮食、住宿、习惯等方面难免有所不适应。主要表现在：其一，00后新生大多娇生惯养，缺乏生活经验，自理能力较差，心理表现不成熟。高中时期忙于学习，其他生活琐事均由父母安排。而上大学后，突然失去了父母的照顾，一时无法独自面对困难、解决问题。其二，大学是一个开放性的小社会，环境相对复杂，人际交往范围扩大，受文化背景、生活习惯、价值观念等因素的影响，很多新生对高校全新的人际关系不适应。绝大多数新生在父母和亲人的宠爱中成长，习惯以自我为中心，集体意识淡薄，团结精神缺乏，协作能力较差。有的学生不合群，性格内向孤僻、敏感多疑，在现实生活中自我封闭，同学之间人际关系紧张。其三，个别学生受社会环境和成长环境的影响，缺乏基本的社会公德心和文化涵养，存在满嘴脏话、行为粗俗、傲慢无礼、不尊重师长等不良行为。大学生心智尚未成熟，有的学生对社会和现实缺乏正确的认识，容易受错误思想的冲击和误导。

二、学习不适应，学习目标迷失

大学新生在上大学以前，各自的目标非常明确，努力学习，取得好成绩，考上理想大学。这是他们在整个中小学阶段奋斗的最大动力，进入大学以后，这种维持了十几年的目标忽然消失了。而在大学，无论是学生的追求，还是衡量一个学生个人价值的标准，都发生了巨大的变化。成绩已不再是衡量学生的唯一的标准，而是趋于多样化、个性化。新的环境促使新生必须为自己寻找一个与之相符合的人生定位。这时很多学生突然意识到大学生活并非自己原来憧憬的那样轻松、浪漫。有的新生在入学后发现自己以往的学习优势已不存在，而周围很多同学的人际交往能力、组织能力都强于自己，或者有自己的业余爱好，多才多艺，这使他们的自信心备受打击，顿时感到茫然不知所措。怎样度过大学学习生活，自己脚下的路究竟应当怎样走？他们对此感到迷惘。

（一）学习方式的转变导致不适应

大学新生进校后对高校教育模式、学习方法、学习方式不适应。我国现行教育体制下中学教学大多以灌输为主，而大学自主学习的空间较大，更多的是学生自主安排时间，所以大学的授课与中学相比有显著的不同，体现在授课进度快、内容广泛、理论概括性强等方面。教师在课堂上只是提纲挈领地讲解，更多的需要学生在课外主动去学习、自觉去查阅资料、理解和对知识进行融会贯通的掌握。大学学习上的竞争呈现"隐性"特点，许多课程只在授课结束时才考试，并以此作为评定学生成绩的依据。大学新生有的想好好学习但不知道学什么、怎样学，老师不布置作业就觉得无事可干；有的新生对课程缺乏归纳分析整理能力，不能在头脑中形成纵横交错的知识体系，只会死记硬背，不能灵活应用，导致事倍功半，学习效率不高。有的新生由于无法估计自己的学习效果，而对期末考试产生紧张焦虑的心情。高中三年很多学校为了应试，对学生进行严格管理和约束，学生功课特别繁重，闲暇时间很少，也没有多少余力发展自己的兴趣爱好。到了大学以后环境相对宽松许多，有许多课余时间可供学生自由支配。有的新生本身比较散漫，把学习丢在一边，一个劲儿地疯玩，打游戏、追剧、刷视频；有的新生有良好的学习愿望，但自制力较差，一遇到学习上的困难或其他诱惑就放弃了学习；有的新生缺乏主见，盲从心理严重，别人干啥他也干啥，容易随波逐流。学习方式的转变，让学生无所适从，从教师灌输到自主学习，由被动学习到主动吸收的不断创新和实践，中学应试教育培养出来的学习方法让新生难以适应大学的学习。

（二）专业选择具有盲目性

有的大学新生在高考填报志愿时缺乏指导或理性的思考，他们仅凭直觉，或抱着单纯的热情盲目地选择学校和专业，部分学生甚至在专业的选择上完全由家长代劳，导致学生对报考学校和所学专业不了解，甚至有的学生完全不知道。另外，有的学生受当时经济结构对人才的需求及社会舆论导向的影响，一味追求热门专业，对国家需要的一些长线专业置之不理，随着经济结构的不断调整，这种热门专业很快会受到冷落；也有的同学沉浸于升学的喜悦中，没有对自己作出及时客观的评价。以上种种原因虽然在短时间内没有暴露出来，但随着对学校的逐渐了解和对专业的进一步接触，有些学生会对学校产生不满情绪，厌倦自己所学专业，并对学习失去兴趣，这种状况的实际效应就是对专业无兴趣，专业思想不稳定，从而陷入专业的困境，感到自己的前途黯淡，学习缺乏动力，导致有的同学要求退学。

三、人际交往的不适应

中学里的人际关系相对简单，学生一心只读"圣贤书"，而大学的交往是广泛的，有同学、同乡、师生、异性、社会活动团体等。同居一室的来自五湖四海，有不同的城乡背景，有不同的方言、不同的性格，导致他们之间的磨合是个新问题。一些学生个性强，以自我为中心，不会设身处地地为别人着想，性格内向的学生不合群，孤独寂寞，经常埋怨自己甚至逃避现实。看似平凡小事，却时时都在对每个学生进行着待人处世、品德修养的考验。

四、思想不适应

进入大学，新生面临从中学生到大学生的角色转换，面临着对自我的重新认识和定位，好多学生不能随着时间、环境的变化及时进行相应的调整。因此，产生一系列的心理冲突和思想矛盾。一方面，随着大学的扩招，大学生不再是"天之骄子"。大学里对学生的评价也呈现多元化，分数已不再是唯一的衡量标准，更注重学生综合素质的发展。面对人才济济的大学校园，失去了高中阶段学优生的地位，原先的优势已经不复存在，好多学生相对平庸化，遂产生自卑心理，甚至是严重的心理挫败感。另一方面，新生对大学生活有着美好的憧憬，但现实的大学生活并不像想象中的那么轻松、自由。专业学习任务甚至比中学更加繁重、枯燥无趣，人际交往更为复杂，理想和现实的差距往往会带来强大的思想冲突。

第二节　新生学习适应不良的原因

大学一年级是学生成长、发展的关键时期，也是适应性问题最多的时期。要想切实帮助大学新生解决学习适应不良问题，必须通过深入调查，探究新生学习适应不良的影响因素及作用机理，以提出有针对性的帮助策略。笔者在问卷调查与访谈基础上，从社会与家庭环境、教育制度、高校教学与管理形态和大学生自身等方面，探讨了影响大学新生学习适应问题的因素。

一、社会与家庭方面

大学新生正值人生观、价值观的形成阶段，思想尚未完全成熟，对信息也缺乏甄别能力。转型期社会中的急功近利、投机心理、拜金主义等异化价值观，极易诱导大学新生滋生利己主义、虚无主义、狭隘实用主义等不良观念，使其价值观出现偏差，还有研究发现，价值观中的学业观念是影响大学生学业适应的本源性因素，倾向于投机、享乐的负面价值观对学业适应有着严重的消极影响，诸如此类的功利实用主义价值观会对新生的学习态度产生很大冲击，使其学业投入具有明显的功利化倾向。

无论是在学前阶段、中小学阶段还是在大学阶段，家庭教育在学生成长和发展过程中都起着不可替代的重要作用。家庭的教育观念将直接影响学生的学习心理和行为。一些家长过分溺爱子女，从开学伊始就多次到学校探望，无形中使新生产生了依赖心理。这种过分依赖家庭的表现，会浪费学生很多可利用的学习时间，影响其适应大学学习的进程。还有一些家长，顺应"拼爹"趋势，过早承诺要为学生铺平道路，使得一些"有靠山"的新生不屑于课堂学习、怠慢学业。另外，"大学生不需要家庭支持"的错误观念，致使很多家长只关注物质条件的提供而忽视学生在校的学习情况。很多家长在孩子大学阶段放松了对其学习方面的督促，致使一些自制力不强的学生沉溺于"自由"而无法自拔。在应试教育的压力下，学校与家庭把学习视为学生应全心投入的头等大事，而忽视非智力因素（如生活自理能力和心理适应能力等）的培养，父母成为"全职保姆"，包办学生学习之外的所有事物，致使有的学生在进入大学后，因独立生活能力的缺乏和难以排解的思乡之情而影响学习。另一方面，不少家长囿于传统的健康观念，只重视学生的身体健康，而忽视心理素质的培养，致使大一新生表示无法消除自己的负面情绪。这些无法调试的失落、孤独和无助等消极情绪必然会影响学生的学习适应。

二、教育体制机制方面

研究表明，新生入学初期的不适应状态，表面上看是缘于个人适应能力不足，而深层原因则是基础教育、高等教育的对接错位。我国的教育体系存在断裂，基础教育、中等教育和高等教育由于在办学目标、办学方式与教育生态方面存在巨大差异，三者缺乏平缓过渡，造成了教育体系整体性的分解。

一是教育目标的错位。尽管在20世纪80年代国家就提出了素质教育理念，但目前仍处于过渡期，还未完成从应试教育向素质教育的彻底转变。

中学应试教育的功利性目的淡化了教育的本质要求，忽视了学生的发展需要，致使大一新生"难以适应大学的独立生活"，有的"难以适应大学的人际关系"，有的"难以适应情感的转变"。而大学通才教育的目的是促进个体的自我提升，培养全面发展的人，然而它需要基础教育为学生综合素质的发展奠基却不可得。这种教育目的的错位从根本上导致了中等、高等教育衔接链出现问题，影响教育体系的系统性。

二是教育过程的差异。一方面表现在教育内容的缺失。本应初高中进行的自主学习教育、心理素质教育、基本生活能力训练、社会交往规则教育等，只能在大学进行强化补课，不仅错过了最佳的教育阶段，效果也打了折扣。另一方面是教学模式的差异。中学与大学在教学要求、内容、方法等方面均存在较大差异。大学授课信息量较大、进度较快；逻辑思路讲解多，纯粹知识性讲解少；指定阅读的参考书目多，面对面的交流指导少。因此，从课堂讲授的"面面俱到"到相关领域的"触类旁通"，从书本知识的"全方位继承"到理论与实践相结合的"求异创新"，无不对学生原有的思维方式和学习习惯提出挑战，以至于有新生觉得自己"不适应大学教师的授课和教学模式"。可见，高中与大学教学模式上缺乏连贯性，是大一新生出现学习适应问题的重要影响因素。

三是课堂状态的差异。在中学，教室、座位、同学都是固定的，上课以教师讲授（大纲知识点）为主导，进度较慢且课堂管理严格。但在大学，无固定教室和座位，上课地点分布在不同教学楼，教师授课进度快、信息量大，课堂管理也相对宽松，课堂违纪行为较多。

四是学习方式的差异。在中学，学生是学习的被动接受者，他们习惯跟着老师的步伐亦步亦趋，早已形成以教材为基础，辅以大量习题演练（题海战术）的学习习惯。而大学课程庞杂、教学进度跳跃且课后没有习题演练来帮助巩固记忆，它需要新生结合自身的实际寻求适合大学学习特点的学习方法，然而对于学习方式早已定型的大一新生来说，很难在短时间内进行改变或调试。

五是教育管理模式的差异。中学实行严格的教育管理模式，学生在学习过程中，无论是在学校还是在家，要么有教师的督促，要么有家长的监管；而大学则倾向于学生自我管理、教育与服务的相对开放式的管理模式，没有教师和家长的"循循善诱"，没有高中时紧张的练兵考试，有的是较为轻松的课程安排和大量的可自由支配的课余时间。

六是师生关系的差异。中学与大学在师生关系方面存在很大差异。在中学，教师的高度关注与家长无微不至的照顾构筑了一个高密度的人际氛围，学生也适应并满足于这种生活状态；进入大学后，教师和学生的交往大多仅限于课堂，教师讲完课就走，师生就没有什么其他交往了。

三、高校教学与管理方面的原因

（一）教学方面的原因

1. 课程设置与教材选用影响学生的学业适应

高校部分课程设置不尽完善，选课制度在运作过程中对学生自主选择权的尊重不够充分。很多专业选用的教材难度较深、理论性过强，鉴于该校大一新生现有的知识基础与认知水平，这些教学内容超出了其"最近发展区"，给新生的学习适应造成很大困难。

2. 教师的教学素养低于学生预期

我国高等教育中素有"大学，非大楼之谓也，大师之谓也"之说，可见教师素养在高校人才培养中的基础性地位。新生对教师的教学效果不太满意，认为大学教师教学死板，照本宣科，无吸引力；教学内容、进度不考虑学生的可接受度；大学教师与学生交流较少，师生关系冷淡；重科研、轻教学，存在敷衍现象；缺乏责任心，课堂管理不严格，教师的学术水平和教学技艺不能获得学生的认可，与学生无法适应学习有着直接关系。

3. 新生入学教育不能取得实效

入学教育时间集中且短暂，缺乏连续性。新生在短时间内接受大量的适应性教育内容，易使教育流于形式，而当新生在之后的学习与生活中遇到困难时，入学教育活动却已结束，致使入学教育与新生需求的对接错位。入学教育内容陈旧，忽视学习适应性教育。目前，我国高校入学教育内容的设计过于老套，多局限于生活指导教育（物质生活类）和校史校规教育（文化生活类），忽视了新生自身最难克服的学习适应问题，虽在一定程度上有助于新生"自我意识"与"大学观"的建构，但并没有贴近新生的现实需要。入学教育形式单调，缺乏实效性。目前，很多高校的新生入学教育仍沿用"军训+报告"的固有模式，因缺少与新生的交流和互动，使得教育活动仅停留在表面而不能深入学生的实际，趋于简单化、形式化，缺乏感染力，降低了新生入学教育的实效性。

（二）管理方面的原因

一是日常学生管理，学生不满意。大学扩招后学生人数激增，高校教学、管理人员相对短缺，给高校管理工作带来很大压力。烦琐的事务性工作（请假、销假、查寝、查课、档案管理等）使辅导员成了"办事员""消防员"，而不能深入新生学习和思想的实际。还有些大学生管理工作者有章不循，放任学生的违纪行为，助长了厌学情绪和不良学风的蔓延。致使当问及"对辅导员工作的评价"时，新生对辅导员的工作表示"较不满意"和"非常不满意"。二是学校活动较多，学生不能理解。认为学校种类繁多的活动，占用了太多的学习时间，影响了他们的学习，一些为参加迎新晚会、元旦晚会筹备与排练演出的新生，几乎整个晚自习都要被占用，对其学习造成严重干扰。

（三）大学新生自身因素

1. 新生对高校与专业的了解与认同影响学习适应

大学新生信息意识的缺乏将直接导致专业认知偏差，影响学习适应。

2. 新生迎接大学生活的心理准备不足

在应试教育下，学生只要亦步亦趋地听从教师和家长的安排去学习和生活，就能获得安全而稳定的结果——考上大学。以至于很多学生只关注学习成绩，而无暇顾及自己进入大学后将面对的一系列适应问题（例如迎接新的学习任务，建立新的成长坐标等）。自负与自卑心理也会影响学习适应。一些家庭条件优越的新生习惯了养尊处优的生活，目空一切，过于自负，不能很好地融入00后学生群体，易引发人际交往危机，影响学习。另外，"拼爹"暗流也使得部分"有靠山"的新生对学习抱有无所谓的态度，怠慢学业，上课玩手机、说话等违规现象日益严重。而对于一些来自农村或低收入家庭的学生来说，城市的繁华与身边同学优越的衣食住行会给他们带来极大的自卑感，使其沉浸在悲观、苦闷、自卑的情绪体验之中，而不能很好地适应大学的学习和生活。难以排解的不良情绪也会影响学习。大一新生正处于心理学上的"第二次断乳期"，很多新生因离开熟悉的生活环境，进入大学这一相对陌生的环境，而产生适应不良反应。另外，我国区域经济发展不平衡导致区域教育发展不同步，很多来自教育落后地区（西北地区和少数民族地区等）的新生对基础知识的掌握程度较差，可能会面临更为严峻的学习适应挑战。

3. 新生自身的学习能力影响

（1）目标设置困难，学习动力不足

新生进入大学后，原来的目标实现了，其驱动作用也随之消逝，新目标的确立又需要他们根据自身条件、专业发展方向、社会需要与可实现性等多种因素去选择和设定，而这必定需要一定的时间。在此过程中，新生还要克服各种不适症状，调试郁闷、空虚、迷茫等心理危机，这迫使他们把目标设定推迟到一个又一个的"明天",致使学习动力不足。

（2）学习方法不科学

大学学习与中学学习有很多相似之处,例如都需要学生遵循科学的步骤学习（课前预习、上课认真听讲、课后复习）。很多新生由于惰性,并没按照科学的方法去学习,而这会严重阻碍其适应大学学习的进程。

（3）缺乏时间管理的能力

大学学习要求学生具备较强的时间管理能力,能够合理地支配时间、安排学习任务。这方面新生缺乏管理时间的能力,不能有效掌控学习节奏,学习无序。

（4）学习资源利用能力差

虽然新生进校已久,但仍有大多数人尚不能有效利用信息检索工具,不清楚图书馆借书流程及实验室的使用细则,对学习资源的获取与利用能力不强影响了自己的学习。可见,新生对大学学习资源的利用能力较弱,主动探索知识的能力不足,显然不能满足大学对学生自主学习（自主发现问题、分析问题、解决问题）的要求。

（5）学业求助能力弱

学业求助是学习者在学习的过程中遇到困难后的一种积极的适应性策略。然而,很多大一新生没能在大学新环境中建立良好的社会支持网络,缺乏学业求助资源。例如问卷调查显示,在学习上遇到困难时,只有三分之一新生会选择向大学里新的支持网络（教师、辅导员和学哥学姐）求助,很多新生并没有充分挖掘来自学哥学姐和老师的支持力量,不善于向周围的"人力资源"求助,寻求学业帮助的意识与能力较差。

（6）学习自控力弱

在大学这种缺少外部监控的宽松环境中,自控力弱的新生往往因难以克服外界诱惑,不能及时完成学习任务而使学习慵懒局面难以逆转。新生的自控能力不足会严重影响到其学习适应。

综上所述,大一新生产生学习适应问题的原因是复杂的、多方面的。

影响新生学习适应的社会环境因素主要包括：转型期社会的不良风气和家庭对学生适应能力的培养不够重视等。影响新生学习适应的教育因素主要包括：基础教育和高等教育体制的衔接问题；大学课程设置不合理、师资队伍落后；在大学新生入学教育方面流于形式，缺乏实质性学习指导等。影响新生学习适应的个体因素主要包括：学生缺乏信息意识；问题心理；学习能力等方面。

第三节　文明养成重要性原因分析

家庭是孩子的第一所学校，父母是子女的第一任教师，家庭教育对00后大学生成长成才有着得天独厚、不可替代的作用。首先，00后大学生心智尚未成熟。在心理上、精神上和现实生活中，普遍对家长有强烈的依赖性。父母的思维方式、行为习惯、价值判断都会对子女产生一定的影响。良好的家庭教育可以给予子女正面、积极的世界观、人生观、价值观引导。其次，00后大学生的父母受教育程度、个人素质普遍较高，比较容易接受新事物、新思想，能够通过子女喜闻乐见的形式来开展家庭教育。父母全面细致、无微不至的教育渗透，有效弥补了学校教育的缺陷，给新生提供了情感上的抚慰、精神上的支持和人格上的引领。最后，建立家校合作的教育机制，有利于调动学校和家庭双方的积极因素。学校通过与家长的良性沟通，能够有效了解新生的诉求，做到因材施教；家长通过家校合作能够及时掌握子女的在校表现，有针对性地进行家庭教育。

第四节 加强大学生适应教育对策

当大一新生面临上述问题时，就需要学校、辅导员采取相应措施及时给予指导。辅导员更应根据本班实际，通过个别交谈、座谈会、交流会、参观学习等多种形式，重点解决以下一些问题，尽快帮助学生适应新的生活，实现角色转换。

一、教育阶段

新生转型教育中的家校合作可分为入学前、入学报到期、大一学年三个阶段进行。其一，入学前助推新生起航。大一入学前的暑假是高中到大学过渡的重要时期，也是教育的"真空期"，很多学生因为过于懈怠很难在入学后短时间内进入状态。因此，需要将新生转型教育前移，借助家长的力量，帮助新生认真总结高中阶段的学习生活，为即将到来的大学生活做好思想、学习、生活上的准备。其二，入学报到期引领新生导航。入学报到期是新生转型教育的关键时期，是学校与家长正面交流、接触最多的时候。高校应充分抓住机会与家长沟通、联系，获取有用信息，介绍学校情况、大学生活概况、学校规章制度、专业发展前景等。并为学生及家长答疑解惑，提醒家长注意子女在新生转型期可能会出现的问题，以便家长提供帮助和引导。其三，大一学年协助高校护航。大一学年是新生转型教育全面推进、深入开展的重要时期，家长与辅导员、班主任之间应保持定期联系。关注学生的在校表现情况和学习成绩，对学生的错误行为和危机心理及时作出干预。协助高校督促新生养成良好的生活习惯、培养自觉的学习行为、塑造优秀的个人品质。

二、家校合作方式

家校合作方式一般以常规的联系方式为主，同时还可以充分利用现代信息技术，广泛拓展家校联系的渠道和途径。第一，常规联系主要包括书信、电话、短信、家访、家长会、培训讲座等方式。前些年，对于农村、偏远地区的家庭，学校利用书信与家长联系，定期通报学生的学习、生活状况，同时了解学生的家庭教育情况。在遇到突发情况、重大事件时，学校通过电话、短信等即时联系方式，方便、快捷地与家长沟通信息，迅速、有效地解决问题。地方高校可采取就近原则，针对其中少部分在生活、学习、心理等方面需要特别关注的学生进行家访，或把学生家长请到学校来，进行面对面的交流与沟通。抓住新生报到的重要时机召开家长会，建立家校合作信息库，与家长共同探讨新生入学后的种种问题，听取家长的意见和建议。高校利用丰富的教育资源和先进的教育理念，开展教育知识培训和专题讲座，为家庭教育提供指导和帮助。第二，在现代信息技术支持下，搭建家校合作网络平台，灵活采用E-mail、QQ、微博、微信等交流手段，开展及时、高效的家校合作。在学校网站上公布新生入学须知材料，包括学校历史、报到导航、专业设置、学习方法介绍、心理问题解决策略、在线答疑等内容，供学生和家长共同学习。通过E-mail、QQ、微博、微信等新媒体平台建立畅通的家校联系渠道，以便家长及时了解学生情况、学校工作动态、育人理念，与老师取得联系，形成网络互动交流。

三、家校合作途径

新生转型教育中的家校合作需要高校和家庭的良性互动和有效沟通，树立正确的教育观念和方法，才能形成教育的合力，实现学校教育和家庭教育互相促进、共同育人的目的。从学校方面来讲，一是要经常保持与家长的联系。主动介绍学校情况，增进家长对学校的了解。积极向家长了解学生的个性、特点、家庭教育环境，加深对学生的认识，进行因材施教。及时向家长告知学生在校的思想、生活、学习等状况，请家长配合学校做好转型教育工作。二是畅通信息渠道。为家长提供参与高校学生教育管理工作的机会，加强家长的参与力度，合理采纳家长的意见和建议。三是做好家长培训。向家长传授大学生成长的生理和心理特点、教育学和心理学的基本原理，提高家长对思想政治教育的认知能力。从家长方面来讲，行动上，家长要为新生营造温暖、和谐的家庭氛围，通过情感上的关心、支持与陪伴，细心关注新生入学后各方面的动向，并主动与学校、老师沟通，介绍新生的个性特点、兴趣爱好、成长经历和存在问题，全力配合学校共同做好新生的入学适应教育；意识上，家长应自觉树立良好的榜样，以身作则，在日常生活中营造良好的教育环境，在潜移默化中对子女进行正面教育。同时，家长提高参与意识，积极主动与学校联系，真正参与到育人工作中来。

四、家校合作的教育内容

一方面，新生转型教育中需要家长配合开展的教育活动，主要包括启蒙教育、适应性教育、人格塑造教育、人生规划教育。

第一，启蒙教育通过校史校情教育、专业思想教育、校规校纪教育、安全文明教育、校园生活指导来开展。高校在寄送《录取通知书》和新生报到的时候，发放学校宣传资料和新生入学指导手册，开展新生启蒙教育，帮助新生和家长了解学校历史和校园生活常识，熟悉校园环境和设施，明确学生管理规章制度和行为规范，指导学生在家长的帮助下锻炼和提高生活自理能力。

第二，适应性教育包括学风建设教育、心理健康教育、自我认知教育、养成教育等内容。发挥新生家长的作用，督促新生培养科学的学习方法、良好的学习习惯和严谨的学习态度，促进学生学业发展；关注新生心理动态，配合学校开展的适应期指导和心理健康教育，给予家庭关怀和情感支持；引导子女关注社会和他人、培养人际交往能力、客观认识自我，提高生活适应能力；在家庭教育中注重对子女进行道德教育、礼仪行为培养、传统文化熏陶，使大一新生逐步养成良好的生活品行，提高个人道德修养。首先，要抓住新生刚入学这一阶段，及时引导他们对自我重新定位，了解自我，悦纳自我，让他们明白：现在他们同处于新的起跑线上，几年后是否产生差距，关键在于自己的努力。其次，新生入学后要经常问自己"我来大学干什么"，"我在今后应该成为一个什么样的人"，确立一个新的学习、奋斗目标，可以克服目标、方向、理想的迷失。从心理学角度来说有一个明确的目标，会使心理指向集中于一处，这样无形中会转移注意力，削弱心理问题对身心的影响，摆脱因不适应而带来的心理问题。有了明确目标就有了内在驱动力，可促使人变得积极向上，从而更有利于克服各种心理问题。最后，有目的、有计划地聘请教授、学者，为新生开设系列讲座进行理想教育，引导学生树立清晰的人生目标，明确自己的历史使命，增强社会责任感；树立学习目标，做好大学四年的学习生涯设计。中学的学习目标非常明确，即考大学。而大学的学习目标是什么呢？有的同学可能是考研，有的同学可能是考公，有的同学可能是找一份好的工作，有的同学可能是混张大学文凭等。无论你的目标是哪一种，都应根据自己的实际情况，认真地给自己定好位置，并制订一份详细的大学学习计划，善于将大而不具体的目标，划分成小而精确、详细的目标。只有这样才能体会大学生活和学习中的成就感和充实感。

第三，人格塑造教育包括感恩励志教育和理想信念教育。父母在日常生活中有意识地灌输感恩、诚信观念，培养孩子主动关爱社会和他人的责任感，创造积极向上的家庭教育氛围，激励孩子为了远大理想拼搏进取，鼓励学生参与学校建设、承担家庭劳动、从事社会义工，帮助大一新生树立崇高的理想信念，形成正确的世界观、人生观和价值观。

第四，人生规划教育是新生转型教育的升华。当成功实现考大学的目标后，家长在肯定孩子成绩的同时，也要帮助孩子明确认识大学的意义。考上大学并不是终点，要根据形势的发展和个人实际，确立新的奋斗目标。把学习知识、锻炼能力、提高素质作为大学生活的主要任务，引导新生做好下一步的人生规划。

第五，加强专业教育，树立专业思想。进行专业思想教育，使学生对自己所学的专业有实质性的了解，明白主攻方向，有选择，有目标。孔子云"知之者不如好之者，好之者不如乐之者"，专业思想教育的目的，是帮助新生了解所学专业的基本状况，使他们进一步稳定专业思想，树立专业学习信心，激发专业学习动力，以积极的心态投入专业学习。专业思想教育的内容主要包括：介绍本专业的知识结构、课程结构及课程之间的关系，就业前景及胜任的工作领域；介绍学科发展情况、理论前沿和专业前景，并强调学好基础课对专业课的重要性；请高年级学生介绍自己的专业思想形成过程，交流专业学习的心得与体会，参观专业教学实验室等。

另一方面，调整人际关系学会与人相处。美国教育家戴尔·卡耐基所说："一个人事业上的成功，15%靠的是学识和专业技术，而85%靠的是心理人格素质和善于处理人际关系。"在大学里，注重培养自身人际交往能力，处理好与同学的关系、同舍关系、师生关系，对于大学生健康成长、顺利成才有着极其重要的现实意义和深远的历史意义。在大学新生的人际关系中，问题最多的还是同学之间的关系。要想处理好同学之间关系，首先，与人相处应本着诚实的原则以自己的诚心换取他人的诚心，相信给别人以信任，他会还你一份真诚。其次，要了解自己和他人的优缺点和性格特性，找到相同点，这会让交往更容易一些。与人交往时既要自尊，不要为了交往而有意委屈自己，同时也要尊重别人。在与同学交往时应讲信用，学会谦让，积极关心别人。对一些不拘小节的人，要学会包容，不要过于敏感。与同学发生不快和矛盾时应通过换位思考来冷静处理。关心热爱集体，正确处理个人与集体间的关系。总之，要以一种平等的姿态与人沟通、相处。大一是学生变数最大的一年，也是大学生活中极其关键的一年，抓好新生教育，不仅可以缩短学生对学校生活的适应期，使他们一入校就有一个良好的开端，而且对学生今后的成长将产生久远的影响。当然，搞好新生教育辅导员有着义不容辞的责任。

总之，大一新生转型教育意义重大，对四年的大学生活影响深远，需要各高校针对学生特点，调动一切教育力量，整合家庭资源，建立家校合作长效机制，使学校、家长在新生转型教育过程中共同发挥作用，提高转型教育的实效性，帮助新生身心健康、和谐、可持续发展，尽早实现成长成才的育人目标。

第五章

家校合作中的职业生涯规划

随着我国高校毕业生就业形势越来越严峻，大学生职业生涯规划教育越来越被重视。职业生涯规划教育对帮助大学生寻找职业兴趣、顺利完成学业、成功就业、规划未来人生起到了积极的作用。家庭因素在大学生选择职业时有着非常重要的影响力，但是由于家长对大学生职业教育和目前大学校园的学习生活状况了解较少，部分家长不能正确指导帮助大学生进行职业规划。因此，需要加强高校与家庭的合作，双方相互支持，构建高效、低成本联系渠道，共同推进大学生职业生涯规划教育，促进大学生的全面发展。

近年来，我国高等学校毕业生就业难、企业招工难、员工的企业忠诚度低等社会问题日益突出，对加强大学生的职业生涯规划教育工作提出迫切要求。但是，仅仅依靠学校单方面的教育，在教育合力上有所欠缺，因为家庭作为一个人最初生活和成长的、最亲密的小环境，对个人的影响无疑是起着决定性的作用。目前，家校合作在世界许多国家和地区都得到越来越多的关注。随着我国社会的不断进步与发展，社会参与教育在高等教育发展中的作用也越来越重要。许多国家都采取各种形式来搭建社会和学校之间的联系桥梁，因此构建家校合作教育平台也成为整个教育体系中不可缺少的组成部分。这就要求高校在家校合作中必须重视家长的培训，建构长效联络机制，重视学校教育与家庭教育之间的协作，提高人才培养质量。沟通是当今世界的热门话题，而"家校合作"正是建立在此基础上的。家校合作这个词多见于国外文献资料，是学校与家庭、家庭成员及其他可以用作教育的资源的双向交流与合作关系，一般是指父母(抚养人或监护人，参与学校教育工作共同肩负起培养孩子的任务。家校合作是一种互动的形式，是指合作的双方(家庭和高校)在对大学生的职业生涯规划教育中达到共同教育目的，自觉或不自觉地在行动内容上相互配合的一种互助合作方式。

第一节　职业生涯规划家校合作必要性

一、高校家校合作是社会的需要

"家校合作"并不是一个新鲜的话题，但以往更多的是围绕着中小学教育阶段而展开的，在高等教育领域内则比较鲜见，往往被人忽略。事实上，家庭生活是对大学生人格产生影响因素的最为关键阶段，因此加强两者的合作与沟通对大学生优秀思想品德的形成更为重要。在欧美等发达国家非常重视此领域工作，通过立法的形式要求高等学校和家庭合作共同推进大学生的全面教育，培养大学生积极向上的情操并树立远大的理想。2004年，中共中央、国务院发布的《关于进一步加强和改进大学生思想政治教育的意见》(中发〔2004〕16号文件)中明确指出："学校要探索建立与大学生家庭联系沟通的机制，相互配合对大学生进行思想政治教育"，这是新中国成立以来第一次以党中央的名义下发的提倡高校家校合作的文件，这充分说明在大学生教育中家庭教育具有不可取代的特殊作用。但是从我国目前高校"家校合作"的现状来看，情况是不容乐观的。各地高校由于空间的阻隔、经费限制及学校和家长的认识不足等原因使此类沟通工作开展较少，并没有像中小学校那样广泛、深入、及时地开展，一般只停留于通知考试成绩以及后进生、问题学生的教育，这实际是高校责任的转嫁和推卸。

二、高等教育与家庭教育要形成合力

20世纪80年代初"职业生涯""职业生涯规划"等教育概念被引入中国，90年代中期国内高校陆续开设了职业生涯规划课程，课程的开设为帮助大学生寻找职业兴趣、顺利完成学业、成功就业、规划未来人生起到了积极的作用。目前，对"职业生涯规划"较统一的看法是指个人与组织相结合，通过测定、分析、总结个人主客观条件，对自己兴趣、爱好、能力、特点进行综合分析与权衡，结合时代特征，依据自己职业倾向，确定自己职业奋斗目标，并为实现目标制订可行的计划。在当今的开放社会中，政治、经济、文化环境对学生的影响愈来愈强，因此需要我们改变传统的职业教育思想，从原来的传统观念转变到适应当今社会的特征，发扬以人为本的理念，结合个人需求与时代特征，引导大学生尽早正确规划未来。

从学校方面来说，因职业生涯规划教育在我国开展的时间较短，高校的师资队伍建设和理论研究还不够深入，高校职业生涯规划教育与实践脱节，社会认可度偏低，仅凭高校现有的师资，无法完整、顺利地完成大学生的职业规划教育。同时家庭教育与学校教育是促进大学生健康成长的两个重要力量，大学生在进行职业选择时会受到多种因素的影响，此时离不开家长的指导，而家长就需要有正确的职业教育观念。因此，时代的需要对家校双方提出了新的要求。

从家庭方面来说，家庭作为一个人最亲密的小环境，对个人成长的影响不可估量，尤其与自我意识的形成密切相关，包括个性、能力、价值取向等主体因素，在大学生进行职业选择时或多或少要融合家长的意愿。因此，对于大学生把握职业生涯的每一个阶段与家庭责任之间的平衡尤为重要。通过家庭环境的熏陶及父母的教养态度和意见，父母影响更多地逐渐融入大学生的心理结构，甚至能左右孩子的职业选择和职业态度。由于未成年的子女对职业的早期认识多来自对父母或亲友职业的了解，他们职业的社会地位、给家庭带来的效益，影响着大学生对未来职业的选择，他们往往更注重家庭成员的意见，咨询的主要人选也是父母或亲友们。所以，当大学生毕业时面临着具体的职业选择时，家庭作为大学生的后盾，对职业选择发挥的影响非常明显，尤其当子女在职业选择道路上犹豫不决并寻求帮助时，会要求家长参与，此时家长的意见就会放大，对子女的职业选择会产生重要影响。作为最了解子女的家长，非常有必要在大学生成长的关键时期利用教育合力，家校双方沟通、合作，共同探索大学生的职业兴趣，指导大学生正确规划职业发展道路。

三、职业规划是学生个人发展的需要

职业选择是大学生离开校园、步入社会的一个重要环节。职业生涯规划是大学生做好职业选择的基础和关键。当前，很多在校大学生对职业生涯的观念理解模糊、认识不成熟，现状不容乐观。部分学生根本没有意识到为自己进行职业规划的重要性，就业时无处着手。造成这种现象，主要是由以下因素所导致的：一方面，很多大学生在思想态度上缺乏主动性和自觉性，对未来职业的期望值偏高，职业设计好高骛远、不切实际；另一方面，目前相当一部分大学生就业目标定位不够明确，存在盲目从众的心理，使自己的职业发展大打折扣。为了使大学生职业生涯规划意识成为他们的自觉行为，仅仅依靠学校有限的教育资源是难以达到目标的，必须让家长成为学校教育伙伴以促进大学生的健康成长。

第二节　职业生涯规划合作存在的问题

家校合作在很长的一段时间内，一直是属于中小学的常规教学管理工作内容，然而随着高等教育大众化时代的来临，在大学阶段的家校合作活动也呈现了良好的发展势头，尽管越来越多的家庭开始参与高校的各项教育管理活动，但是在大学生职业规划教育中仍然存在着一些问题。

一、合作机制不够完善

由于如今的大学学习生活与20世纪90年代前相比大相径庭，已经发生了天翻地覆的变化。大学的教育方式由之前的"精英教育"发展成为今日的"大众教育"，就业政策也由90年代的"包分配"改革成为"面向市场自主择业"的局面，对学生综合素质和能力要求更高。家庭和学校作为促进大学生能力培养的两支重要力量，目前远未适应教育发展的要求，家庭和学校合作理论研究薄弱，研究经费不足，项目的研究水平不高，双方合作的内容和机制不够完善。无法形成具有我国国情特色的家校合作体系，双方合作活动无法得到制度、时间、空间及物质等方面的保障。家庭与学校之间的合作活动缺少专门的行政职能机构对其进行总体上的规划与管理。虽然已有部分学校设立了"家长委员会"这类的组织，但依然处在起步阶段，力量薄弱，无法发挥应有的作用，仅停留在宣传学校形象的层面上，工作难以落在实处。家长和学生及高校的联系多处于沟通不畅、互动不足的状况，无法及时对学生心理问题进行干预。尽管大学教育是培养学生学会独立判断、自我管理、自主学习和生活，但针对学生学习、生活的细节及细微的心理变化，学校和家长还是应该适时介入，探索构建"家校合作"的职业生涯规划教育新机制，服务于大学生的健康成长。

二、学生家长对合作理念认识不足

作为家校合作的重要参与者——学生家长，他们对该项活动的认识理解程度，直接影响这项活动的顺利开展。目前在校大学生的家长多数为20世纪70年代出生的中年人，这批家长多数没有经历过系统的高等教育，即使接受过传统的高等教育，也与现在的实际情况有所区别。他们以往只是注重孩子成绩分数的高低，而忽略其他能力的培养，尤其是在职业规划观念的教育上存在着误区。

第一，家长指导子女的形式不同。家长指导子女就业观的形式一般分为专制型、放纵型、民主型三种。其中，"民主型"的家长能够遇事与子女商量、以子女的意见为主，并帮助其选择专业、规划未来职业，以兴趣引导充分调动大学生的学习积极性，这是一种值得肯定的做法。而在"专制型"家庭中的家长很少考虑子女的意愿，对子女入学及专业选择，甚至未来职业的选择都代为决策，子女只有被动地接受。在当前以"先就业再择业"现实操作理念下，不关注学生的个人特质，结果导致毕业生工作后的跳槽率屡创新高。这种脱离当事人专业、职业选择的做法，必将影响子女的学习动力和工作后的职业忠诚度，在职业道路上也很难取得较大的成功。而在"放纵型"家庭中，家长则任由子女自由发展，子女进入大学后家长也想松口气，对子女的大学生活不闻不问，家长作为最了解子女兴趣、爱好的人，本应协助、指导他们做出正确的决策。

第二，家长对当前职业规划教育现状认识不足。由于职业生涯教育引入我国只有30年左右的历史，高校全面系统地开设生涯规划课程仅几年，最多10年。家长还沉浸在自己如何通过奋斗，取得今天成就的欣慰中，忙于社交应酬，缺乏危机意识。在对子女未来职业选择建议过程中存在盲从现象，并不考虑孩子的兴趣、特长、偏好，而更趋向于选择热门职业、专业。目前好多本科生继续读硕士、博士，大学的学习生活要经过3~10年，没有强烈兴趣和强烈的求知欲支撑，是无法完成学习的。美国有一位世界500强企业老总的儿子从哈佛退学，从事自己喜欢的烤面包职业的经典故事，这样的事例在我国的教育环境下是无法想象的。也有个别家长将自己的理想强加给子女，如让子女选择自己年轻时的理想职业、专业，也有的家长将改变家庭现状的期望全部寄托在子女身上，使子女承担了过大的压力。这些做法都严重违背了职业生涯规划的基本原则，对子女的未来职业成功设置了障碍。当今是信息时代，原来的"活到老学到老"已不适用，应树立"终身学习理念"，学到老方能活到老，人到中年就放弃了生涯的追求既对自己的身心发展不利，同时也影响子女正确的职业生涯理念的形成。

第三，家长对职业生涯的成功因素认识有误解。有些家长把个别有关系、有门路，得到就业机会或职位升迁的现象无限放大，认为当今的就业市场就是"拼爹的时代""学好数理化不如有个好爸爸"，自己也为子女的未来开始拉关系、跑门路，在这个过程当中相当一部分家长存在着只有一个子女，为子女不惜血本的想法，片面地追求稳定、清闲、高收入。在这种家庭中成长的子女对未来没有追求，学习不努力，只等父母为自己策划未来。同时，部分没有较广社会关系的家长干脆就变得消极起来，感叹自己不是个好家长，在一定程度上影响子女要通过自己努力开创美好未来的信念。多数家长只关心子女的智力培养，不关心国家政治、公益活动，不重视人际交往、团队协作、语言沟通等能力的培养，片面地认为学好专业课程就能取得职业的成功。

三、实际操作难度较大

在家校合作的实践过程中，暴露出了很多问题，如缺乏计划性、系统性、连续性等。有些高校开展的家校合作活动在时间上、空间上、内容上难以形成连续性，效果的强化程度不够。由于时间、联络方式、地理条件等因素的限制，许多学校只能在学期初和学期末或节假日进行家校合作活动，缺乏连续的、适合大学生年龄特点和发展规律的活动，在形式上以单向灌输居多，缺乏双向交流。在合作活动过程中，也是以校方代表描述性的说教为主，在职业规划教育上发挥的针对性和实用性不强。

第三节 家校合作推进职业生涯规划的思路

目前，在我国还没有形成系统的家校合作方面的法律、规范，又因高校与学生家长的空间阻隔，高校的家校合作要比小学、初中、高中阶段的难度更大。为促进大学生职业生涯教育，全社会应形成共识，树立家校合作理念，建立低成本、高效率的家校联络方式，这是家校合作的关键。

一、从孩子的"抓周"开始职业生涯规划

对于大多数的家长来说，职业规划是一个全新的名词。可是如果我们谈谈对孩子未来职业的期望，每个家长都能讲出一大堆的故事。

在小孩子过周岁时，一般都会有一个"抓周"的游戏。一家人兴致勃勃地看孩子"抓周"，胖乎乎的孩子瞪着一双明亮的眼睛，新奇地逐一"研究"着面前的各种东西，听诊器、课本、钳子，甚至还有一把算盘。最终，孩子在家长紧张的注视中慢慢地爬向其中一种器具，并伸出小手把它拿起来。这时一家人开始讨论，研究这种器具意味着孩子将来从事着怎样的工作。某种意义上说，这种"抓周"的仪式是最简单最朴素甚至是带有迷信色彩的职业兴趣预测，是家长对孩子未来职业生涯充满兴趣的一种集中表现。

很显然，从孩子幼年时期的"抓周"开始，家长就已经开始对孩子的未来职业充满了希望和幻想，也许在孩子逐渐成长的过程中，家长不断地调整着对孩子的期望。有的家长希望孩子会成为一名钢琴家，可是孩子学

琴的结果让家长无奈。这时，家长又发现孩子喜欢涂抹各种图案，于是把他送进了美术班，可是他的兴趣很快消失了。家长在经历了一次次的失望以后也不断地降低了自己的标准。最终，家长放弃了这些明显需要特长的职业方向，开始督促他好好学习，把考上大学作为最终的目标。在家长的心中有一些模糊的概念，孩子上了好大学，他总会出人头地，可能成为科学家，也可能成为政治家，但这并不重要，重要的是他将会成为一名优秀的人。在这个过程中，家长一定认为自己一直在尽力帮助孩子设计他的未来，然而事实上，家长所做的这些努力远远谈不上是一种职业规划。

那么什么是职业规划呢？怎样进行职业规划呢？现在，就让我们一起揭开"职业规划"的神秘面纱，帮助家长和孩子一起设计最适合他的未来职业人生。

（一）职业的相关概念

根据中国职业规划师协会的定义：职业是性质相近的工作的总称，通常指个人服务社会并作为主要生活来源的工作。在特定的组织内它表现为职位（即岗位），我们在谈某一具体的工作（职业）时，其实也就是在谈某一类职位。每一个职位都会对应着一组任务，作为任职者的岗位职责。而要完成这些任务就需要这个岗位上的人，即从事这个工作的人，具备相应的知识、技能、态度等。职业是指参与社会分工，用专业的技能和知识创造物质或精神财富，获取合理报酬，丰富社会物质或精神生活的一项工作。职业是人们在社会中所从事的作为谋生手段的工作。从社会角度看，职业是劳动者获得的社会角色，劳动者为社会承担一定的义务和责任，并获得相应的报酬；从国民经济活动所需要的人力资源角度来看，职业是指不同性质、不同内容、不同形式、不同操作的专门劳动岗位。

职业具备以下四个特征：第一，职业的社会属性。职业是人类在劳动过程中的分工现象，它体现的是劳动力与劳动资料之间的结合关系，其实也体现出劳动者之间的关系，劳动产品的交换体现的是不同职业之间的劳动交换关系。这种劳动过程中结成的人与人的关系无疑是社会性的，他们之间的劳动交换反映的是不同职业之间的等价关系，这反映了职业活动职业劳动成果的社会属性。第二，职业的规范性。职业的规范性应该包含两层含义：一是指职业内部的操作要求规范性，二是指职业道德的规范性。不同的职业在其劳动过程中都有一定的操作规范性，这是保证职业活动的专业性要求。当不同职业在对外展现其服务时，还存在一个伦理范畴的规范性，即职业道德。这两种规范性构成了职业规范的内涵与外延。第三，职业的功利性。职业的功利性也叫职业的经济性，是指职业作为人们赖以谋生的劳动过程中所具有的逐利性一面。职业活动中既满足职业者自己的需要，同时，也满足社会的需要，只有把职业的个人功利性与社会功利性相结合起来，职业活动及其职业生涯才具有生命力和意义。第四，职业的技术性和时代性。职业的技术性指不同的职业具有不同的技术要求，每一种职业往往都表现出一些相应的技术要求。职业的时代性指职业由于科学技术的变化，人们生活方式、习惯等因素的变化导致职业打上那个时代的烙印。

（二）职业生涯规划的相关概念

职业生涯规划最早起源于1908年的美国。有"职业指导之父"之称的弗兰克·帕森斯（Frank Parsons）针对大量年轻人失业的情况，成立了世界上第一个职业咨询机构——波士顿地方就业局，首次提出了"职业咨询"的概念。从此，职业指导开始系统化。到20世纪五六十年代，美国职业管理学家舒伯等人提出"生涯"的概念，于是生涯规划不再局限于职业指导的层面。

1. 职业生涯、职业生涯规划的含义

职业生涯是指个体职业发展的历程，一般是指一个人终生经历的所

有职业发展的整个历程。职业生涯是贯穿一生职业历程的漫长过程。科学地将其划分为不同的阶段，明确每个阶段的特征和任务，做好规划，对更好地从事自己的职业，实现确立的人生目标，非常重要。职业生涯规划，是指个人发展与组织发展相结合，对决定一个人职业生涯的主客观因素进行分析、总结和测定，确定一个人的事业奋斗目标，并选择实现这一事业目标的职业，编制相应的工作、教育和培训的行动计划，对每一步骤的时间、顺序和方向做出合理的安排。

2. 职业生涯规划的期限

职业生涯规划的期限，划分为短期规划、中期规划和长期规划。短期规划，为5年以内的规划，主要是确定当下的职业目标，规划完成的任务。中期规划，一般为5~10年，规划3~5年内的目标与任务。长期规划，其规划时间是10~20年以上，主要设定较长远的目标。

3. 职业生涯规划的特性

一是可行性：规划要有事实依据，并非是美好幻想或不着边的梦想，否则将会延误生涯良机。二是适时性：规划是预测未来的行动，确定将来的目标，因此各项主要活动，何时实施、何时完成，都应有时间和时序上的妥善安排，以作为检查行动的依据。三是适应性：规划未来的职业生涯目标，牵涉到多种可变因素，因此规划应有弹性，以增加其适应性。四是连续性：人生每个发展阶段应能持续连贯性衔接。影响个人职业生涯发展的因素：进取心与责任心、自信心、自我表现认识和自我表现调节、情绪稳定性、社会敏感性、社会接纳性、社会影响力。职业规划也称职业生涯设计，它是指一个人对一生的各阶段所从事的工作、职务或职业发展道路进行设计和规划。划分包括选择什么职业，在什么组织和地方从事这个职业，在这个职业队伍中担任什么角色，在个人一生的发展阶段的职业变更以及为实现职业设计接受的各种教育和培训。职业机构可以接受求职者或用人单位的委托，帮助求职者对自己或用人单位对应聘者进行职业生涯设计。职业规划必须考虑个人自身的因素、所在组织所提供的发展条件的因素，以及社会环境所给予的支持和制约因素。

4. 职业规划作用和目的

职业规划作用：一是确认人生的方向，提供奋斗的策略；二是突破并塑造清新充实的自我；三是准确评价个人特点和强项；四是评估个人目标和现状的差距；五是准确定位职业方向；六是重新认识自身的价值并使其增值；七是发现新的职业机遇；八是增强职业竞争力。职业规划最主要有两个目的。第一个目的是找到适合自己的工作，找工作最重要的就是要人岗匹配，适合自己。每个工作都有长处和短处，每个人都有优势和劣势。分析、定位是职业生涯规划的首要环节，它决定着个人职业生涯的方向，也决定着职业生涯规划的成败。求职之前先要进行职业生涯规划，进行职业生涯规划之前先要进行准确的自我定位。先要弄清自己想要干什么、能干什么，自己的兴趣、才能、学识适合干什么。可以通过可靠的量表工具的测量，评估职业倾向、能力倾向和职业价值观，这是职业生涯规划的基础。职业规划就是根据测评结果的各项指标，以及自身的学历、经历、能力，了解一个人的内在、外在优势，并且把这些优势整合在一起，作为职场上打拼的核心竞争力。然后，由咨询师根据南北市场、行行业业的千千万万个职位，进行分析，找到这个人岗匹配的匹配点，也叫职位切入点。第二个目的是通过规划求得职业发展，制定出今后各个阶段的发展平台，并且拿出攻占各个平台的计划和措施，然后由咨询师对切入点所在的市场状况、行业前景、职位要求、入行条件、培训考证、工作业务、薪酬提升、行业英语等运作进行详细的指导，如要上每个平台，需要多长时间、补充哪些知识、增加哪些人脉等，而自己则沿着主干道去充电，几年后成为业内的精英，从而使自己的薪水和职位得到升华。

（三）当前大多数家长对职业生涯规划理解的现状

现在，绝大多数的家长都陷入了这样的一个误区：认为孩子考入大学就有了未来成功的金钥匙，往往忽视了孩子的职业选择和规划。并不是每个学生在完成大学学业后都能找到理想的职位，如果一定要说上大学的好处，那么也只是这种成功的可能性变大了。

众所周知，只有在自己适合的岗位上工作，成功的可能最大。《经济论坛》的一篇文章中提到：据调查，70%左右的人的实力、自信、能力发挥满足感是通过职业生涯得到的。在选错职业的人中，有80%的人在事业上是失败者。而在现实生活中，总是有人在找工作时发生错位，带来了无尽的烦恼。往往有很多人找到了别人看来很不错的职位，经过了一段时间以后却发现他根本不喜欢这份工作。怎样才能知道孩子最适合什么工作呢？很简单，帮助他提前进行职业规划。

缺乏职业规划和指导，九成高考考生不了解专业。高考考生在专业选择时缺乏科学的指导的问题已日益显现。北大方正教育心理研究院用两年时间对全国10000多名高中学生做过专业选择评估，在高校招生的260多个专业中，有90%的专业考生不了解。例如，一名高三女生想学经济学，她的理由是，将来准备做企业家，而经济学主要是培养研究和教学类人才的；还有的把"新闻学"和"记者"、"法学"和"律师"混为一谈。类似这样对专业认识模糊的例子举不胜举，这是当下高考考生在专业选择时一个典型的误区，即把职业与专业当成一回事。

高考专业选择的另一个误区，是把自己某一科的成绩当作专业选择的主要依据。一个女学生数学成绩在各科中名列前茅，但她的专业选择评估结果却是人文社科类。成绩对专业选择有影响，但没有必然的逻辑关系，专业方向是由综合素质决定的。目前，大部分高考考生对专业的认识不够，要不然是没听说过，要不然是听说过但不知道内容是什么。考生盲目选择专业，从而埋没了自身在其他专业的潜能，不仅不利于个人的发展，而且也造成了社会人力资源的浪费，考生在专业选择前进行科学的专业选择评估是很有必要的。面对日新月异的社会和不断涌现的新兴专业，绝大多数的家长和孩子都是在一知半解的情况下填报了志愿。没有多少家长曾经科学地帮助涉世不深的孩子规划他们的职业生涯。孩子就是这样懵懵懂懂地进入了专业阶段的学习，而这样的现状又是多么容易潜伏着错误的选择，难怪总是有那么多的学生说："我不喜欢我的专业！"俗话说"女怕嫁错郎，男怕入错行"，家长在帮助孩子选择职业时一定是非常谨慎的。正是这样，家长和孩子才需要认真地做好职业规划，而且时间越早越好！

（四）及早做好职业规划的必要性

目前，全国大多高校在大一就陆续开设了职业生涯规划课程，但是现实中，绝大多数的家长和孩子都忽视了这一点。

以美国著名职业生涯管理学家施恩的职业生涯发展理论作为参考，综合其他学者的理论，我们可以把职业生涯分为以下几个阶段，其规划的内容如表5-1所示。

表5-1　职业生涯阶段表

职业生涯阶段	年龄（岁）	规划内容
职业准备阶段	0~18	发展职业想象力，评估不同的职业，选择第一份工作，接受必需的教育
进入组织（学校）阶段	18~25	其主要任务是在一个理想的组织中获得一份工作或在学到足够的知识、技能并获取了足够的信息以后，选择一份合适的工作
职业生涯初期阶段	25~40	其主要任务是学习职业技术，提高工作能力，学习组织规范，学会协作与共处，逐步适应职业与组织，期望未来职业成功
职业生涯中期阶段	40~55	主要任务是对早期职业生涯重新评估，强化或转变职业理想，对中年生活做适当选择，在工作中再接再厉
职业生涯后期阶段	55以上	主要任务是继续保持职业成就，维持自尊，准备光荣退休。特点是调整心态，做好退休后的打算

从以上的职业规划表中可以看出，职业规划应该从孩子的幼年就开始

了，特别是一些需要艺术特长的职业更是如此。而对大多数的孩子来说，高中毕业进行职业规划也是好时机。因为，高中学生接受的教育基本上是普及教育，即使是文理分科也是在学生已经掌握了文理两科基本知识的基础上进行的，已经完成的教育对未来职业选择的限制不是很大。所以，可以说这时进行职业规划还是非常及时而有必要的。而新入学的大学生正处在第一、二阶段，虽然这时他已经开始接受一些专门教育，但是对未来职业还有较大的选择余地，也是进行职业规划的有利时机。这也正是我们督促家长尽快帮助孩子做好职业规划的原因。总之，进行职业规划是越早越好，进行得越早，所犯的错误就越少，付出的代价就越小。所以说，如果家长从来没有为孩子做过职业规划，那么，现在就应该马上行动起来，亡羊补牢的意义就在于减少更多的损失。

（五）学生要确定努力的方向

大学生如果没有确立目标，就会变得茫然，浑浑噩噩地度过宝贵的时光。即使他很辛苦地努力，也会像没头苍蝇一样乱撞而一直找不到正确的方向。一个人若想走上成功之路，首先必须确立一个目标。目标一经确立后，就要心无旁骛，集中全部精力，勇往直前。一个孩子，当他在初高中时，考上好大学就是他的目标，全部精力都集中在考大学上。当上了大学以后，在他面前是五光十色的世界，有很多个目标吸引着他，可以成为一个政治家，可以成为一个科学家，也可以成为一个外交家，等等。这么多条路等着他来选择，如果他一会儿朝着这条路走，一会儿朝着那条路走，只会在筋疲力尽以后什么都得不到。

同样，如果把孩子找到一份理想的工作作为一项事业，那么首先家长就要知道什么才是孩子的理想职业，这样才有了努力的方向，他才可能集中精力向这份理想迈进。确定一个适合自己的理想职业，就好像迷航的船见到了灯塔，就不会再彷徨。中国有句古训：凡事预则立，不预则废。这是几千年经验的积累，是值得我们深思的格言。家长朋友现在一定已经认识到职业规划的重要性了吧。下面，我们就将探讨家长朋友更为关心的内容：怎样帮助孩子进行职业规划？

二、帮助孩子认识自我

当孩子顺利考上大学，家长满怀欣慰地张罗着学费和行李，觉得终于可以松一口气，"孩子长大了，将来干什么他自己考虑吧，不用我们为他操心了"。但是，事实却恰恰相反，孩子此时比以往的任何时候都更需要家长的指导与帮助。这时的孩子就像是羽翼尚未丰满的雏鹰，第一次蹒跚着离开母亲的视野，去面对未知的、充满危险和机遇的世界，没有老鹰的照料和引导，很难想象等待它的会是什么命运。

那么，怎样和孩子一起进行职业规划呢？首先要把握职业规划的三个原则：择己所爱、择己所长、择世所需。那就是：要选择符合孩子的兴趣、孩子的特长和社会需要的职业。

"您了解自己的孩子吗？"学生家长一定认为提出这样的问题有些愚蠢。"我怎么会不了解自己的孩子呢？"可是，事实上，很难说学生家长真的完全了解孩子，特别当孩子进入大学以后，其变化会令家长大吃一惊。然后，让我们再问家长一个问题："您的孩子了解自己吗？"家长沉默了。是的，孩子自己也很难说是了解自己的，因为我们好像总是没有习惯去审视自己。正如英国心理学家迈克·乔治所说的那样："我们最重要的关系就是和自己的关系。如果我们对这种关系都不满意，那么我们对别的关系也就不可能感到满意。可是在生活中，我们往往活得很肤浅，尽量避免与自我直接碰面，而且很少有时间进行反省。"

（一）性格探索

性格也称为人格特质，是一个人在生活中对他人、对事、对自己、对外在环境所表现出来的一致性因应方式。每个人在其成长经历中，可能受到生理、遗传、家庭教养、文化、学习经验等因素的交互作用，从而形成自己的独特个性，在不同的情境中表现出特定的气质。

1. 性格与生涯发展的关系

性格影响气质，还对能力的形成和发展起制约作用。性格中对工作态度的成分，往往影响到职业的选择和成就。我们天生有自己擅长的一面，也有自己不擅长的一面。职业性格不是指一个人的显性的智力商数、专业水平、工作经验等，是受一个人心理条件先天性、内在性、稳定性的影响，在职业的岗位匹配、职业的环境适应性、工作业绩和职业成就上表现出的一系列无法改变或者说至少是难以培育的非智力决定因素。职业心理学的研究表明，每一类性格都有与之相适应的职业范围。不同的职业需要具有不同性格的从业者。

从事与自己性格不匹配的工作，个人的才能就会受到阻碍，个人的潜能也往往得不到开发。如果让一个性格暴烈的人去搞公关、谈生意或做服务工作，让一个性格怯懦、柔弱的人去搞刑侦破案，让做事大大咧咧、马马虎虎的人去当医生或会计，将会出现什么样的后果？一个人能力不足，可以通过培训提高；一个人的性格与职业或岗位不吻合，要改变性格，非常困难。成功者大都不是天才，他们只是一些有着普普通通品质的人。但他们在适合自己性格的工作中，充分挖掘了自己这些普普通通的品质，从而达到了一个不一般的高度。

2. 性格探索工具——MBTI

MBTI是目前国际上应用最广泛的职业规划和个性测评理论。已成为企业招聘选聘时应用最广泛的人才测评工具和个人生涯规划的必备工具。MBTI人格共有四个维度，每个维度有两个方向，共计八个方面，如表5-2

所示。

表5-2　MBTI人格的四个维度

维度	方向	
能量倾向	外倾extroversion,E	内倾introversion,I
接受信息	感觉sensing,S	直觉intuition,N
处理信息	思考thinking,T	情感feeling,F
行动方式	判断judging,J	知觉perceiving,P

单一维度去理解人是错误的，人的性格非常复杂，每个维度都会彼此影响，将四个维度结合起来是正确理解一个人的方法。在MBTI中，四个维度中的两级正好组合成16种人格类型，16种组合可以帮助你了解职业倾向。有研究数据表明，S-N，T-F两种维度组合成ST，SF，NF，NT与职业的选择更为相关。

ST型的人更关注通过实效和实际的方式应用详细资料，如商业领域。例如，一位ST型的心理咨询硕士将会成为心理测评和应用方面的专家。

SF型的人喜欢通过实践的方式帮助别人，如健康护理和教育领域。例如，一位SF型的心理咨询硕士将关注自己的管理、督导技能，以发展和促进同事之间有效的工作关系。

NF型的人希望能通过在宗教、咨询、艺术等领域的工作来帮助人们。例如，一位NF型的心理咨询硕士将成为临床专家，以帮助人们成长、发展，学习如何更好地了解自己和他人。

NT型的人更关注理论框架，如科学、技术和管理，喜欢挑战。例如，一位NT型的心理咨询硕士将运用他的战略重点和管理技巧，成为人力资源领域的管理者。

工作安全感则受IJ、IP、EP、EJ的影响最大，其中EJ类型的人最易有工作安全感，而IP类型的人常常对组织、未来等缺乏安全感。

在运用MBTI性格类型时，应该注意：性格类型没有哪种更好、更坏，更没有对错之分，每种类型都是独特的，会在适合的环境中发挥自己的特点。认识自己的性格类型，可以更好地了解自己，理解自己的行为特点，根据自己的特点学习、工作和解决问题，但这并不意味着它可以成为约束我们不做某事或不选择某种事业的借口。世界上没有百分之百适合某种性格的职业，也没有百分之百不适合某种性格的职业，懂得用己所长，整合资源，才是问题解决之道。

（二）兴趣探索

1. 职业兴趣的概念

职业兴趣是个体追求某种职业或从事某种职业的过程中发现的个性取向。兴趣是指一个人力求认识、掌握某种事物，并经常参与该种活动的心理倾向。当一个人对某一个事物产生浓厚的兴趣时，一定会对这个事物保持充分的注意，并进行积极的探索活动。

职业兴趣发生和发展的一般过程为：有趣——乐趣——志趣。有趣是兴趣过程的第一个阶段，也是兴趣发展的低级阶段，它往往短暂易逝，非常不稳定。乐趣是兴趣过程的第二个阶段，它是在有趣定向发展的基础上形成的，是兴趣发展中的中级阶段。志趣是兴趣发展过程的第三个阶段，当乐趣同一个人的社会责任感、理想、奋斗目标结合起来时，乐趣便变成了志趣。志趣是你取得成就的根本动力，是成功的重要保证。

2. 兴趣与职业选择

职业兴趣是兴趣的重要内容，指一个人力求了解某种职业或进行某种职业的心理倾向，表现为对某种职业的选择性态度或积极的情绪反应。大学生在选择职业时，不仅需要知道自己有能力从事什么样的工作，也需要知道自己对哪类工作感兴趣，并能满足自己的向往。只有将能力和兴趣结合起来考虑，才更有可能取得职业生涯的成功。

3. 兴趣对职业选择的影响

（1）兴趣是大学生职业生涯选择的重要依据

正像人们在日常生活中喜欢从事自己感兴趣的活动一样，具有一定兴趣类型的人更倾向于选择自己感兴趣的职业。因而，对自己的兴趣或兴趣类型有了正确的评估后，就可以预测或帮助人们选择自己喜欢的职业生涯。

（2）促进智力开发，挖掘潜能

一个人对于某一事物具有较为浓厚的兴趣，就会激发其寻求与该事物相关的求知欲望和探索热情，并调动全身心的积极性，投入学习和工作之中，这时，他的智力和体力都能够进入最佳状态，从而最大限度地调动主观能动性和创造性，发挥自身潜能，施展才华，并在此基础上促进个人乃至社会的进步和发展。

（3）提高工作效率

据有关专家研究表明，如果一个人对某种工作有兴趣，就能发挥其全部才能的80%~90%，并且能长时间保持高效率而不知疲倦。相反，如果一个人对某种工作没有兴趣，则只能发挥全部才能的20%~30%，而且容易精疲力竭。所以，兴趣可以通过工作动机促进能力的发挥，兴趣和能力的合理结合会大大提高工作效率。古今中外著名的科学家、文学家、艺术家等，都是在强烈的兴趣驱动下取得学业和事业的成功的。

（4）兴趣影响我们的工作稳定性

一般来说，从事自己不感兴趣的职业很难让人感到满意，并由此导致工作的不稳定。综上所述，兴趣对人们职业选择的影响不容忽视，人们应从现在开始发掘并且培养自己的兴趣，为人们今后在选择职业和被选择时增加优势，更好地工作和生活。

对于大学生来说，应该注意对自己即将从事职业的兴趣的培养。不应因为不了解自己即将从事的职业，就认为自己对所学专业不感兴趣。世界上有许多有成就的人，并非一开始就对自己所从事的职业有兴趣，而是在与职业的接触过程中了解了这个职业，通过了解开始喜欢，在喜欢的基础上产生了对职业的热爱，在热爱这种职业中又提升了对这种职业的情感，并沉醉于自己的投入之中。人们现在应该培养自己对众多事物的兴趣，特别是搜集自己所学专业对应的职业群的有关信息，关注现状和发展趋势，并在对这一职业群产生广泛兴趣的基础上，逐渐培养对其中某一职业的兴趣。

三、兴趣与职业的匹配

人们常常因为客观条件的限制而感到难以单纯从事自己喜欢的工作。有不少大学生在选专业时由于缺乏对自我和专业的认知而未能选择与自己兴趣类型适配的专业。或由于父母的意见而被迫选择了与自己兴趣类型截然相反的专业。在现实情况下，能够改换专业的毕竟是少数人，那么，面对这种情况，适配是否还是一个恰当的可行的目标呢？实际上，现实中的适配可以通过多种方式灵活地实现。

（一）专业与兴趣

专业类型可以与兴趣类型相结合，哪怕是相对的两种类型也是如此。比如，一个喜爱文学（艺术型兴趣较高）而学习计算机专业（实用型）的大学生，可以考虑在毕业后去《电脑世界》一类的杂志社工作，这样也可以将自己艺术型的兴趣与实用型的专业结合起来，在一定程度上满足自己的兴趣。

（二）个人兴趣与职业环境

当我们倡导在职业选择上寻求个人兴趣与职业环境之间的适配时，完全的适配只是我们不断接近的一个理想目标。现实中，我们做不到百分之百的适配，但不必因此而放弃对个人兴趣的重视。我们的职业至少应当在一定程度上体现我们的兴趣，可以是百分之九十，也可以是百分之四十，而其余的部分可以在生活中的其他方面、通过其他活动（如业余爱好、志愿活动、辅修专业等）来实现。

即使一个人从事与自己的兴趣类型不适配的工作，也没必要沮丧。具体的工作实际上千变万化，很难用简单的类型来划分。比如，像机械修理这样实用型的工作，也可以在其中加上社会型的元素，将它作为一项为客户提供满意服务的职业来从事。由于从事某一职业的典型人群通常都趋向于特定的兴趣爱好，这既是他们的长处也可能是他们的弱点。而一个与职业环境不太适配的人，则有可能成为这个群体中独树一帜的人，做出一些独特的贡献。当然，这个人也需要理解并能接受这样的现实，在这个职业环境中可能会感到格格不入。

（三）职业兴趣的类型

美国职业指导专家约翰·霍兰德（John Holland）著有《职业决策》等书，提出人格—职业匹配理论，着重兴趣与职业的关系。根据人格心理学的概念和大量职业咨询的实践与研究，霍兰德从整个人格的角度来考察职业选择问题，其职业理论中影响最大的是人格—职业匹配理论。

在霍兰德的理论中，人格分类等同于兴趣分类，所以其人格分类也常作为兴趣分类来介绍。他认为，某一类型的职业通常会吸引具有相同人格特质的人，这种人格特质反映在职业上就是职业兴趣。大多数人的职业兴趣可以分为六大类，即实用型、研究型、艺术型、社会型、企业型、事务型，职业环境也可以分成相应的同样名称的六大类，人格与职业环境的匹配是形成职业满意度、成就感的基础（见表5-3）。

表5-3 霍兰德职业兴趣类型

类型	喜欢的活动	重视	职业环境要求	典型职业
实用型 R(Realistic)	用手、工具、机器制造或修理东西。愿意从事实物性的工作、体力活动，喜欢户外活动或操作机器，而不喜欢在办公室工作	具体实际的事物，诚实有常识	使用手工或机械技能对物体、工具、机器、动物等进行操作，与"事物"工作的能力比与"人"打交道的能力更为重要	园艺师、木匠、汽车修理工、工程师、军官、兽医、足球教练员
研究型 I(Investigative)	喜欢探索和理解事物，喜欢学习研究那些需要分析思考的抽象问题，喜欢阅读和讨论有关科学性的论题，喜欢独立工作，对未知问题的挑战充满兴趣	知识，学习成就，独立	分析研究问题、运用复杂和抽象的思考创造性地解决问题的能力，谨慎缜密能运用智慧独立地工作，一定的写作能力	实验室工作人员、生物学家、化学家、心理学家、工程设计师、大学教授
艺术型 A(Artistic)	喜欢自我表达，喜欢文学、音乐、艺术和表演等具有创造性、变化性的工作，重视作品的原创性和创意	有创意的想法，自我表达，自由，美	创造力，对情感的表现能力，以非传统的方式来表现自己；相当自由、开放	作家、编辑、音乐家、摄影师、厨师、漫画家、导演、室内装潢设计师
社会型 S(Social)	喜欢与人合作，热情关心他人的幸福，愿意帮助别人成长或解决困难、为他人提供服务	服务社会与他人，公正平等理解，理想	人际交往能力，教导、医治、帮助他人等方面的技能，对他人表现出精神上的关爱，愿意担负社会责任	教师、社会工作者、牧师、心理咨询师、护士
企业型 E(Enterprising)	喜欢领导和支配别人，通过领导、劝说他人或推销自己的观念、产品而达到个人或组织的目标，希望成就一番事业	经济和社会地位上的成功，忠诚，冒险精神，责任	说服他人或支配他人的能力，敢于承担风险，目标导向	律师、政治运动领袖、营销商、市场部经理、电视制片人、保险代理
事物型 C(Conventional)	喜欢固定的、有秩序的工作或活动，希望确切地知道工作的要求和标准，愿意在一个大的机构中处于从属地位，对文字、数据有兴趣	准确、有条理、节俭、盈利	文书技巧，组织能力，听取并遵从指示的能力，能够按时完成工作并达到严格的标准，有组织有计划	文字编辑、会计师、银行家、书记员、办事员、税务员和计算机操作员

如何了解自己的职业兴趣

（1）兴趣倾向表达法。通过盘点过去回答问题，并将答案和所有闪过的想法列入清单，再把清单项目整理、归类、分析，得出自己兴趣的倾向。

（2）职业兴趣测试法。这是一种科学、简便又普及的认知自己职业兴趣的方法。即通过一系列的问题，如有关学习、娱乐、社交、劳动等方面，要求回答是否喜欢或不喜欢的程度，再根据答案进行评估和汇总，最后分析得出兴趣倾向或兴趣类型。如常用的霍兰德职业兴趣测试。

（3）自我行为观察法。回忆并观察自己平时的生活行为习惯和参加各项活动的情景，从中推测自己的兴趣倾向。如，连续一段时间，每天的日程是怎么安排的？什么活动时间安排最多？什么活动是自己最喜欢的？

（4）职业知识测验法。通过关于不同职业知识的测试，测量出自己对职业必须掌握的信息、词汇等内容的得分来对比和评估自己的兴趣倾向。

四、价值观探索

每个人在工作中的价值取向是不同的。有人重视报酬的高低，有人重视环境良好与否，老板是否赏识，或同事之间相处如何，这形成了每个人不一样的工作价值观。如果自己所重视的工作价值观能在工作中得到满足，就是最适合个体的工作了。

（一）价值观的概念

价值观就是我们在生活和工作中所看中的原则、标准和品质，是指一个人对周围的客观事物（包括人、事、物）的意义、重要性的总评价和总看法。像这种对诸事物的看法和评价在心目中的主次、轻重的排列次序，就是价值观体系。价值观和价值观体系是决定人的行为的心理基础。价值观是一种内心尺度，它凌驾于整个人性当中，支配着人的行为、态度、观察、信念、理解等，支配着人认识世界、明白事物对自己的意义和自我了解、自我定向、自我设计等。

职业价值观也称职业意向，是个人希望从事某项职业的态度倾向，也就是个人对某一项职业的希望、愿望和向往，是个人对某一职业的价值判断。职业价值观在职业生涯过程中非常重要，因为它是以人们实际的生活工作经历和他人的反馈为基础形成的。即使面临非常困难的状况，职业价值观在职业选择过程中也往往不会被放弃。

（二）价值观与职业选择

每一个求职者由于其所受教育的不同和所处环境的差异，在职业取向上的目标和要求也是不相同的。在许多场合，人们往往要在一些得失中做出选择，而左右人们选择的，往往就是职业价值观。

1. 大学生价值观对职业选择的影响

价值观对人们自身行为的定向和调节起着非常重要的作用，它直接影响和决定一个人的理想、信念、生活目标和追求方向。价值观是一种基本信念，它带有判断的色彩，代表了一个人对什么是好、什么是对，以及什么会令人喜爱的意见。例如，是要工作舒适轻松，还是要高标准的工资待遇，要成就一番事业，还是要安稳太平；当两者有矛盾冲突时，最终影响人们决策的是职业价值观。

（1）价值观是职业决策的依据

当一个人知道了自己最重要的人生价值所在，那么选择职业就易如反掌；反之，如果一个人不知道什么对他是最重要的，那么就很难做出决定，往往承受痛苦的折磨。

（2）价值观对职业选择起到决定作用

价值观在人们的职业生涯发展中起着极其重要、甚至决定方向性的作用，往往超过兴趣和性格对我们的影响。当人们有矛盾冲突或妥协与放弃时，常常也是出于价值的考虑。价值观是支撑人类生活的精神支柱，它决定着人类行为的取向，决定职业选择的方向，对人生具有重要的意义。

2. 树立正确的职业价值观

大学生正确价值观的树立，从宏观方面来讲，有利于国家和社会的稳定和发展，从微观方面来讲，可以帮助学生更好、更顺利地就业，为学生今后的发展提供一个锻炼的机会。因此，要适时地正确引导，帮助学生树立正确的价值观。

（1）把提高职业能力与培养职业品德结合起来

关注对职业基本能力以及解决实际问题的能力的培养，还要加强奉献社会、有效工作、热爱职业等积极向上的职业品德的培养。这些职业能力和职业品德无论从事哪一种职业都需要，对未来的发展起着关键性的作用。同时不断提升人生境界、精神世界。在社会经济、政治与文化发展的今天，实现个人价值和社会奉献之间平衡协调，实现个人需求与职业需求的统一。

（2）把个人价值的实现与倡导爱业、敬业的职业精神结合起来

在一个人的职业生涯中，职业价值取向决定着职业精神，而职业精神所表达出来的是一种态度。爱业、敬业就是一种对待工作、对待职业的态度。从某种意义上讲，拥有良好的职业精神对个人的未来发展，对一个人职业生涯的成功，起着非常大的作用。一个人如果仅仅为了个人利益、为了获得个人物质上的报酬而去工作，那么他永远是工作的奴隶，因为他不明白自己工作的意义。只有选择了自己喜爱做的事情，热爱正在从事的职业，做好正在做的工作，才能在勤奋踏实的工作中有所成就、有所创造，才能在这个过程中表现自我，实现个人价值。

（3）把个人发展与追求理想、超越自我结合起来

人们在选择职业时，从个人的选择意识上，倾向于把发挥个人所长、发挥自己的能力，能实现自我价值、优厚的收入、福利待遇、良好的工作环境，以及晋升发展的机会作为择业的重点考虑因素。但勇于承担社会责任、为社会做贡献、树立社会责任意识是一个国家、一个社会发展所必不可少的支撑因素。因此，大学生只有在充分发挥潜力与追求崇高理想的相互协调中、在个人发展和超越自我的统一中来进行职业定位、确定职业发展方向，从而拥有积极健康的职业态度，才能使自己走向成功，实现人生价值最大化。

第四节　大学生职业生涯规划实例分析

一、考研、出国、就业选择

对于一个大学生来讲，做好职业规划面临着一个很重要的现实选择，那就是还要尽早确定考研、出国、就业这三条路应该怎么走。因为这三条路的选择在某种意义上来讲是互相冲突的，应该尽早分清主次。

那么应该怎样选择呢？让我们简单地看看这三条路的优缺点及其要求，我们把这些内容列在表5-4中。相信这样一张简单明了的表格会为学生家长提供很大的帮助。

在看过这张表以后，大多数人对这三条道路有了初步的认识，也许家长心里很快有了一个蓝图，明确自己的孩子更适合走哪条路。然而事情还远不只是如此简单，虽然最后孩子只走上其中的一条路，但是通常孩子都不会只朝着那一条路走。确实，不能把所有的鸡蛋放在一个篮子里，只选择一条路来准备，会大大地削减成功的概率。如果孩子告诉家长他三条

表5-4　考研、出国、就业选择的优缺点及其要求

选择种类	优点	缺点	前提条件	努力方向
考研	继续深造，提高未来的竞争力、可能转换目前的专业和学校	持续时间长，从大三下学期开始直至毕业，竞争激烈，影响因素多，有一定的风险，不能很快经济自立	学习成绩较好；家庭条件不太差	大一学好基础课（英语、数学、政治），大三学好专业课
出国	外出镀金，可以提高未来的竞争力，完全转换学习环境	成功率较低，风险较大，手续繁杂，申请过程很长，不能很快经济自立	外语突出，需要提前准备好各类证书，家庭条件好，需要大量资金，成绩优异	大三以前获得TOFEL、GRE等考试，成绩较好，大四进行申请
就业	孩子就业，积累工作经验	竞争力不强，找到理想职位较为困难	获得学位证和毕业证	多参加社会实践活动，考取有用的证书

路都要试试，那家长就应该谨慎地提醒他，很可能他什么都做不好，到毕业时就悔之晚矣。因为，就一个学生而言，他的精力是非常有限的，在完成学业之余，他很难同时做好所有的准备工作。如选择了考研或是出国，那就意味着孩子从大一就应该开始努力了。考研存在考研风险的问题，出国与考研一样，与找工作的时间相冲突，而且，成功的可能性更小。每年都有因为执意要出国而误了找工作最佳时机的毕业生，因为签证不成而"漂"在某个城市里。

二、督促规划执行

家长现在已经和孩子一起做好了职业规划，下面还有一个很关键的步骤，就是要督促孩子持之以恒地执行既定的职业规划。有一个学生曾经这样感慨："我的求职之路从上大学的第一天就开始了。"是的，不积跬步

无以至千里。进入大学的校门，家长和孩子只是迈出了第一步，后面的路还很长。有人这样生动地比喻大学生活，大学四年犹如鲁迅的4本书：大一"彷徨"、大二"呐喊"、大三"伤逝"、大四"朝花夕拾"。进入大学中相对松散的生活环境，大学生被五光十色的新奇生活迷住了双眼，完全沉浸在自由快乐的海洋里昏昏度日，没有意识到大学生活只是人生长河的短短一段，是为后面更长的职业之路做好充分准备的重要环节。上大学的意义，不在于这个丰富多彩的过程，而在于最终获得整体素质提高的结果。很多孩子，在毕业时才幡然醒悟，可是为时已晚。那么，家长就应该时刻保持清醒的头脑，监督孩子的成长。可是，家长与学生距离遥远，如何监督？下面就来探讨家校合作的方法。

（一）提出具体的问题

既然家长和孩子已经明确了未来的理想职业，不妨再来看看，这样的具体职业对他会有哪些要求，他还需要在哪些方面继续提高。这时，用明确具体的要求代替以往简单抽象的叮嘱就显得非常必要，因为家长的叮嘱常常被孩子一两句话就堵了回来，交流还没开始就中断了。当然，这个具体的要求也要考虑孩子现实情况，千万不要好高骛远。

例如，家长常常对孩子说："一定要好好学英语！"他总是不耐烦地回答："我知道了，我一直学着呢！"这样频繁的督促往往没有什么具体效果，而只会让孩子产生逆反心理。家长不妨试试这样的方式，和孩子一起制定具体的目标。就英语学习而言，每次期末考试成绩达到80分以上，大二结束时一次通过四级考试，再在一年半时间内通过六级考试。这样，毕业时六级证书就会在找工作时及时而有力地证明他的英语水平。而且，家长和孩子的对话内容就变成了讨论具体问题。例如："开始背四级单词了吗？要不要上个复习班？""您放心吧，我已经报了一个班，下个星期就开始上课了，听说老师还讲得不错。"到了下周，家长还可以这样开始和孩子的交流："复习班的课讲得怎么样啊？你还能跟得上吧？""老师讲得挺好，对我们要求很严。我现在每天睡觉前要练习听力……"

其他的事情也是一样，未来的职业需要他在哪方面提高，家长就在哪方面制订具体的计划，并且把对孩子的要求渗透到日常对话里去。如果孩子希望成为一名律师，那家长不妨建议他去参加辩论协会的活动。例如："你们学校有辩论队吧？你为什么不也去报个名呢？"如果孩子把公务员当作自己的理想职业，那他可能需要去旁听社科系的某些课程，最好能经常就社会热点进行思考和发表看法，家长可以提出："你们在宿舍里也讨论乌克兰与俄罗斯吗？"因此家长通过QQ、微信、电话、邮件多种方式每周不定时联系学生也是很好的方法。

（二）做一张空白简历

在孩子考入大学以后，为他做一份空白的简历，在孩子每次放假回家时，和他一起来填写这份简历，看看经过了半年的学习，他有了哪些进步。考虑到家长可能从没有做过这样的一份简历，我们给家长提供一份样本（表5-5）。

现在，家长和孩子都应该明白，这份简历的内容将是孩子个人能力的直接反映。而为了得到那份理想的工作，4年后简历上要有哪些闪光点才能让孩子在人事主管挑剔的眼光中获得青睐。如果孩子没有获得过任何奖励，没有良好的英语水平，计算机不熟练，没有参加什么社会实践活动，那么家长可以想象一下，当他面临就业时，他的简历会是什么样子？又怎么能够吸引用人单位的目光？所以，为了防止自己的孩子在日复一日的生活中忘记了这一点，家长需要不断提醒孩子持之以恒地充实自己。

表5-5   简历样本

姓名	基本信息
联系方式	手机、固定电话、电子邮件
基本情况	年龄、民族、籍贯、政治面貌
个人特点	个人素质、特长
教育经历	学校专业、学习成绩、英语程度、计算机程度、其他
社会实践经历	参加社团情况、社会实践情况、兼职
获取证书	各类认证的证书
所获奖励	市（校）级三好学生、奖学金等奖励情况

这样一来，家长要做的就是把这张开始空白，随后被慢慢填满的简历放在自己触目能及的地方，如床头的墙上或是写字台的玻璃板下，在孩子回来时拿出它。而孩子会自觉地努力按照简历的要求提高自己，以期能在这份简历上填入更多的内容。那些对未来的成功没有什么帮助的活动会很自然地被他放在次要的地位上。虽然只是一张小小的简历，却能让孩子自觉地进行调整，努力地提高自己的综合素质。当然，如果能找一份高年级毕业生的真实简历作为参考，会使这种方法的效果更加明显。事实上，每次家长和孩子填写这份简历的时候，都是在不断地挖掘他的优点，并发现他的缺点。孩子会根据理想状态不断地调整自我，这是一个根据理想创造自我的过程。而传统的做法是一种发现自我的过程，即在度过大学四年时光后再来挖掘孩子的特长。这样一比较，我们的方法优势显而易见。当孩子的同班同学都在抓耳挠腮、冥思苦想地寻找自己的优势时，孩子已经拥有了一份丰富的简历。更重要的是，他本人也已经成为一个出色的人。机遇偏爱有准备的头脑，经过了这么多的充分准备，相信孩子一定会成功。

俗话说"计划赶不上变化"。无论怎样细致周密的计划都有可能因为现实条件的改变而发生变化。所以家长要经常审视和修订孩子的职业规划。还有一点需要特别说明，事实上，孩子还要面临一个非常重要的任务，那就是面对就业，而初次就业也是孩子整体职业规划不可分割的重要部分，将对未来职业生涯产生深远的影响，这也是家长最为关心的一部分。

总之，随着大学生职业生涯规划教育的理念在高校就业指导教育工作中的发展，全程化的规划教育已经成为各个高校的热点问题。家校合作能够全面地促进学生健康发展，教育和指导学生合理地进行职业生涯规划，培养符合社会需求的复合型人才。但是，目前高校的家校合作有其客观困难，我们需要围绕大学生个体的成长和发展，与家长共同探讨、解决学生在择业就业过程中出现的问题和困惑，促进他们树立健康的职业生涯观念。只要社会、学校、家长高度重视，克服困难，创新联络机制，使家校合作经常化、制度化，大学生的职业生涯教育就必将有所改善。

第六章

家校合作中的心理健康教育

当今社会的人们投入更多的时间、精力关注自己的健康，而这种关注往往多数是停留在身体健康层面上。世界卫生组织把健康定义为"不但没有身体的缺陷和疾病，还要有完整的生理、心理状态和社会适应能力"。心理健康是完整健康概念的组成部分，心理健康与身体健康对于一个人来说同等重要。特别是对于处于青春期的孩子来讲，在大学期间要承受学习、就业的压力和处理成长路上所伴随着的各种难题，保持积极、健康的心理状态尤为重要。

大学生是一个特殊的群体，他们处于一个人生过渡期，也是"第二次诞生"和真正实现"心理性断乳"的人格再构时期，其心理健康一直是社会关注的热点话题。清华大学朱令铊中毒案、云南大学马加爵杀人案、复旦投毒案等发生在大学校园里的悲剧，向人们敲响了大学生心理健康状况不容乐观的警钟。2011年2月23日，教育部办公厅印发《普通高等学校学生心理健康教育工作基本建设标准（试行）》的通知，强调大学生的心理健康是促进大学生健康成长、培养造就拔尖创新人才的重要途径。全国各高校也纷纷建立了自己的心理健康咨询室，建立了各种心理健康管理模式，在预防大学生心理问题、提高其心理健康水平、防止危机发生等方面起到了良好的效果。

然而，这种只关注校内工作而忽视家庭因素的心理教育管理模式也暴露出了其片面性。心理学相关研究指出，家庭结构、独生子女家庭、家庭亲密度和适应性、家庭经济情况等在大学生人格的形成和发展、人际关系处理以及新环境适应性方面发挥着重要作用。因此，家庭环境对大学生心理健康的预防和维护具有重要作用。大学生的心理健康教育不仅仅是高校的责任，家庭也扮演着重要的角色。家庭与学校只有相互合作，共同努力，才能确保大学生心理健康稳定。

第一节　家校合作进行学生心理健康教育的必要性

通过家校文化进行心理健康教育，是目前国际上比较热门的话题，也是国内崭新的研究领域。高校学生心理健康问题日益引起学校、家长、社会的广泛关注。目前，我国高校的心理教育和家庭教育中普遍存在着种种误区：有些教师已经形成了一套教育教学管理的经验体系，但是还没有合理地运用，而且还没有把学生家长请到学校，不能和家长进行有效的沟通和合作。有些教师工作压力大，身心疲惫，不愿多与学生家长沟通、交流，感到既费时又费力，教师的工作负担重、心理压力是造成这种现象的根本原因。有些参加工作时间不长的教师，没有在家长、学生面前树立起威信，常常觉得工作被动，究其根本原因，是缺少必要的专业指导。有的学校开展了家校文化，但更多的是流于形式，缺乏计划、连贯性，根本无法发挥真正的作用。尽管我们学校每年在新生入学时都会举办家长会，邀请部分家长参加，但更多的是入学阶段的惯例。尽管学校设立了"网络家长会"，每个二级学院也有家长群，但都形同虚设，家长比较重视学生在学校的行为表现，而轻视学生的个性适应；更注重学生的学习成绩，轻学生的心理成长。通常人们认为大学生是成人，把家庭纳入其心理健康教育中不一定需要，因为家长的管束会使学生自我管理、教育功能退化。有一部分大学生认为，父母不懂得高等教育，又不懂得心理健康教育，缺少合作基础，父母缺少时间和精力，父母教育理念不同，导致各方面的差异，甚至误解，很难协调配合。另外，学院还设立了心理咨询师岗位和"朋辈聊天室"，聘请了校外法律顾问，但心理咨询师的工作责任心和经验有限，以及大学生的个人隐私自卫意识等问题，导致无法求助的现象出现。怎样和父母沟通和合作，怎样利用第三方支持体系的力量整合资源，让家校文化取得最好的效果，目前学校在这一领域尚属空白。

关于大学生的心理问题有很多学者做过调查与研究，给我们带来的统计数据与研究结果更是令人担忧。作为家长，可能开始关注孩子的心理健康问题，心里的担忧比以往更多：我的孩子有心理问题吗？"孩子不愿与我谈学校里的事情。""孩子最近闷闷不乐，在电话里总嫌我烦，总爱发脾气等。"这些是有心理问题的表现吗？这样的心理问题严重吗？对于每一个关心孩子身心健康的家长来说都可能有这样的担心和疑虑。心理健康是相对的，世界上没有百分之百心理健康的人。首先家长们要弄清楚：究竟什么是心理问题？心理问题有哪些层次？心理的正常与异常之间并没有明确的界限。所谓心理问题是指一个人在成长过程中，由于自身因素或是周围环境的影响，在没有认知障碍、没有智力障碍的情况下形成的一种不协调的心理状态，以及相伴随的异常情绪反应、动机和行为活动。人的心理是由正常逐渐向异常连续变化的。一端是正常的心理，一端是精神异常的极端，即精神崩溃。根据严重程度和持续的时间长度，心理问题一般可分为一般性心理问题，即心理适应不良、心理障碍、重症心理疾病三大类。事实上，每个人包括家长自己，都是处于正常和异常两端中间的某一点上。当然绝大部分的人都处于比较靠近正常的那一端。

由此可见，心理问题有轻有重，是有层次的。在现实生活中每一个人都在一定程度上存在心理问题，但只要我们积极地采取措施来进行心理调适就不会转化成为心理障碍乃至严重的心理疾病。据有关统计资料，目前大学生中有比较明显的心理适应不良问题的占20%，达到心理障碍程度的不到10%，存在精神问题的只占1%左右。大学生常见的心理问题主要是各类心理困扰，如学习压力、情绪困扰和神经症（如神经衰弱）等。在面对大学生的心理健康这个问题上，家长乃至全社会都要有这样一种明确的认识：大学生中出现各种心理问题不足为怪，但不同类型的心理问题不能混淆在一起，不能随便夸大不同类型心理问题的严重性。只有家长首先对有关心理健康方面的知识有所了解，对各种心理问题有比较清晰的认识，才能在孩子的学习生活中给予正确的指导，在孩子出现心理问题时不至于手足无措，帮助孩子建立牢固的心理防线，度过人生的关键时期。

如今大学生的心理健康问题日益受到全社会的广泛关注，也许家长已经意识到心理健康对孩子成长的重要意义。在担心孩子的心理健康问题时，家长怎么才能知道孩子是否出现了心理问题？用来判断一个人的心理状况是否正常的标准是什么呢？笔者建议，家长应该来了解一下心理学专家评定大学生心理健康的标准。对于心理健康的标准，是一个见仁见智的问题，心理学理论界的各种观点很多。美国心理学家坎布斯认为一个心理健康的人至少应具备四种特质：积极的自我概念；能恰当地认同他人；能面对和接受事实；能对自己周围的事物和环境有较清楚的认识。作为社会中的一个特殊群体，大学生的心理健康标准也一直是讨论的热点问题。总体说来，评定大学生的心理是否健康主要有以下几个指标：能正确认识自我；能保持和谐的人际关系；具有良好的适应能力；能协调与控制情绪；具有完整统一的健康人格。

如何评定或鉴别孩子是否有心理问题，原则上讲应该由临床心理医生按照严格的程序和方法去诊断。在日常生活中，通过细致地观察孩子的情绪与行为表现的变化以及人际关系状况等情况，也可以对孩子的心理状态有一个基本的判断。这就需要家长参照以上这些标准，细心体察孩子的变化，走入孩子的内心世界，及时发现一些不良心理倾向，掌握主动，把问题解决在萌芽阶段。

第二节　高校学生常见几种心理障碍及其表现

一、心理障碍的含义

心理障碍指个人心理与行为的不完善、不健康状态。在临床心理学领域，"心理障碍""心理异常""情绪障碍"等术语在不很严格的意义上通常可以交换使用。心理障碍是由个体的心理挫折和冲突造成。心理挫折是指个体在实现目标时受到阻碍和干扰，导致目标不能实现，需要受阻而产生焦虑情绪。心理冲突是导致心理障碍的主要因素，严重的心理障碍可能导致心理疾病和生理疾病。

二、大学生常见心理障碍与排解

高校学生的入学年龄大多在17～19岁之间，心智还未完全成熟，他们在接受教育的过程中难免会出现一些心理问题。学生在接受高校教育时，相对初高中教育来说自由程度增加了，学生有更多的时间自行支配，所以部分学生就会由于自律性较低而长时间熬夜，进而导致学生的思维能力和记忆力下降，无论是在学习还是日常生活中都会产生厌倦情绪，对什么事情都提不起精神。另外，由于网络信息平台充斥着各种各样的信息，学生上网浏览就会接触到各种各样良莠不齐的信息，假如学生接受网络平台上的一些虚假、恐怖、谣传的信息的话，就可能造成学生偏激、极端的心理，还有可能驱使学生作出伤害自己甚至伤害他人的事情。大学生常见的心理障碍主要表现在情绪障碍、人际交往障碍、人格障碍等方面，下面我们通过分类来了解。

（一）情绪障碍与排解

情绪是人对客观事物是否符合或满足自己的需要而产生的一种态度、体验及相应的行为反应。大学生常见的情绪障碍主要是焦虑和自卑。

1. 焦虑与排解

焦虑是指个体当前或预感到挫折的一种应激情绪反应，是一种带有不愉快情绪色调的适应心理和行为。它是多种心理障碍的一个共同特征。适度的焦虑可以促使人投入行动，及时解决问题，而过度的焦虑则是有害的。当我们的焦虑程度与认识到的威胁相适应时，这是正常的焦虑。但如果客观上不存在实际威胁，或威胁较小，但我们的焦虑反应强度却过头，或长期持续存在焦虑，则是心理障碍的表现。有焦虑这一心理障碍的大学生常表现为：怀疑自己的能力，闷闷不乐，脾气古怪，愁眉苦脸，行动刻板，注意力不集中，失眠，做噩梦等。

排解焦虑的方法有两条途径，一是认知矫正，二是行为矫正。认知矫正要点如下：首先，要正确、客观地认识自己面临的压力性事件，防止夸大压力；其次，要正确认识自己的应付能力和相关手段，防止低估自己的应付能力；第三，要看到有利条件，并寻找利用这些条件的途径；第四，要认识到焦虑的危害，并积极地去克服它。行为矫正方法对降低焦虑有良好的效果。最常用的行为矫正技术是放松训练，另外生物反馈等方法也有类似作用。因为人在全身肌肉放松、心情平静的身心状态与焦虑控制下的身心状态是相反相克的。

2. 自卑与排解

自卑是个体由于某种生理或心理的缺陷或其他原因而引起的自我轻视和自我否定的情绪体验。导致自卑的原因有身材矮小，相貌丑陋，身体有严重疾患和缺陷，家境贫寒，能力素质低，专业不好，等等。自卑对大学生的学习和生活有严重影响，会导致他们消极悲观，自我封闭等。对自卑的排解方法如下：一是正确认识自我，培养悦纳自我的态度。大学生应该深入了解自己，正确评价自己，要充满自信，不苛求自己，不追求十全十美的形象，不为自己存在的缺点不足而沮丧，不以己之长来比人之短，也不以己之短来比人之长，而应扬长补短。客观地自我评价和接纳自我的态度对于促进心理健康至关重要。二是升华。指个体将自己受到的压力转化为动力。比如一个家境贫寒的大学生，在感受到经济上的压力后将这种压力转化为学习的动力，以优秀的学习成绩来赢得自尊。三是补偿。当个体的某种目标不能达到时，以另一种目标来代替。比如一个身材矮小的大学生，认识到自己身高的不足后，通过提高自己其他方面的能力，如组织管理能力、表达能力、创新能力等来弥补自己身高的不足，以维护自尊，找回自信。

3. 抑郁与排解

抑郁是大学生常见的心理障碍，是一种感到无力应付外界压力而产生的消极情绪，常伴有厌恶、痛苦、自卑等情绪体验。大学生的抑郁情绪主要表现为：情绪低落、思维迟缓、郁郁寡欢、闷闷不乐、兴趣丧失，做什么事都没精打采，对生活缺乏信心，体验不到生活的快乐，并伴有食欲减退、失眠等。

排解抑郁情绪的方法如下：一是大学生对挫折或失败要有正确的认识，不要受到一次挫折就丧失信心、一蹶不振。二是要正确认识自我，确立自信，这与克服自卑的方法是一样的。三是要多回想一些过去成功的体验，这有助于肯定自我价值，树立自信心，消除抑郁。四是要积极从事一些令人愉快的文体活动，投入火热的生活中去，转移抑郁情绪，从而减轻症状。

（二）人际交往障碍与排解

人际交往障碍是指影响大学生人际交往正常进行的不良心理因素，表现为不敢交往、不愿交往、不能交往。大学生的人际交往心理障碍主要表现为交往戒备心理和异性交往心理障碍。高校是学生进入社会的过渡期，他们所接触的人较之初高中会多出好几倍甚至好几百倍，所以学生会出现人际交往方面的障碍。这也就是我们常说的"社恐"，同学之间、师生之间、学生与社会之间都出现了不同程度的社交障碍。同学之间难以维持良好的交际关系，有时会出现同班同学却互相不认识的状态；师生之间不了解甚至不认识，双方在课堂结束之后很少进行沟通；学生难以融入社会，在实习与工作中难以和同事、上司保持良好的关系。

1. 交往戒备心理及排解

交往戒备心理是指大学生在人际交往过程中，由于某些消极心理因素的影响，形成不切实际的固执的心理偏见，是人们在认识特定对象时的一种心理状态。表现为：一是孤僻。孤僻就是不随和、不合群，不能同大多数人打成一片。比如，有的人孤芳自赏，自命清高，不愿与人为伍。认为别人的言行都庸俗低级，为自己所不耻，似乎世人皆醉我独醒，众人皆浊我独清。还有的人过分谦卑，不敢与人交往，认为自己一无是处，从而人为地把自己孤立起来。二是封闭。封闭就是把自己的真实思想、情感和欲望掩饰起来，不愿对朋友敞开心扉，以诚相待。有的人甚至严重到对任何人都不信任，对任何人都谨小慎微，怀有很深的戒备心。三是猜忌。表现为对别人的言语和动作过于敏感、多疑，认为天下所有人都不可靠，别人一举手一投足都有某种针对性或含沙射影之意，从而顾虑重重，甚至担忧之情溢于言表。四是敌意。敌意是一种比较严重的人际交往障碍。它已经不是一般程度的猜忌心理。怀有这种心理的人常常讨厌他人，仇视他人，认为别人总在寻找机会暗算自己，陷害自己。

交往戒备心理的消除主要有三个方法：第一，彼此多交流，多沟通，以克服人际关系认识的偏见。大学生多参加集体活动，彼此交往，积极沟通思想，增进相互了解，澄清事实，从而有效地克服认识上的偏见，这是克服交往戒备心理的有效方法。第二，积极、全面、正确地认识人际关系。大学生须努力加强理论和文化修养，增强集体观念，学会全面、辩证地分析问题，正确看待人际关系，这样才能大大减少人际交往中的认知偏见。第三，学会适当的自我暴露，消除自我封闭心理。人们常喜欢与自己比较了解的人交往，扩大彼此心理的公开区域是同别人交往的第一步骤。因此，学会自我暴露，坦诚地向交往对象透露自己的一些秘密，对于促进良好的人际交往大有好处，当然要掌握一个度，不能把自己暴露无遗。

2. 大学生异性交往心理障碍及排解

大学生异性交往心理障碍是指影响大学生与异性朋友正常交往的不良心理因素。其主要表现形式为：第一，对异性的神秘感。由于生理的成熟，大学生对异性产生好奇心和神秘感，这是一种正常现象。但有的同学由于对自己生理和心理上的变化缺乏了解，强化了对异性的神秘感，又不知道自己为何会对异性产生好奇心和神秘感，以致对自己产生与异性接近、交往的念头感到内疚和自责，或者当别人希望与自己交往时，自己往往存有戒心，似乎异性交往就等于谈情说爱，甚至是不正当行为。有了这种错误的理解，就会阻碍大学生与异性之间进行交往。第二，异性恐惧心理。有些大学生在与异性交往时，常常心情紧张，手足无措，导致其不敢与异性交往，逃避与异性进行正常沟通，这就是对异性的恐惧心理。这样的同学在与异性接触时，面红耳赤，心跳加快，语无伦次，甚至逃离现场。第三，不能正确区分友谊与爱情，错把友谊当作爱情，产生错觉，导致以下行为：一是发现异性同学对自己有好感，实质仅是普通的友情，自己却误认为是爱情，于是立即向对方发出爱情的信号，却遭对方拒绝，从而自尊心受到伤害，不愿再与异性交往；二是误认为对方对自己发出爱情的信号，而由于自己不愿意，为了避免再惹麻烦，干脆不再与异性交往。

大学生异性交往心理障碍的排解方法有以下几个方面：第一，要正确区分友谊与爱情。这要求大学生要加深对友谊与爱情的认识，正确把握好与异性交往的度。第二，要多参加集体活动，保持与异性同学间的直接接触，消除对异性的神秘感。男、女大学生应打破相互间的神秘感和不必要的界限，建立起自然、和谐、纯真的友谊关系。第三，通过心理咨询消除异性交往心理障碍。在与异性交往方面有心理障碍的大学生可求助于心理咨询机构，通过心理咨询消除对异性的神秘感以及异性恐惧心理。第四，注意学习掌握一定的社交技巧，提高与人交往的能力。第五，采用系统脱敏法来克服和消除异性恐惧心理。

（三）大学生人格障碍及矫治

1. 人格障碍的含义

人格障碍也称病态人格、变态人格，是指不伴有精神症状的人格适应缺陷。有人格障碍的大学生表现为情绪不稳定，常为小事而冲动，以自我为中心，偏执，任性，常不顾别人的痛苦反应，对学校及社会长期适应不良，常责怪和诿过于人，没有内疚感、同情心、良心和责任感，属极端个人主义者。

2. 人格障碍的类型

世界卫生组织的《国际疾病分类》第九版，将人格分为八类：一是偏执型人格：敏感多疑，主观固执，心胸狭隘，好嫉妒，自我评价过高，易冲动和诡辩，常怀疑别人的用心，报复心强。二是情感型人格：情绪波动大，兴奋时情绪高涨、热情善感，内心充满了希望和喜悦，抑郁时一言不发，悲观失望。三是分裂型人格：极端内向、孤僻，回避社交，言行怪异，情感冷漠，退缩，敏感，羞怯，易沉溺于白日梦。四是爆发型人格：平时表现正常，但偶有因细小的精神刺激而突然爆发强烈的愤怒情绪和冲动行为，且自己不能控制。五是强迫型人格：过分的认真和自我控制，十分注意细节和追求完美，做事反复检查仍放心不下，常感紧张、苦恼和焦虑，常有不安全感，易发生强迫型神经症。六是癔症型人格：好表现，喜欢引人注目，人格不成熟，情绪不稳定，往往由细微刺激引起爆发性情绪，反应过强，表现具有戏剧性。七是无力型人格：也称依赖型人格。缺少自主自信和独立意识，过多依赖他人，总想求助于他人帮助，被动服从他人的愿望。八是反社会型和不合群型人格：也称反社会型和悖德型人格。表现为情绪不稳，常为一时的冲动所左右，以自我为中心，不顾别人的痛苦和社会的损失，易发生违纪行为和不正当的意向活动。

3. 人格障碍的矫治

人格障碍矫治比较困难，需要家庭、社会、学校的共同努力，尤其是使本人有所认识，并积极配合，不懈地努力改造，同时配合心理治疗，如认知疗法、行为疗法、集体疗法等。

（四）学习心理障碍及排解

学生在进入高校学习后，会面临着繁重的学业压力，无论是什么专业什么系部，其教育目的都是提升学生的专业能力，帮助学生全面发展。但是学生在繁重的学业面前，会出现厌学情绪，甚至作出逃课的行为，进而导致在考试中挂科，学生看到自己的成绩之后就更加厌学，这就形成了一种恶性循环，最终导致学生无法按时毕业。常见的学习心理障碍有：缺乏学习动力，严重的学习焦虑，学习疲劳，过度考试焦虑和考试怯场。

1. 缺乏学习动力及排解

缺乏学习动力主要表现为：逃避学习；焦虑过低（不担心学习成绩的好坏）；注意分散（常喧宾夺主，主次颠倒）；厌倦、冷漠的情绪。一个缺乏学习动力的大学生当他看见其他同学紧张而有节奏地学习时，他如同一个局外人，与学习群体不相融。克服学习动力缺乏的方法如下：一是要强化学习动机。学习动机是学生学习活动的主观意图，是推动学生进行学习的内在力量。大学生应建立起与社会需要相适应的动机，从而产生学习的自觉性，激发起强烈的求知欲、高度的责任感。二是培养学习兴趣。兴趣是指探究某种事物或从事某种活动的过程中，伴随着一定的情感体验的心理倾向。大学生要努力培养自己对所学知识的兴趣，这样就会心向神往，保持积极的学习态度。三是端正学习态度。学习态度是指学生对学习的较为持久的肯定或否定的内心反应倾向。

2. 学习疲劳及排解

学习疲劳是因长时间持续进行学习，在生理、心理方面产生的劳累，致使学习效率下降，甚至头晕目眩不能继续学习的状态。分为生理和心理两种。生理疲劳是长时间的学习，肌肉过分紧张，大脑的机能降低产生的身体疲劳。只要注意劳逸结合，科学用脑，生理疲劳就会消除。而心理疲劳是因严重的或持续的从事心智活动，大脑皮层兴奋区域的代谢逐步提高，消耗过程超过恢复过程，脑细胞处于抑制状态而使大脑得不到休息所引起的。

学习疲劳的防治：一是要劳逸结合，科学用脑。二是把握自己的生物节律，利用最佳状态学习重点、难点。三是培养对学习的兴趣，以缓解或推迟疲劳。四是创造良好的学习环境，在心情舒畅的气氛中学习。

3. 学习焦虑及排解

学习焦虑是指学生由于不能达到预期目标或不能克服障碍的威胁，致使自尊心、自信心受挫，或失败感、内疚感增加而形成的一种紧张不安，带有恐惧的情绪状态。

学习焦虑心理调适：一是要充分发挥自我控制的能力，控制焦虑的程度。二是要努力创造一个关系和谐的集体和轻松愉快的学习气氛。师生之间的情感交流，同学之间的团结友爱，都有助于学生心理趋于平衡，形成正常焦虑。三是要科学认识和评价自己，建立切合实际的学习目标。要看到自己的优势，看到有利条件，不怕困难。

4. 过度考试焦虑、考试怯场及排解

过度考试焦虑是对考试过于紧张，担心自己考试失败有损自尊的高度忧虑的一种负面情绪反应。表现为考前紧张恐惧、心烦意乱、记忆力减退等。考试怯场是过度焦虑在应考时的反应，是学生在考试中因情绪激动、过度焦虑、恐慌而造成思维和操作困难的一种心理现象。表现为心跳加快、出汗、头昏等。

过度考试焦虑的防治：一是正确认识考试，不必把考试看得太重。二是认真制订学习与复习计划。既要相信自己，从战略上藐视敌人，又要从战术上重视敌人。三是注意身体健康及营养。要做到劳逸结合。四是学会自我暗示与放松。在紧张时可轻闭双眼，作几次深呼吸，全身放松，待情绪平稳时再答题。五是主动寻求心理咨询帮助，在咨询师的指导下进行放松训练，用系统脱敏法等来摆脱考试紧张。

（五）性心理障碍及排解

性心理障碍指不符合公认的社会目的和生物目的的性偏好或性行为。表现为以异常的行为来满足性冲动，一些不能引起正常人性兴奋的刺激物对患者却能产生强烈的性兴奋作用。大学生性心理障碍主要有同性恋、恋物癖、窥阴癖、露阴癖等。同性恋是指对某一同性产生性爱的思想、情感和行为。恋物癖是指偏爱或只喜爱用非动物性的物体来达到性兴奋。恋物癖患者多为男性，他们对异性的身体无兴趣，却对异性使用的某些物品如内衣、内裤、胸罩等感兴趣，并通过抚摸这类物品来达到性兴奋。窥阴癖是指以窥视异性裸体、生殖器或他人的性生活来达到性兴奋的心理障碍。窥阴者常偷看女子洗澡或窥视女厕所，发生时一般头脑很理智，但很难控制自己。露阴癖是指以在陌生的异性面前突然暴露其生殖器使异性恐惧、尖叫等从而引起性兴奋。患者也多为男性，他们一般不会对他人造成人身伤害。女大学生遇到这样的情况，受到惊吓后，要对此类患者有正确的认识，要尽量平静，使患者自觉无趣，无地自容，就可以很好地保护自己。导致性心理障碍的原因较复杂，矫治也比较困难，心理咨询与治疗中更多的是帮助患者反复认识自己的错误行为，树立他们的自控能力，通过厌恶疗法等来解决。

（六）就业障碍

学生在毕业之后最终还是要进入社会谋生的，但是由于学生在校期间的一系列思想和行为障碍，导致学生在毕业后难以就业，会出现"家里蹲"的现象。长期的焦躁心理以及严重的人际交往障碍，在学习过程中存在的逃避心理都或多或少地影响着学生的正常生活，从而导致学生在择业和就业过程中出现逃避心理，从朝气蓬勃的大学生变成死气沉沉的"咸鱼"。

第三节　当前高校学生心理健康教育工作现状分析

一、对学生心理健康状况了解程度低

学校和教师在开展学生管理工作时，比较注重学生的学习成绩和专业技能，对学生心理健康状况知之甚少。比如，学生在面对繁重的课程和相对开放的学习方式时产生的不适应症，学校和教师都很少关注，这就在一定程度上加重了学生的厌学和逃课心理。另外，高校开设的心理健康课程的教育功能没有很好地体现，心理健康教师常常"赋闲"，没能发挥其调节学生心理状态的作用。

二、心理教师教育意识与技能欠缺

现阶段，有些高校的心理老师、家庭教育管理者以及辅导员等在开展心理健康教育的过程中，并未把大学生心理健康教育工作与对大学生的思想道德教育、学业引导、生活引导以及就业指导等教育相结合，即便大学生在学业、就业、人际交往、思想品德等方面遇到困难甚至产生困扰时，也不会主动与学生家长积极配合，共同解决学生的问题，严重忽视了家庭教育的缺失对学生心理造成的影响。除此以外，由于大部分高校心理健康教师缺乏家校合作的理论知识与实践技能，在真正家校联合教育的过程中也只是照搬其他高校或国外的经验，没有针对学生的实际情况采取相应的措施。

三、师生互协程度低

学生的校园生活离不开教师的陪伴，无论是辅导员教师还是各专业的任课教师都能帮助学生的健康成长。但是在高校校园里学生的成长过程中教师的作用微乎其微，在校园生活中陪伴学生时间最久的辅导员教师对学生的学习和生活都知之甚少，涉及学生的心理健康情况的了解更是少之又少。同时学生也很少主动向教师袒露心声、与教师进行沟通，这就从学生方面主动屏蔽了师生之间的交流。师生双方对彼此的了解都较少，师生互协程度低。

四、家庭的教育功能弱

有些家长由于工作忙碌，缺乏与学校教育进行合作的积极性，更多的也只是关心孩子的成绩，却忽略了孩子的心理健康问题。更有一些家长认为教育是学校的事情，与家长没有任何关系，如果学生出现任何状况都应该由学校来承担。大部分在这种家庭环境中长大的学生都是因为家庭教育的缺失，而使得他们出现了或多或少的心理问题。除了家长以外，部分学生也对学校的心理教育缺乏关注，觉得心理教育只是表面工作，没有实际的意义，更无法加强家庭与学校之间的沟通与联系。家庭对学生成长的影响是深远的。学生即便进入高校接受教育，但也仍旧是家庭的一员，并没有脱离家庭而存在。通观高校学生的心理健康状况，我们不难发现，家庭的家风在高校学生的教育过程中的作用总是被忽略，许多家长都认为学校应当担起学生教育的全责，但是学生始终是家庭的一员，他们不能脱离家庭而存在，所以高校学生心理健康教育过程中家庭家风的教育功能弱也是高校学生管理工作不足的地方之一。

五、大学生心理健康教育制度建设上的偏差

由于观念认识上的不足和当前高校扩招以来面临的人力、物力的不足，目前，多数高校在心理健康教育制度建设上，未能充分有效地贯彻落实国家心理教育政策中关于利用各方面力量的要求，未能有效开展心理教育家校合作的工作。虽然在高校德育工作（心理教育在某种意义上可以归属于广义的德育工作）中人们对开展家校合作、重视家庭教育力量已经有所探索和实践，但未能明确地将开展心理教育家校合作全面地纳入高校心理教育制度框架中去，即便一些学校的心理教育工作计划中有所提及，也是比较片面、语焉不详，缺乏可操作性，没有搭建充分开展这一工作的有效平台。

科学严谨的活动计划不仅是家校合作活动的指导方针，也是对活动有效开展和取得实效的推动和保障。然而从我国各大高校的心理健康教育体系来看，大部分高校都缺乏心理健康教育合作的总体计划，即使其中有一些计划也只是纸上谈兵，并没有严格执行。很多学校只是在学生开始出现心理问题时才会告知父母到校，在危机预防阶段没能发挥家校合作的预防功能，对学生的心理状况缺乏正确的分析，耽误了消除或减轻学生心理状况的最佳时机，导致加快了学生心理问题的发展速度。

六、大学生受教育阶段的特殊性带来的困难

大学生正处于人生发展由青年向成年的转变时期，这往往是一个充满危机的时期。他们一方面在大学生活中可能面临种种心理适应与发展的困扰，另一方面又不能主动、积极地借助学校和家庭的支持应对这些问题。加之在大学阶段多数大学生距离家庭较远，父母往往鞭长莫及，同时不少

学生的心理问题本来就是源自家庭因素，来到大学后，大学校园文化与家庭教育文化的巨大差异更强化了大学生对家庭尤其是父母教育权威的贬低，这样就容易削弱家庭因素对大学生的教育影响力，特别是在心理、情感上的影响力。

七、大学生心理健康教育实践上的偏差

在实践中，由于上述因素的影响，我们常常发现在很多高校，家庭因素介入大学生教育，往往是在学生发生了一些重大的意外情况后才引起重视或被动参与进来的，如学生突发心理危机事件、严重违反校规校纪乃至触犯法律、发生严重人际冲突、学籍异动等，使得家校合作具有较大的被动性、临时性，家校合作的形式也比较单一，流于一些简单的书面通知联系、危机干预情况下的短期合作等。一旦问题解决，家庭因素的重要性往往又会抛诸脑后。

综上所述，高校学生管理不论是学校还是师生还是家庭，对学生的心理健康的关注度都较低，学生难以自己消化的不健康心态和心理问题没能及时得到解决，由此，高校还需对学生管理模式进行改革，多关注学生的心理健康，提升心理健康教育的有效性。

第四节　家校合作视角心理健康教育质量提升策略

家校合作现在已经成为心理学、教育学等领域研究热点，众多学者纷纷提出了自己的观点和建议。而要充分发挥家校合作的作用，必须要构建以学校为主导、家庭参与的新机制。这既体现了学校教育的服务性特点，也发挥了家庭的主动角色作用，加强家庭与学校及时、对等、双向的信息

沟通，多层次提高防护大学生心理健康的壁垒。

一、从学生自身增进心理健康的策略

这是大学生心理健康教育的重要方式，也是在心理健康教育中有效发挥大学生主体性的最佳方式。大学生具有较高层次的知识水平、良好的认知能力和相对稳定的价值观，单单依靠"说服性教育"可能收效不大，因此要充分发挥大学生的主观能动作用，进行自我教育。结合"压力调节模式"，引导大学生合理规划自己的生活，掌握缓解压力的各种方法，保持健康的生活状态；通过阅读一些心理学、哲学的经典名著，并开展符合自身特点和水平的心理素质训练，提升自我强度；积极参加各项心理健康活动，熟悉专业心理资源网络，努力增加社会资源等。

二、注重家风教育，营建和谐家庭家风，家长积极参与学校心理健康教育活动

家庭在学生心理状态的形成和心理问题的产生上具有不可推卸的责任，甚至很多学生的心理问题来源于家庭环境中不健康的因素，单纯对学生进行辅导是做不到有效控制的。面对这种情况，学生家长必须具有心理健康教育的意识，能够积极主动配合学校教育工作，最好能够深度参与学校的相关教育活动，必要时还需要给自己补充相关的心理学知识。一方面，学校可以举办一些讲座，邀请家长学习相关心理学知识，提升家长自己应对社会生活压力的能力，主动反思自己与孩子的相处模式是否合适，积极引导孩子养成积极向上的心态。另一方面，学校可以通过网络交流和传播，对学生的在校学习和生活情况与家长进行及时反馈，还能通过网络平台将一些良好的教育方法分享给家长，教师能够在线与家长沟通、讨论和答疑，让家长的教育想法得到充分表达。对于大学生来说，家庭是

生活、学习的第一环境。和谐、温馨的家庭家风对于大学生心理健康成长大有裨益。而如果家庭关系不睦，父母经常以争吵甚至武力的方式解决家庭矛盾，往往会为大学生作出错误的冲突解决反向示范。因此，在家庭生活中，父母要注重沟通，以和平的方式解决家庭问题，营造和谐的家庭家风，促进大学生心理健康发展。解读大学生行为，帮助大学生解决心理危机。父母作为大学生最信任、最依赖的亲人，当发现大学生存在心理危机时，如因不合理的购买意愿得不到满足而产生不良情绪时，首先父母需要了解大学生的购买需求，然后与大学生共同分析购买价值，并引导大学生树立正确的消费观，而不是忽略大学生的真正需求，一味施暴。

三、加强院所教育，营造温馨环境

创建温馨的物质环境。大学校园在建设、布局时，应充分尊重高校阶段大学生的身心发展规律，为大学生创设有利于心理健康发展的物质环境。如基础设施配色应以大学生喜欢的三原色为主；设置"对花墙"，为大学生提供情绪宣泄空间；随着季节变化、节日更替更换院所主题环境；等等。

营造良好的心理环境。大学生心理健康发展，同样需要大学校园为其营造舒适的心理环境。大学生与教师是心理环境的两大重要主体。基于马斯洛的需求层次理论，教师应积极转变教育理念，注重与大学生的平等交流，树立科学的大学生发展观，为大学生的身心健康发展提供舒适、良好的心理环境。

四、以教学设计为要领，使家校契合点成为心理健康教育的主心骨

家校合作视域下，高校心理健康教育与家校契合点的融合为重中之

重，其不仅体现了教育思想的融合，而且也打造了良好的育人格局。为了加快相关课程家校契合点的建设步伐，我们要从教学设计入手，寻找专业课程中的"家校契合点"因子，继而引领学生步入专业学习的殿堂。当然，相关学科教师也可以教材为出发点，从横向与纵向两个维度挖掘教材，并发挥互联网的优势，整合政治、经济、教育等多个领域的内容，选取有代表性案例，使学生在热流中形成多元化的思维，能够站在辩证分析的角度看待各种问题。与此同时，课程设计也要把握大体方向，着力于国家与社会两个角度，同时还要不断抓住发展的机遇，通过这种方式也能促进自我价值的提升。我们也要为学生创设多元化的学习环境，如引入不同主题的心理剧，让学生选择某一人物进行重点分析，可从其个性与品质入手，深度解析人物性格。为了提升心理辅导效果，我们也可结合实际情况开展团体心理辅导，注重提升学生的学习体验。在方法选择过程中，我们也要立足于特定的教学目标，在此基础上进行教学环境的设计，进一步优化教学资源。在此过程中，我们也可整合优质的网络资源，同时也要设置在线开放课程，以此打开教育之门，促进学生学科素养的培养。

五、丰富心理健康教育的内容和实施途径

在新媒体时代，学校需要随时更新与时代相关的心理健康知识，借助新媒体的优势来开展多样化活动。学校借助新媒体开展心理健康教育活动能够吸引学生，学生喜欢新鲜事物，充分迎合学生的心理特点，能够丰富教育工作的途径，达到提高心理健康教育工作效率的目的。进行这种创新教育工作的前提是学生和教师都善于运用微信、微博等媒介，能够随时随地发布相关信息并及时交流，必要时教师还能与某名学生进行一对一的互动沟通，这样更具有针对性的沟通方式能提升教育效果。同时，教师应及时关注网络平台上学生的留言，借助新媒体的信息交互传递和及时反馈的特点，对存在心理障碍和心理问题的学生进行正确引导，不用花费额外的

时间去当面联系学生，还能保护学生的个人隐私。学校在对学生心理健康进行监控时，还应该重点关注家庭方面的信息，在家长遇到孩子存在无法解决的心理健康困扰需要学校提供相应咨询时，帮助家庭解决自身问题和内部困扰。营造出良好温馨的家庭氛围对学生的健康成长具有很好的推进作用。

六、开设心理健康教育角，发挥心理教师的育人作用

许多学校都会聘请一定数量的心理教师，帮助学生解决各种心理问题，但是这些教师往往最后会变成"后勤"，并没有做自己的本职工作，甚至有时学生找不到心理教师办公地址，这就造成了高校对学生心理健康管理的缺失。所以学校可以开设心理健康教育角，发挥心理教师的育人作用。开设心理健康教育角，首先，需要确定心理教师的办公地址，由于工作的特殊性，可以适当地选择较为隐蔽的地址，便于学生敞开心扉进行心理咨询。其次，学校要增加对心理教师职业素养的培养，不可无证上岗，相关的心理教师资格证及从业证都不可缺少，其对学生心理的了解，像是一些偏激、抑郁等心理状态的分析和应对能力都需要达到较高的水平。最后，学校需要严格监督心理健康教师的在岗情况，从教师层面尽量避免学生心理障碍得不到解决的情况出现。比如，大一汉语国家教育专业学生A在面对与高中截然不同的学习方式和内容时出现了厌学、逃课以及焦躁的不良行为和情绪，那么A同学就可以去学校的心理健康教育角进行咨询，在这种焦躁情绪还未支配学生时，心理健康教师就需要仔细聆听学生的诉说并予以帮助，改善学生面对学业的不适应症。

七、建立家校合作制度

现代大学是建立在章程之上的，其运行要有据可依。同样，对于家校

合作制度也应根据高校实际情况确立，从而保证规范性和连续性，这既可以让学生工作者规划和利用好现有资源更好地为学生及家长服务，也保证了家长参与的有据可依，并指导和规范家长参与学生管理的行为。制度的确立可以遵循以下原则：一是合法性原则，建立的家校合作制度，应以现有法律、法规及高校管理规章制度为依据，不能侵害学生及家长的合法权益；二是合理性或有效原则，制度的制定是以更好地实现保护学生心理健康为宗旨，确保家校之间沟通正规化、常态化和顺畅化；三是非强制性原则，家长参与学校事务应是建立在自愿原则基础上的，制度的建立和执行须遵循协商、民主原则，切实提高家长参与的积极性与时效性。

八、发挥学生工作部门的保障作用

学生工作部门应发挥服务功能，建立完善家校合作的保障机制。首先，学生工作部门应保障和监督家校合作制度的有序开展和实施，积极组织和规划实施纲领，在辅导员人才培养、组织构建、后备资金等方面保障家校合作的开展；其次，学生工作部门应发挥自己的主导优势，邀请国内外知名学者定期举办学术讲座和技能培训，开拓和提升学生管理工作者的理论水平，并随时举办针对特定问题的学术沙龙，使老师之间交流对该问题的看法及应对方式。针对不同心理问题学生，定期召开家长老师座谈会，使家长与老师直接面对面探讨问题根源和解决方法。举办相关校园活动，增进家长与老师之间的感情和合作氛围，切实推进家校合作的开展。

九、加强教学体系建设，实现育人育心相结合

第一，任何课程在家校契合点建设过程中均要突出"育人先育心"的原则。以心理健康教育为例，要突出积极心理学的重要作用，在此过程中也要将人文关怀引入在内，引导学生树立正确的价值观。当然，在课程家

校契合点建设过程中，我们也要从多个角度入手，在此基础上加强教学体系建设，如引入心理素质训练、咨询服务、心理干预等多个模块，教师也可轮流"坐诊"，及时解决学生遇到的各种心理问题，实现线上线下教育的有机结合，开拓新的教育格局。第二，教学体系建设不能脱离教学资源的开发，因此，教师要深度解析教材内容，结合当下心理健康教育热点建设心理健康在线课程，同时还可引入多元化教学资源，进一步丰富教学内容。第三，大学生喜欢接收新鲜事物，引入当下家校契合点热点能为相关课程提供丰富资源，这种情况下也能从一定程度上延展传统课堂。第四，我们要为课堂教学增添活力，而不是为学生构建毫无生气的心理案例堆砌的课程。同时还要认识课程教学的本质为引导学生感同身受，而不是让其走过场。第五，加强学科教育宣传力度，高校院校要借助一系列信息化平台开展学科教育，如利用校园广播播放当下的时政热点，同时也要增设心灵橱窗，收集学生的咨询案例，进一步丰富教学资源库。当然，相关院校也可聘请相关专家开展心理健康讲座，引入多个教育专题，如生命教育、诚信教育等，实现家校契合点因子的高效渗透。第六，高等院校要将校园文化建设放到课程体系建设中，如举办科技节、传统节日庆祝活动等，营造高雅的育人氛围。此外，建立心理健康安全预警体系，如开设多种咨询渠道——网络咨询、书信咨询、班级辅导等，也可开展朋辈心理互助计划、建立心理咨询档案等，为家校契合点因子融入学科教育的土壤奠定基础。

十、加强辅导员的主动性与家长能动性的双向沟通

在大学生日常管理中，辅导员工作处在学生管理和培养的最前线，是多级体系的基础，也是最关键、最重要一环。这是因为辅导员最贴近学生、最了解学生，也是学生最赖以依靠的导师和挚友，能时刻起到对学生心理健康防护的主导作用。因此，辅导员在学生心理健康工作中要发挥其

主动性，积极联系学生家长，建立双向沟通机制，从而调动家长的能动性，确保学生心理健康发展。

第一，提高家长心理健康教育的理论水平，帮助家庭树立正确的教育理念。由于受社会变革大背景的影响，00后大学生不但自主意识强、追求非主流，而且青春期的逆反心理表现得更强烈。家长要学会与孩子及时有效沟通，多站在孩子的角度看待问题。对于特殊家庭的大学生，家校合作对于维持其良好的心理健康水平更为重要。以单亲家庭为例，学校不但要从物质上为学生提供必要的帮助和关怀，更要协助家长一起为学生提供心理上的帮扶，指导家长树立正确的家庭教育观，多关心孩子的心理动态。对于家庭困难学生，这类学生不单是经济上的困难，更有自卑、消极的情绪，此时老师要帮助其树立"人穷志不短""积极读书"的观念，也要帮助家长多关心学生，从心理上"脱贫"。

第二，辅导员应与家长共同商讨、共同理清学生心理问题产生的本质和根源，有的放矢，真正做到标本兼治、防患于未然。媒体报道的诸如"大学生脏衣服袜子邮寄回家让父母洗""宿舍脏乱差""新生中的齐全哥"以及"宿舍宅男女"等现象，反映了当今大学生不能从自己过去依赖的事物那里独立出来，去自己行动、自己做主、自己判断、对自己的承诺和行为负起责任，少数大学生还未建立起"自立"的人格特征，这提示大学生未获得对自己学习时间的安排、学习任务的广度和难度的确定；日常经济开支方面的购物、交友、习惯等的数量分布；文化、道德和价值观念方面的是非、好坏以及个人行为习惯、选择等的自理能力。这就需要辅导员与家长在社会、学校和家庭生活的各个方面及时双向沟通交流，帮助学生树立正确人生观，形成"自立"人格，获得"自理能力"，这样才能在工作和学习中独立自主，形成完善的心理特征。

第三，辅导员与家长之间要建立起多种渠道的沟通联系。首先，现有的最为普遍的方式是电话、短信联系，可随时、随地沟通，针对性和时效性强，对偏远地区学生家长最适用。其次，建立家长QQ群或微信群，能多人、同时交流，并传收相关文件，可更好实现沟通。再次，微博、微信已成为当今最为流行的网络社交平台，辅导员可建立自己的微博和微信号，及时发布校园文化活动、党团活动、社团活动及其他学生活动图片、视频或文字材料，让家长及时了解学生的大学生活状态，切实提高家长的能动性，为家长配合辅导员调节学生心理问题提供帮助。最后，辅导员作为学生管理的直接参与者，要及时做好学生心理问题的记录工作，要求辅导员与学生进行谈话，并将谈话内容记录下来，保证了所有老师之间可以交流和沟通；对于家长反映的学生相关情况也是如此，应做好记录，随时查看，并将学生的相关谈话记录展示给家长，从而保证家校合作的有序、顺利开展。

家校合作心理健康教育协同育人机制的研究，必须要加强三方沟通机制的建设，始终坚持以学生为本的办学方向，将心理健康教育放在立德树人的首位，紧紧围绕人才培养目标、学校发展方向、家校文化格局的建设，深入推进家校文化与心理健康教育工作，着眼于人才培养、知识创新、服务社会的重点。让家校文化与高等教育事业紧密结合，齐头并进，回答高校"培养什么人，为谁培养人"的教育问题，以期更好地为社会、国家提供源源不断的人才。

第七章

家校合作帮扶学困生

高校的立身之本在于立德树人，如何帮扶在学业上存在困难的学生，通过再教育使其"脱困转安""回归正轨"，化解他们的学习生涯危机，既是一所勇于担当、敢于负责的大学的应有使命，更是营造良好学风和校风的必然选择。《关于进一步加强和改进大学生思想政治教育的意见》明确强调高校要积极切实地建立与在校大学生的沟通和联系的机制，为开展我国大学生思想政治教育提供有力保障。但高等教育是一个系统工程，对困难学生的帮扶不能单纯依靠高校的力量，还需要来自家庭与社会共同的支持和关爱。为此，关注学业困难的弱势群体，拓宽工作思路，创新工作方法，搭建高校与家庭双向交流合作教育平台，形成合力，依托家校联动的工作理念，有助于大学生可持续成长，全面发展。

相比中学生而言，虽然进入高等教育阶段的大学生远离了家庭，脱离了父母的近距离监护，但家庭因素依然会影响大学生的学业。诚如教育经济学中的家校联合生产理论所言："现代大学教育越来越受到更多外界'呼声'的影响，在高等教育阶段，教育依然是家庭、社会和学校'联合生产'的结果。"由此可见，家校互动是影响大学生学业成绩的一个重要因素。那么什么是家校互动？顾名思义，家校互动是指家庭与学校之间，凭借各种通信方式取得及时的联系，共同交流、探讨学生的学业表现，最终规避、克服家庭中的消极因素对大学生学业成绩的不利影响，发挥、利用家庭中的积极因素对大学生学业成绩的促进作用，形成互动格局，实现家校合作1+1＞2的效应。

第一节　家校合作在学困生管理中的必要性

一、家校合作与高校学困生管理有效融合的必要性

传统的教育理念认为家校联动只存在于基础教育阶段，高等教育却极少受到关注，虽然家长群体已逐步参与到高校学生事务的日常管理中，但众多高校并没有将家校之间的双向合作视为思想政治教育工作的常规手段，这在一定程度上阻碍了家校合作教育工作的深入开展。同时，调查结果显示，约70%的大学生明确反对其父母在大学阶段就学业问题继续进行家庭教育，并且，学业困难的学生会尽量避免与父母进行学业交流。若高校缺乏与家长群体就学困生在学业问题方面的沟通，直至演化到学生面临留级或退学的境地才被动与学生家长进行沟通，在这种情况下，家长在无心理准备的情况下感到事发突然却无法改变高校的决定，必然对高校产生误会，甚至与高校发生非理性纠纷，无形中给家庭和高校都带来了严重的伤害。因此，高校应该与家长群体就学困生加强沟通交流，鼓励家长积极参与学生的教育和管理工作。这样，既能分担学校的管理责任，又能促进学生的健康成长，同时可以缓和双方因学生学业问题而引起的紧张对立关系。

二、高校学困生帮扶与再教育工作对自媒体运用的功能缺失

一方面，在我国高校学生事务管理工作中，当学生在学业上存在困难或表现不佳时，高校经常选择通过电话与家长沟通，告知他们该学生目

前的情况，寻求家校形成合力对学生进行帮扶。在这种情况下，由于子女平时存在"报喜不报忧"的心理而与家长选择性沟通，以及父母对子女殷切期望下的巨大落差，家长的第一反应大多为惊讶和焦虑，在不清楚孩子的具体情况和心理状况时表现得手足无措，只能被动地获知孩子的情况，这种单一的沟通模式必然导致收效甚微。另一方面，随着我国高等学校的扩招，以及出台的惠及贫困地区学生的"国家专项计划""高校专项计划"，高校的生源构成愈发多元和复杂，部分学生的家庭所在地与高校相距甚远，在高校与家长群体电话沟通效果不佳时，很难再进一步进行沟通和交流，家庭与高校之间的沟通不畅会造成难以共情，无法换位思考，必然影响对高校学困生的帮扶工作。

三、家校联动对自媒体有效依托的功能优势

目前，00后已经成为大学生群体的主要组成部分，00后正逐步步入大学校门，他们中的大多数个性张扬、协作精神欠缺。在他们刚刚经历高考的考验，冲破高中生活的束缚后，结束严格的应试教育制度，宽松自由的大学生活很容易让他们失去方向性和自主性，自己的大学生涯规划也趋于盲目，这些问题让高校思想政治教育工作面临着巨大的挑战。随着自媒体时代的来临，以自媒体为依托搭建家校互动平台，高校可以通过网络渠道将学生的学习成绩、日常表现、素质发展、奖惩情况等信息反馈给家长，让家长能够及时、全面、直观地了解和掌握学生在学校的情况。自媒体交互性有效改变了传统的家校之间单向联系模式，有效促进了家校之间的充分交流，让家长主动地参与到子女的教育中，并向学校表达子女教育诉求和提供有针对性的建议，高校可以根据家长的反馈信息调整思路，家校携手对陷入青春期困惑的学生作出有针对性的指导，帮助他们走出困境。

第二节　大学生学业问题家校互动特点分析

综观实际，应然层面，家庭和学校都是大学生教育的实体，且具有共同关心的问题，但实然层面双方仍处于相对孤立和割裂的状态，对大学生的教育效果是1+1=2甚至是1+1＜2的状态。客观地说，目前高校与学生家庭之间的联系与合作是存在的，只是次数多少、频率高低、手段丰缺不同而已。相比较中小学教育中的家校互动频繁、手段丰富、成效突出而言，高校与家庭之间的互动主要呈现出以下一些特点。

一、方向上的单向性

总体而言，高校与学生家庭之间的联系是单向式的，主要是学校主动联系家庭，比如学校给学生家长寄送《致家长的一封信》，考试成绩单，学生处分、退学文件，等等。一般情况下，学校都不要求学生家长作出回复，接收到了学校的信息就可以，甚至家长是否接收到了学校的信息也无关紧要。家庭向学校的逆向信息传递很少，双向信息互动不及时、不全面，建立在信息沟通基础上的合作难以形成。

二、内容上的单一性

一般情况下，学校和家庭联系都是报忧不报喜，内容比较单一，以反映学生在校期间出现的问题为主。比如：学生在校期间违反了法律法规，需要家长到学校协助处理；学生违反了学校的纪律规定，受到了处分，需要把处分信息知会家长；或者学生无故离校，无法取得联系以及学生生病需要入院治疗，学生思想或心理出现问题，学生欠缴学杂费；等等。又如学生获得了国家奖学金，加入了党组织，参加了某些活动取得了好成绩等这些信息一般是不会和家长联系的。

三、时间上的不确定性

即使是学校与家庭的单向度联系，也往往表现为时间上的不确定性，一些信息交流行为难以固化、定期开展。比如，寄送考试成绩单，往往是这个学期寄了，下学期就不寄了；班主任寄给家长的一封信，也往往是时有时无。

四、手段上的单调性

目前的家校联系，主要还是通过传统的信息交流方式进行，比如：邮寄信件、打电话、发短信等，借助网络和新媒体手段，如E-mail、QQ、微博、微信等媒介较少，在效率效果方面都受到影响。

五、范围上的选择性

学校与家庭的联系，考虑到经济成本和时间成本，一般情况下很难做到全覆盖，比如，给学生家长寄送考试成绩单，往往只选择某个年级的学生，《致家长的一封信》也往往选择新生家长，联系的范围往往比较狭窄，能够及时收到学校信息的家庭数量有限。

第三节 高校学困生的内涵与心理特征剖析

一、内涵界定

高校学困生是指因个体自身的学习方法、学习技巧和学习动机产生偏差，以及受家庭、社会、学校、朋辈环境的负面影响导致其学习效率低下，无法实现正常学业目标的群体。主要表征为言语表达、逻辑推理、记忆感知、社会认知等方面出现问题，需要通过有针对性的教育措施或医疗措施给予补救或矫治，既包括无法达到国家规定的学业标准的学生，也包括考试成绩达标但学习效率明显低下的学生。

二、心理剖析

许多研究表明，造成学业困难的主要原因是与学生的心理、生理及环境三大因素有关。其中，心理和生理因素是造成学业困难的主要因素，是导致学业困难的内因。

（一）心理健康体征的偏差

就心理健康水平而言，学困生整体上比其他学生偏低。主要有以下几个方面：一是具有强迫症倾向。对于明知没有必要做的事情，却难以控制住自己思想冲动及行为。二是人际交往障碍。学困生对人际关系羞涩，与人交往时常表现自卑、不自信，不能正确表达自己的想法和意见。三是生活态度消极。学困生无法融入集体，并逐渐被边缘化，对生活失去兴趣，沉迷于自我世界，时常感到孤单、忧郁、焦虑，生活缺乏兴奋点，在思想、感情及行为等方面比其他学生更具有敌对性。

（二）神经心理功能的失衡

学困生存在着不同程度的神经心理功能失衡和缺陷。神经心理失衡和缺陷对个体的思维方式、言语表达、认知产生重要影响，致使个体不能有效地对外界信息进行输入、储存、加工、提取，难以与外部环境构成动态的平衡关系。这些功能的不完善从生理上直接影响到个体的学习状况，制约了学生的学业。

（三）自我同一性的冲突

处于青少年时期的学生试图将自己的需要、情感、能力、目标、价值观等特质整合起来，达到一个对自我的整体认识，即获得自我同一性。学困生普遍存在自我同一性的冲突或缺乏自我同一性：他们或是不能理解自己，对自我缺乏清晰的同一感，自我评价偏低，自尊心不足；或是因自我认识和别人对自己的认识不一致，而产生困惑和苦闷的情绪；或是对生活与学习缺乏目标和动力，生命价值迷失，难以承担自己生活的责任。

第四节　当前高校学困生的成因分析

学困生的成因不是单一的，而是学生个人、家庭、学校、社会等诸多因素相互作用、影响的结果。为此，研究高校学困生产生的不同成因并依据他们每一个人自身实际情况制定出相应的、可行的应对措施，是非常必要的。

一、个人主观因素分析

（一）学习动力缺失

在现今应试教育体制下，在传统的"唯有读书高"思想的影响下，部分学生视考取大学为人生奋斗目标，一旦目标实现，就容易产生松懈心理。大学里的自由宽松氛围，学生远离父母的视线，父母已不再对学生有太多约束和呵护，学校也赋予学生自主成长的空间，这些变化对自我管理能力较弱的学生而言，沉溺安逸、不思进取、荒废学业等现象便随之产生。加之，大学主要培养学生自主学习的能力，思考问题、分析问题、解决问题的能力，理论结合实际的动手能力。因此，从课时安排上相较于中小学阶段表象上是较为自由宽松的，这就造成了学生考上大学前后的动机落差，学习进取的动力之源也随之减弱。

（二）学习兴趣缺失

由于高校招生体制的缺陷，以及高校自身资源的有限，高校录取学生的专业调剂的比例很大，一些学生就读的专业并非所填报的或志愿就读的专业；另有一些学生即使就读于所填报志愿，但其或是听从父母的安排，或是对专业缺乏了解、盲目从众、追求热门专业。进入大学后，发现实际情况与当初预期不符，就会产生愿望与现实的矛盾或冲突，导致这些学生对学习丧失兴趣，产生抵触情绪、厌学心理，甚至自暴自弃，考试都是不求优秀，但求过关，久而久之，导致学业困难。

（三）学习基础薄弱

学习基础薄弱也是造成学生学习困难的客观原因之一。由于高校生源来自不同的地域，部分地域教育质量差异较大，如边远地区、西部地区、少数民族地区的基础教育相对落后，部分学生进入大学后基础薄弱的问题凸显，特别是在数学、英语等基础课方面表现尤为突出，给后续相关专业课程的学习带来客观上的困难，造成学习非常吃力，逐步失去学习的进取动力。

（四）学习方法不适

大学与高中的学习方式截然不同，特别是习惯于高中应试教育学习方法的新生，容易产生大学学习的适应不良问题，多数人经过一段时间后能够调整自己并适应大学的学习生活，但仍有少数学生在大学生活了几年始终找不到适合自己的学习方法，最终导致学业不良。

（五）自控能力薄弱

当前，中小学校对学生自立能力的教育和培养内容较为匮乏，学生的自我管理、自我学习的意识和能力较弱，高分低能的现象仍较为普遍。部分自控能力薄弱的学生，容易沉溺于网络游戏、网络小说，沉溺于动漫、电视剧，沉溺于人际交往、社会活动，缺乏足够的自控力，甚至发展到上课迟到、旷课或开小差，有的还夜不归宿，严重影响正常的学习生活规律，导致上课注意力下降、精神恍惚，甚至心理素质和人格发生明显的变化，最终身心俱损，学业荒废。

（六）"习得性无助"心理

所谓习得性无助是一个放弃的反应，是从"无论你怎么努力都于事无补"的想法而来的放弃行为。调查表明，大部分学困生是具有这种无助感的。其中，一部分学生由于成绩一直得不到改善，从怀疑自己的能力发展到否定自己的能力，还有一部分学生，想改善但得不到有效的帮助，从愿望上的积极努力，最后到实际的放弃。这些学生，一旦出现"习得性无助"的心理，将会出现动机、认知和情绪上的问题，给学生一生的发展带来相当不利的影响。

二、外界客观因素分析

（一）家庭因素

家庭教育是对学校教育的重要补充，家庭环境的好坏直接影响着学生的个人成长。调查发现，主要有四个方面的家庭因素影响着学生的成长：第一，家庭教育缺位。部分家长认为，孩子进入大学，自身教育孩子的任务已经完成，存在卸下包袱的思想，导致作为大学生教育完整体系中重要一环的家庭教育缺失。第二，家庭教育偏颇。部分家长过于溺爱孩子，过度干涉孩子的生活，造成学生缺乏自立能力的教育和养成，导致学生对家庭的过度依赖，自主寻求解决问题的愿望不足和能力低下。第三，家庭和谐因素。在不和谐或不完整的家庭里生活的学生，难以得到应有的温暖与关爱，承受着比一般学生大得多的心理压力和精神负担，其学习情绪和热情必将深受影响。第四，家庭经济因素。客观上，高校中还有相当比例的学生存在着家庭经济困难，这些学生在生活中要承受更大的精神负担和经济负担，往往为了减轻经济压力要投入大量时间和精力参加勤工俭学或社会兼职，从而影响到学业成绩。

（二）学校因素

学校教育是大学生教育的主渠道。学校合理的培养目标和校园良好的学习氛围，会对学生的学业产生积极正面的影响。学校层面主要有三个方面因素影响学生学业：第一，培养目标不合理。由于各级各类高校的办学定位不同，不同类型、层次的高校培养目标差异较大，若学校培养目标脱离社会、行业和学生需求，学生的学习热情将受到影响。第二，授课方式简单呆板。部分教师授课方式单一、内容枯燥、缺乏激情，理论与实际脱节，也会引起学生学习兴趣的消退，从而影响学生的学业。第三，校园学习氛围不浓。良好的校风学风对大学生学习行为的促进作用是显而易见的；反之，在一个消极的、缺乏进取精神的集体氛围中，不良学习情绪会相互传染与蔓延。

（三）社会因素

市场经济的社会理念、多元文化观的网络平台冲击着大学校园文化、就业压力、高度的竞争压力等社会现实挤压着大学生的神经，社会上腐败的消极的不良风气也影响着大学生的世界观、人生观和价值观，厌学情绪一定程度上在大学校园里扩散，导致部分学生缺乏学习热情，学习态度不端正，学习动力缺失，学习目标迷茫，单纯在学校较为浑噩地打发时间。

第五节　学生学业问题上家校互动困境分析

从现状分析，目前高校与家庭的联系是不够密切的，还没有形成即时、有效、互相支持的互动状态，学校与家庭还处于相对割裂状态。究其原因，主要有以下几点。

一、认识上存在的问题

关于家校互动，学校和家庭方面都存在认识上的问题。从学校的角度来说，有关家庭背景对大学生学业成绩影响的研究还不深入，不太了解家庭背景与大学生学业成绩有非常密切的关系，所以通常把与家庭的联系视为锦上添花的工作而不是雪中送炭的工作，因此经常机械地去完成任务，不会发挥主观能动性去做实做好。从家长的角度看，很多家长都比较模糊地认为，小孩读书是学校和老师的事情，学业成绩的好坏取决于学校的优劣层次、老师的水平和责任心以及学生本人的天赋和努力程度等因素，跟父母无关，跟家庭背景无关；把小孩送到学校，按时缴纳学杂费，就算尽到了家长的责任了。

二、家庭方面存在的问题

当前中国正处于实现中华民族伟大复兴的关键时期，居民总体收入水平不高，收入差距加大，民众普遍感觉生活节奏快、工作压力大，对于家校合作，很多家庭除了主观上存在思想认识不到位的问题外，客观上还在为提升收入水平、丰富物质生活而四处奔忙，无暇无精力与学校进行过多的互动。

三、学校方面存在的问题

由于学校存在认识上的问题，所以在家校互动问题上一般没有顶层设计，也没有制度化的规定以及政策和经费方面的支持。另外，承担与家庭互动职责的一般是高校的辅导员和班主任等学生工作人员，而由于高校学生工作人员身份的多重性，他们既是学生的思想领航员、学业指导员，又是生活服务员和心理保健员，承担着大量的工作，同时还要承担一定的教学和科研工作，考虑到目前高校普遍存在辅导员和学生的师生比不达标的现象，导致学生工作人员思想和工作负担非常重，时间精力非常紧张，再加上与家长联系要付出一定的资金成本和大量的时间成本，而且效果还不一定能达到预期目标，所以学生工作人员在推进家校互动工作上往往表现出较大随意性，把它视为可为可不为的事情，主观能动性不高。

四、学生方面存在的问题

由于高校的学习生活环境相对宽松，很多学生入校后有种如释重负的感觉，为了享受难得的自由，维持无拘无束的学生生活状态，很多学生并不希望学校与家长之间保持紧密的联系，对学校与家庭之间的联系保持着一种警惕、反感，甚至激烈反对。

第六节　高校学困生预防与矫治机制

一、预防机制

（一）关注新生，建立学生成长档案

调查表明，大学一年级新生补考率高是高校普遍存在的现象。因此，应从学生入学起，就建立每个学生的成长档案，并结合入学摸底和学生自述，确定重点关注学生并记录在案。另外，对家庭困难、家庭不完整或家庭有变故的学生需要提前了解，辅导员和教学老师应有所准备，并给予重点关注，通过不影响学生自尊心的适宜途径给予心灵上的支持。

（二）精细引导，开设"大学生活指导"课程

为了帮助大一新生尽快适应大学生活，各高校目前普遍采取新生入学后集中一周进行入学教育，内容包括参观了解学校、专业介绍、讲解学生手册、学习经验介绍等。事实上，由于新生初进大学校门，对大学生活没有任何感性认识，需要一段心理适应过程，对于缺乏心理准备的大学新生来说，在这个心理转型与重塑的过程中，可能会产生不同程度的适应困难，要改变这一现状，需要一个转变和适应过程，一周的灌输和说教，显然是不够的。因此，建议设计一门大学生活指导课程，有针对性地设计专题，帮助学生确立合理的发展目标，养成良好的思想品德，掌握正确的学习方法，学会正确、独立地处理生活中的问题，学会建立良好的人际关系，学会以积极的态度面对生活，进而达到提高大学生综合素质的目的。

（三）深入学生，建立师生情感交流平台

苏联教育家苏霍姆林斯基说："真正的教育者要注意在自己与学生之间建立细腻的情感联系。""思想"和"情感"是密不可分的，学生得不到应有的情感教育，思想教育也就显得空洞，思想教育的目的也就难以实现。因此应通过多渠道搭建师生情感交流平台推进大学生思想教育：一方面，辅导员作为学生的思想教育和日常管理的主要责任人，要经常深入学生中，由面及点、由点到面全面了解学生的思想动态、学习情况、生活情况，并针对学生存在的困难或困惑，给予帮助和疏导，密切辅导员和学生的情感交流。另一方面，教师是教学过程的引导者，也应成为情感交流的主动方，通过讲台建立师生情感交流平台。教师要尊重学生，要用自己的热情去引燃学生的学习热情，在传授文化知识基础上，还要承当育人的任务，特别是对学困生，给予更多的帮助和关爱。善教育者，往往用热忱、温暖和工作进取的精神去影响学生，教师将情感交流融入到课堂教学中，

才能收到更好的教学效果。

（四）及时防范，构建长效学业预警机制

所谓学业预警，是将学生为主体对象，以学生学业状况为监控目标，设立一定的危机状态值，并根据状态值发出不同警示或警告，如黄色预警和红色预警。学业预警机制是一个系统，是警示机制和干预机制的结合，在发出预警时，相应的干预措施随之产生。学业预警发至学生本人、学生家长和相关教师，以期家长、学生和教师能共同参与学业解困的工作，达到家庭、学生和学校的联动。学业预警机制不是单纯的信息沟通，而是教育和管理相结合的措施，当前已被许多高校所实施，实践证明，其成效是明显的。高校应积极构建长效的学业预警机制，并不断加以完善。

（五）形成合力，构建家校联系机制

家校联系机制是现代学校教育制度的重要组成部分之一，高校家校联系是指以促进大学生健康成长为目的，家庭和学校互相配合、互相支持、协调一致的互动活动。现今，人们已经深刻认识到：学校教育不是人的唯一教育，也不是终结的教育，除学校教育外，家庭教育和社会教育对人的发展有着重要影响，家庭教育有着不可替代的作用。为此，高校应积极构建家庭和学校教育联系机制，实现家校教育联动，特别是针对学业困难学生，要及时反馈学生在校的基本情况，增强家长与学校之间的沟通与理解，让家长积极参与学生帮扶教育中，家校合力，将有助于学业困难问题的化解。

二、矫治机制

（一）以生为本，制订针对性强的帮扶计划

"以生为本"理念是"以人为本"治国理念在高等教育中的体现和实践，是高等教育践行科学发展观的重要内容。基于此，高校学生工作，必须以学生的需求为工作出发点，以服务学生成长成才为着力点，以学生的满意度为检验工作的首要标准。对于学困生，应及时建立学业帮扶档案，了解学困生的思想状况、家庭情况和行为情况，认真分析导致学业困难的内因和外因，制订具体的针对性明确的帮扶计划。同时，要明确帮扶工作的过程重于结果，采取个别沟通和结对帮扶的方式，针对其不同个性、不同特征、不同原因、不同情况因材施教，有的放矢，提高帮扶工作的实效性。

（二）剖析内因，及时开展心理援助工作

学困生是面临困惑相对集中的群体，他们中的大多数在环境适应、学业、人际关系与情感等方面承担着困扰和压力，如人际交往障碍、学习焦虑症等，在心理上普遍存在压力感、挫折感，甚至绝望的思想，这种思想不及时化解，将会形成恶性循环，学业日趋恶化，直至影响毕业。因此，这就要求高校教师要深入了解这类学生学业困难的原因，多方位分析其心理状况，找出心理困惑的根源所在，进行必要的心理普查、心理辅导、心理援助、心理咨询等系列工作，有针对性地开展心理干预，做细致入微的心理辅导，为学生排忧解难、化解压力，帮助学生重树信心，重整旗鼓，以积极姿态投入到学习生活中去。

（三）三方协同，构建教师、家长、辅导员协同机制

学生的健康成长是社会、学校、家长共同努力的结果，同样，学困生的矫治工作也需要教师、家长、辅导员的共同参与，协同努力，以责任、爱心、真心推动学困生走出困境，重塑自我，矫治工作才能实现最大化的理想目标。

1. 教师层面，用责任感化学困生

教师责任就是教书育人，责任心是师德的重要内容，没有责任心，也就没有真正的教育。面对学困生，教师应给予更多的关注、关心和帮助，让学生感受到教师对他们的信任和尊重，而不是歧视、排斥和贬低，这将给学生带去解困的信心和力量。为此，教师在课堂上，多关注学困生的出勤情况、学习状态，多了解学生学习的困难之所在，矫正不正确的学习方法，并抓住时机巧激励，适时予以肯定和表扬，不断为其鼓励，提升学生的自信心，在学业解困上教师的作用将是直接的和不可替代的。

2. 家长层面，用亲情关爱学困生

孩子是家庭的重要一员，孩子无论何时何地无不牵挂着家庭，一个和谐的家庭，孩子是幸福的，亲情是一种无形的力量。为此，在孩子陷入学业困难时，家长要积极配合学校开展解困工作，要积极参与其中。首先，要从家庭方面减轻孩子的心理压力和精神负担，一个和谐的家庭对孩子的学业必然起到正面的促进作用；其次，不要过多埋怨或刺激孩子，多给孩子鼓励，多给孩子自信；最后，要比往常更加关注孩子在校、在家、在社会的情况，加强与校方沟通，及时向学校反馈所掌握的孩子思想行为动态，全力配合，协同努力。

3. 辅导员层面，用真情呵护学困生

贯彻"以生为本"理念，为学生健康成长提供服务是核心，辅导员作为学生管理的第一责任人，要将真情融入到工作中，用真情去呵护学困生。辅导员在这三方中要积极发挥中枢纽带作用，及时了解教师对学生学业情况的评价，了解家长的参与情况，掌握学生的变化情况，对帮扶计划进行阶段性分析和总结，并将分析结果反馈给教师和家长，将阶段性的成果与学生交流，肯定成绩，指出不足，巩固阶段性成果，制订下一步帮扶计划，实现三方协同互动，力求解困计划得以实现。

（四）重塑自信是矫治核心，重在化解"习得性无助"影响

自信心对人的事业成败、人生的完美起着重要作用，大学阶段是大学生塑造健康人格的关键时期。如果我们能够重塑学困生的自信心，化解"习得性无助"的心理影响，那么，今天的学业困难学生，明日不但可以进步，而且还会成为一名学优生。化解学困生"习得性无助"影响要特别注意以下两点：一是给予尊重，提升信心。被人尊重，是人的精神需要，学困生对得到尊重更加敏感。对待学困生，在指出问题的同时，应积极发现学困生积极的一面，给予必要的精神上鼓励，一味的批评和指责，会伤害学生的自尊，挫伤学生的自信心，所起效果适得其反，合理的表扬更能增强学生的自信心。二是正确归因，有效疏导。不同的引导方式和方法，将产生不同的效果，甚至相反的效果。不应将学业困难原因归因为客观因素，如智商不足或能力不足，这样会极大挫伤学生积极性，而应更多地归因到主观因素，如态度问题或努力不足，这将增强学生的自信心，形成激励力量。由此，让学困生的自信心从无到有，由弱到强，由短暂到恒定，他们就有信心改变现状，努力争取好的成绩。

第七节　加强家校互动帮助学困生成长对策

家校互动的本质是基于双方信息的交流和由此引发的行动上的合作，

信息掌握越全面，交流就越充分，行动则更有针对性，效果越发显著。要解决家校互动的问题，首先，要科学全面认识学生的家庭背景，并了解学生的家庭背景中哪些因素会影响学生的学业成绩；其次，学校和家庭各采取针对性的措施，共同努力提升大学生的学业成绩。

一、认识家庭背景

家庭背景是一个内涵和外延都很宽泛的概念。有些人把家庭背景理解为家庭社会经济地位。一般而言，家庭社会经济地位是以个人或家庭掌握的有价值的资源为划分依据，如权力、财富、社会地位等，描述其所属的社会经济层次等级。菲特曼、杜肯给出的SES定义指出以家庭收入、父母受教育程度和父母职业作为SES的三个主要衡量指标。但SES有一个很不完善的地方就是它主要考虑的是家庭背景的客观方面的因素，而未涵盖家庭背景的主观方面的因素。还有些人把家庭背景理解为父母的职业、教育水平、家庭收入、居住地等方面的综合状况；如果从心理学、教育学的角度看，家庭背景还包括价值观念、文化氛围、教养方式等。此外，若延伸家庭的范围，家庭背景还包括更广层次上的亲戚所拥有的这些特征。

其实，每个学生的家庭背景都应该是由客观因素和主观因素综合组成的，即包括客观变量和主观变量，当然，客观变量和主观变量具体又包含哪些内容，理论界还没有统一的认识。比较主流的观点认为：家庭背景客观性变量指与家长本人身份、社会地位等家庭各种客观条件相联系的因素，如家庭结构、家长文化程度、职业等；主观性变量指家庭教育中与家长本人的观念、意志、行为等相联系的因素，如教育期望、教育方式、家庭成员间的交往等。具体而言，学生家庭背景客观变量包含居住地、家庭结构、出生顺序、是否独生子女、家庭居住条件、家庭经济条件、家庭变故、父母的文化程度、父母的职业性质等若干方面；主观变量包含家庭文化氛围、家庭气氛、父母与孩子的感情、父母教养态度、父母阅读兴趣、父母的管教方式、父母对孩子学业成绩的满意度、父母对孩子的教育期望等若干方面。

二、家庭背景中可能影响学业成绩的因素

现有大量研究显示，家庭背景中的客观变量，诸如居住地、家庭结构、家庭经济条件、家庭变故、父母的文化程度、职业性质等都会对大学生的学业成绩造成程度深浅不一的影响；家庭背景中的主观变量，诸如家庭文化氛围、家庭气氛、父母与孩子感情、父母教养态度、父母的管教方式、父母对孩子学业成绩的满意度、父母对孩子的教育期望等也会对大学生的学业成绩造成程度深浅不一的影响。尤其值得注意的是，与母亲相比，父亲角色对孩子学业成绩具有重大的影响。其中，父亲的文化程度、教养态度、管教方式和对孩子学业成绩的满意度都对孩子的学业成绩有显著影响，而母亲在上述方面则没有对孩子的学业成绩产生显著影响。

三、学校在加强家校互动方面应采取的对策

人才培养是高校的核心任务，高校有必要通过各种努力提高学生的学业成绩，为社会培养优质人才。那么，高校应当如何规避学生受到家庭背景的不良影响，充分发挥家庭背景的积极影响，以提高学生学业成绩呢？

第一，要全面收集掌握学生的家庭背景信息。信息是交流互动的基础，丰富的信息可以提高交流的针对性和实效性。要通过查看高中以前的纸质档案，新生入学信息登记，平时交流，同学走访等多种渠道，尽可能全面准确地收集掌握每个学生的家庭背景信息，为每个同学建立电子档案，实行信息动态管理，及时更新完善信息，为与家长进行有效的交流，共同促进学生学业发展提供准确的第一手资料。

第二，要加大对家校互动工作的支持力度。学校与学生家庭进行联

系，如寄信、打电话、发短信、实地家访等，都需要产生一定的经费，并且要付出大量的时间和精力，学校应该提供必要的政策和经费支持，引导鼓励有关部门和教师与家长的互动，解决有关部门和老师的后顾之忧。

第三，要形成家校互动的制度规范。学校与家庭的互动应该逐步形成机制，走向规范，在制度中要明确家校互动的责任部门、落实工作的有关人员、经费来源及使用办法、定期互动的事项及家庭范围、不定期互动的事项及家庭范围等，条件成熟的时候可以对此项工作开展检查和考核，形成约束，也让这项工作有章可循，避免工作的不作为或随意作为。

第四，要丰富家校互动的手段。目前的家校互动，手段上依然比较单调，还是以传统的写信、发短信、打电话等手段为主。在网络化社会和自媒体时代，传统的交流互动手段依然有效，但耗时耗力成本高。如何丰富家校互动手段是一个重要的现实问题，发挥网络的作用和新媒体的优势是大势所趋，网站、飞信、微信、微博等手段都应该发挥更大的作用，例如可以建立家校QQ交流群，家长与班主任互相关注微博、微信，设立校领导与家长会见日，家校网上对话日，电子校务为家长设立专门账户，邀请家长参加主题班会、文化活动，老师实地家访等，形成线上线下，键对键、面对面，点对点、点对面的多层次、宽领域、全方位的家校互动格局。

第五，要特别关注家庭背景特殊的学生群体。家庭背景中诸多主观和客观变量都会影响学生的学业成绩和成长发展，如来自偏远地区的学生、父母离异的学生、出现家庭变故的学生、父母文化程度低的学生、家庭气氛是对抗型的学生等。针对不同的特殊学生群体，学校和老师在充分掌握信息的基础上，应该加以区别对待，提供力所能及的帮助和指导。如针对来自偏远落后地区的学生，应该多一些关心和指导，帮助他们尽快适应并融入新的环境和丰富多彩的大学生活；对家庭贫困的学生，应努力为他们提供勤工助学岗位，减轻他们的经济压力，同时要给予他们和其他同学同等的尊重，必要的时候为他们提供精神和心理援助，帮助他们培养自立、自强、自信的人生态度；对于父母离异、家庭变故的学生，他们不愿意谈家庭、谈父母，非常敏感地忌讳别人问及自己的家庭生活。老师要及时关心、留心学生的心理变化，及时对学生进行心理干预，适时对学生进行开导以增强学生抗击打能力，促进学生积极心态的形成，帮助他们尽快从伤痛中走出来。

四、家庭在加强家校互动方面应采取的对策

家校互动是双方共同的责任和工作，应该是双向交叉的，光有学校与家庭的单向联系，家庭总是处于被动接受的地位，家校互动效应（1+1＞2）是不会产生的。本着促进孩子健康成长，提升学业成绩的角度出发，每位家长都应该做一些力所能及的工作。

第一，重塑对教育的认识。教育既不是学校的单方行为，也不是家庭的单方行为，而是家庭、学校和社会共同的事业。实践证明，学生的家庭背景对学生学业成绩有重要的影响，家庭与学校的合作对学生学业成绩会产生积极影响，而且随着社会经济发展水平的提高，家庭背景因素对学生学业成就的影响也在增强，学校对学生学业成绩的影响却在减弱。基于以上认识，学生家长应该在忙碌的工作之余，把业余时间转移到与学校的合作互动上来，转移到关心关注孩子的学业成绩上来，从被动接收信息转为主动收集信息，改变过去做甩手掌柜，把业余时间用于个人休闲娱乐的现象。

第二，要努力建设好家庭。一个健全、和谐、相对宽裕的家庭对学生的身心健康非常重要，会直接或间接影响学生的学业成绩。因此，负责任的家长应该努力工作，尽其所能改善家庭经济条件，为小孩上学提供必要的物质保障；要努力维系健全的家庭结构，尽量避免夫妻离异的现象；要多花时间精力，通过开展家庭亲子活动等多元手段，培养并增进父母与孩子的感情；要做到言传身教、以身作则、互敬互爱、互帮互助，同舟共

济、同甘共苦，营造融洽和谐民主向上的家庭氛围。

第三，要增强父亲角色在家庭教育中的回归。研究表明，家庭背景影响因素中，父亲的角色差异已显现。父亲对学生的影响比母亲更大一些。应当增加父亲在家庭角色中的回归，防止父亲为了工作等而忽视孩子的教育。当前强调家庭教育要引入"父亲"角色，设计相关的适合父亲参与的教育方式与内容，如提倡父亲做孩子的伙伴，帮助孩子形成积极个性品质，提高孩子社交技能，使孩子性别角色正常发展，促进孩子认知发展，让"缺位"的父爱走进生活里的家庭教育，提高孩子的家庭教育质量。

第四，要营造浓厚的家庭文化氛围。研究表明，家庭文化氛围越浓，学生的学业成绩越好。如果说父母的文化程度难以改变的话，文化修养是可以提升的。家长应该养成阅读的习惯，特别是阅读纸质书籍，尽量少通过阅读网站、手机等接受快餐文化，给孩子做出榜样；还可以和孩子共同探讨各种问题，互相学习，互相进步，在家庭内营造热爱学习、尊重知识的良好氛围，抵制社会上浮躁风气和庸俗思想的侵袭。

第五，要合理选择对孩子的教养态度、管教方式。家长的民主程度和教育方式等会影响孩子的学习成绩，要尽量采取温和、积极的教养态度，做到平等、信任、民主地对待孩子；尽量采取以鼓励、褒奖为主的正面管教方式，少采取训斥、责打为主的负面管教方式。父母要在准确认知孩子实际情况的基础上，对孩子提出合情合理的教育期望，并督促孩子把良好期望转换为具体任务和行动，努力去实现；还要对孩子现有的学业成绩进行客观评价，对于进步的地方给予表扬，不足的地方要提出批评，并共同探讨改善提升的办法。

第六，要加强与孩子的联系互动。一般情况下，孩子上了大学，远离家门，空间上的距离往往会导致感情上的生疏甚至隔阂。父母除了要关心孩子钱够不够用、身体好不好之外，还应该通过各种办法了解孩子的在校表现，特别是学业成绩，例如，可以主动联系老师，也可以用孩子的账号登录学校的电子校务系统，查看学校的有关信息以及了解孩子的学习成绩、参与活动情况、获奖情况、受资助情况等。在当今社会背景下，父母与孩子的交流，时间不是问题、距离不是障碍、金钱不是负担，主要就看有没有责任心。通过主动加强与孩子的联系，一方面增进了了解，加深了感情；另一方面，也形成了对孩子的一种无形约束，不至于出现风筝断线式的失控状态，在产生压力的同时也使学生的学习形成了动力。

第八章

家校合作助力资助育人

　　教育是国家的未来，是每一个孩子的成长之本。每个家庭都期待着更好的教育环境和体验。作为教书育人的主阵地，学校充分发挥协同育人主导作用，作为陪伴成长的主力军，家长切实履行家庭教育主体责任，作为良好氛围的营造者，社会有效支持服务全面育人。其中家校协同育人有利于培养青少年良好的行为习惯，能更好地促进青少年健康成长，可以促进学校和家庭之间的信息交流，能够优化学校教育的环境。

　　党的二十大报告指出，实施科教兴国战略，强化现代化建设人才支撑，并对如何"办好人民满意的教育"做出相应部署，这也彰显出教育在民生方面的重要性。作为增进民生福祉的基础重大工程，党和国家始终坚持教育事业优先的发展战略，始终高度重视家庭经济困难学生的求学问题。随着我国资助育人体系的不断完善，学生资助工作促进教育公平和社会公平实现质的飞跃，极大地推动了我国教育事业的快速发展。

　　资助政策的不断完善，解决了贫困学生上学难的问题，但也衍生出伪贫困、助学贷款不还款造成失信等问题，这是精神贫困的一种体现。资助工作不仅需要经济上物质上的帮扶，更需要精神上的帮扶，学生资助是一项重要的保民生、暖民心工程，事关教育公平、社会公平。新时代对高校资助育人工作提出新标准、新要求，必须发挥好家校协同的主导作用和主体责任，将育人作为工作的出发点和落脚点，积极探索适应时代要求的家校协同资助育人工作模式。

第一节　当前国家社会资助政策简介

一、国家资助

国家在高等教育本专科阶段建立起国家奖学金、国家励志奖学金、国家助学金、国家助学贷款等多种形式有机结合的高校学生资助政策体系。

（一）国家奖学金

奖励纳入全国招生计划内的特别优秀的全日制本专科（含高职、第二学士学位）在校生，每年国家奖励6万名，每生每年8000元，颁发国家统一印制的荣誉证书。

（二）国家励志奖学金

奖励纳入全国招生计划内的品学兼优的家庭经济困难全日制本专科（含高职、第二学士学位）在校生，每生每年5000元。

（三）国家助学金

资助纳入全国招生计划内的家庭经济困难全日制本专科（含预科、高职、第二学士学位、不含退役士兵学生）在校生，国家助学金分为三等：一等4500元、二等3300元、三等2500元。全日制在校退役士兵学生全部享受本专科生国家助学金，资助标准为每生每年3300元。

（四）国家助学贷款

家庭经济困难学生可申请办理国家助学贷款，解决学费和住宿费，每人每年最高不超过16000元，在校期间利息由国家承担。助学贷款期限为学制加15年，最长不超过22年。助学贷款利率按照同期同档次贷款市场报价利率（LPR）减30个基点执行。

国家助学贷款分为生源地信用助学贷款和校园地国家助学贷款，有贷款需求的学生可向户籍所在县（市、区）的学生资助管理部门咨询办理生源地信用助学贷款，或向就读高校学生资助管理部门咨询办理校园地国家助学贷款。借款学生同一学年内不能同时申请生源地信用助学贷款和校园地国家助学贷款。

（五）服兵役高等学校学生国家教育资助

对应征入伍服义务兵役、招收为军士（原士官）的高校学生，在入伍时对其在校期间缴纳的学费实行一次性补偿或用于学费的国家助学贷款实行代偿；对应征入伍服兵役前正在高等学校就读的学生（含按国家招生规定录取的高校新生），服役期间按国家有关规定保留学籍或入学资格、退役后自愿复学或入学的，实行学费减免；对退役后，自主就业，通过全国统一高考或高职分类招考方式考入高等学校并到校报到的入学新生，实行学费减免。学费补偿或国家助学贷款代偿金额，按学生实际缴纳的学费或用于学费的国家助学贷款（包括本金及其全部偿还之前产生的利息）两者金额较高者执行；复学或新生入学后参照国家相应标准执行。学费减免金额，按高等学校实际收取学费金额执行。学费补偿、国家助学贷款代偿以及学费减免的标准参照国家相应标准执行。

（六）中央专项彩票公益金教育助学项目滋蕙计划（原新生入学资助项目）

财政部、教育部委托中国教育发展基金会具体实施。中西部生源的家庭经济特别困难的新生可申请入学资助项目，解决入学报到的交通费和入学后短期生活费。学生可向当地县级教育部门咨询办理。

中西部地区包括：河北省、山西省、内蒙古自治区、吉林省、黑龙江省、安徽省、江西省、河南省、湖北省、湖南省、广西壮族自治区、海南省、重庆市、四川省、贵州省、云南省、西藏自治区、陕西省、甘肃省、宁夏回族自治区、青海省、新疆维吾尔自治区、新疆生产建设兵团。

二、学校资助

（一）绿色通道

学校利用事业收入资金以及社会捐助资金，设立校内奖学金、社会奖学金、困难补助、专项补贴等资助项目，实施校内资助。

家庭经济特别困难的新生如暂时筹集不齐学费和住宿费，可在开学报到时，通过高校开设的"绿色通道"先办理入学手续。入学后，学校资助部门根据学生具体情况开展困难认定，采取不同措施给予资助。

已办理生源地助学贷款的新生，凭生源地助学贷款合同及回执单，经学院审核后按照绿色通道流程办理报到手续，学院回收贷款回执单。对于学费超过贷款金额的部分，不同学校也出台相应的便捷流程帮助经济困难学生办理报到手续。

（二）校内奖学金

学校根据实际情况设立诸如学业奖学金、创新奖学金、校长奖学金等不同类型的校内奖学金，以奖励在校期间学习态度端正、成绩优秀、创新能力突出、全面发展特别优秀的学生。

（三）校内困难补助

临时困难补助：主要用于解决学生监护人因患病住院、去世及学生或监护人遭遇突发事件等导致学生临时出现的生活困难问题。

特殊困难补助：主要用于解决学生及家庭因患重病住院、遭受自然灾害、多子女上学等导致学生家庭经济困难问题。

专项补助：主要用于家庭经济困难学生生活费补助及寒暑假走访慰问困难学生。

特殊困难家庭学生生活补助：政府资格认定的特殊困难家庭学生每人每年可享受一定的生活费补助，生活费补助将以国家助学金方式进行资助。

（四）勤工助学

家庭经济困难学生在学有余力的前提下，可以利用课余时间参加学校组织的勤工助学活动，通过劳动取得合法报酬，用于改善学习和生活条件等。

（五）社会奖学金

社会奖学金是指学校以外的奖学金，主要包括国家、企业、协会设立的奖学金。是为了鼓励在校大学生刻苦学习、奋发向上，促进学生全面发展而设立的。

第二节　高校资助育人存在问题分析

2022年，全国累计资助金额达2922.73亿元，总计资助学生达到1.61亿人次。如此之大的资助力度在一定程度上为学生缓解了"上学难"的压力，但是由于高校资助工作长期以来大多依旧呈现以"助困为主"的特点，随之也引起了一些问题。诸如，在资助过程中，有部分"伪贫困"学生挤占资源；受资助学生的感恩意识、诚信意识淡薄；部分学生出现"等、靠、要"的思想。

当下学生对资助政策的认可程度较高，但在实施中，依然存在薄弱环节，例如：家庭经济困难学生的界定标准不够合理，资金去向监管不严，资助资源配置较差、育人理念不够突出。虽然资助政策取得了部分成效，如资助数额不断加大、资助方式得到拓展，但同时也面临着无偿资助占多数，有偿资助比例较小；物质帮扶为主，思想引导欠缺；资助体系缺乏协调性，资助分配不均匀，资助力度不足，识别机制不够科学化等。

一、道德意识缺失

高校资助育人的关键在于是否能够促使学生形成良好的道德品质。然而，在给予大量无偿资助的同时，却引发部分学生产生了严重的功利心理，随即出现了一些道德意识缺失的问题。

（一）诚信意识缺失

1. 申请材料弄虚作假

近年来，一些高校出现学生为能够达到资助条件的目的，在家庭经济困难认定、资助申请等环节提供虚假信息，违背原则，查明后相应受到严肃处理的典型案例。弄虚作假的背后是对资助工作要坚持人文关怀的挑战，让本是一个暖心工程的工作变了性质，让用心、用情开展资助工作的资助工作者也愈来愈被动。

2. 拖延助学贷款不还

助学贷款是许多学生追求教育梦想的重要资金来源之一。然而，由于各种原因，一些借款人在步入社会走进职场后受个人认识和收入水平，或规划能力不强的影响，可能会面临助学贷款逾期的情况。学生贷款的逾期记录将会被报告给信用机构，这将导致借款人的信用评分下降。此外逾期借款通常会触发逾期罚金和高额利息的累积，会面临被催收、被要求提前还款，会很大程度影响个人的生活和工作。

3. "搞圈子"误导评议评审

当前资助工作为了充分保护学生的个人隐私，通常情况下不会要求学生通过公开场合来讲述自己的困难情况，而是通过学生提交的材料和评议小组评议综合考量来开展评审工作。这也让一些"心怀叵测"的学生通过"搞小圈子"来误导评议评审工作。"小圈子""小团伙"大行其道，不仅会诱发各种矛盾，还会给学生群体日常管理工作带来不良的连锁效应。

作为评议工作小组实事求是是底线、是红线，不应该成为填补个人欲望的工具，这样的"小圈子"越多，校园风气就会越坏，严重影响高校在学生中的形象。

4. 资助金用途不当

国家助学金是由国家财政提供的资助金，旨在帮助家庭经济困难学生顺利完成学业。地方助学金是由地方政府提供的资助金，旨在帮助家庭经济困难学生缓解经济压力。校内助学金是学校自身提供的资助金，用于帮助家庭经济困难学生解决学费、住宿费等问题。社会助学金，旨在帮助特定群体或贫困地区的学生完成学业。专项助学金是针对特定群体的资助金，旨在帮助这些特殊困难群体顺利完成学业。

可以看出，无论是何种类型的资助金，都应该用于帮助经济困难群体完成学业。而当前不乏出现"隐形贫困"的现象，在困难资助上"占便宜"，在获得助学金后并未将其用在合适的地方，而是用于改善生活品质、外出旅游等方面，对资助工作的消极负面影响较大，而且对资助工作的宣传普及也带来一些误解和阻力。

（二）感恩意识缺失

随着资助力度的不断加大和资助政策的不断完善，越来越多的学生接受到不同程度的资助，作为一项"暖心工程"，资助工作本身是一种不求回报的行为，这也让一些学生内心中萌生出资助是"理所当然"的想法。党和国家一直高度重视教育公平的完善，一直在努力不让一个学生因家庭贫困而失学，高校培养的是中国特色社会主义事业的合格建设者和可靠接班人，受"理所当然"想法的影响，侧面表现出感恩意识的缺失。

（三）自立自强意识缺失

为了让学生不因家庭经济困难而影响学业，在助学金的保障下，学生可以有更多的时间和空间去规划自己、提升自己。但是也会出现学生在家庭和资助的双向支持下，反而滋生了惰性心理，不愿意依靠自己的力量来纾困解困。

大学是学生能力全面提升、价值观趋于稳定、性格快速成熟的重要阶段，在本该通过大量实践快速加强专业能力、素质能力培养的时间，却因惰性不愿去参与实践和体验，这无疑对学生未来的职业能力培养是一个巨大的挑战。

（四）担当意识缺失

有研究表明，受资助的学生未来在职业目标的选择上，大多数还是倾向于发达地区、高薪岗位，对自己的职业生涯规划是不完整且不适宜的。一方面受实践经历缺失无法合理评估职业目标，另一方面还是受"享乐主义"的影响不想去"吃苦"的地方历练自己。这在一定程度上表明担当意识的缺失。

二、能力发展受限

相比经济贫困，"能力贫困"成为阻碍家庭经济困难学生发展的重要因素。高校的人才培养一直关注学生的发展需求，以拓展学生的能力为切入点，帮助他们克服自身能力短板的问题。然而，高校资助更多的是偏向满足学生在经济上的需要，停留于"济困"，同大学生能力培养多方面的发展需求衔接不够，学生的能力发展受限。

大学生刚迈进大学校园，会面临诸多的适应性问题，首先，是生活环境的变化，要去适应独立生活，独立处理解决问题，集体生活的适应以及社会关系的建立，家庭经济困难学生心理调适不及时会大大影响后期的个体发展。其次，学习习惯的改变，从被动学到主动学，学习的方式方法不得当反而会事倍功半，进而影响学业知识的提升，大学校园对于刚刚从高中毕业的学生来说，充满了新奇和神秘，不论来自哪个城市或者什么样的家庭背景，每个学生都抱着平等的心态，准备努力学习和拼搏，然而受个体差异的影响可能"现实"并不"如意"。最重要也是不容忽视的便是大学期间素质能力的培养，如沟通表达、人际交往、组织协调等，这些能力都需要在不断的实践中逐渐培养和完善，大部分家庭经济困难的学生自立自强，勇于突破，敢于尝试，且抗压能力都是不错的，但也不乏受家庭经济困难不自信的影响而止步。

家庭背景不应是学生发展的"绊脚石"，在资助保障下，反而更加要树立正确的价值观念，认识到个人价值不仅仅取决于经济条件，而是取决于自己的努力和才能。只有这样，学生才能积极面对自己的不足，努力追求自己的梦想，实现自身的价值。

面对这些突出问题，如何深入推进资助育人，如何利用好家校协同共同做好资助育人工作，在关心人和帮助人中实现引领思想和培育美德，这对于构建人才强国、促进社会发展具有重要意义。

第三节　高校资助育人工作应对策略

一、优化资助政策宣传工作成效

在资助育人工作的实际开展过程中，对于资助政策的宣传是育人执行过程的起始环节和一项重要的功能活动。学生资助政策体系覆盖各个学段，要保证政策能够被有效执行，首先要做的便是统一思想认识。政策宣传就是统一思想认识的有效手段，学生对于详尽完善的资助政策的解读，以及对政策实施的具体要求和举措的掌握，都关系到"覆盖全学段学生资助体系"的育人工作能否稳定、长效、高质量、可持续发展。高校资助育人工作始终要坚持以学生为中心，应力求引发学生自主觉醒，引导学生自主行动，教育学生自立自强，以提升人本意识。

（一）资助政策宣传工作现状

高校资助政策的宣传工作是对不同细分资助政策能够有效落地执行的前提保障，是面向全体学生的一种公开推广的信息传播行为，根据调研情况的反馈，融媒体时代对于资助政策的宣传工作还是面临诸多挑战。

1. 政策宣传信息的传播与处理

随着信息技术的飞速发展，对于信息接收者为青年群体的大学生，上述信息传播方式复杂，有以新媒体为代表的新媒介传播技术，也有讲授交流等传统的传播方式。传统媒介的传播方式阐述的信息多为标准化的、产品化的，其内容和形式也多为固定规范的，这对一直习惯接收"快餐化""碎片化"信息的群体来说，传统的宣传方式理解起来也是一种束缚，而且对内容不容易系统地"消化"。但是新媒介的传播方式也不意味更大的信息权力，其快速直接获取等特点更加符合大众习惯，但是难以搭建信息处理较为完整的系统。

政策宣传其基础的思想和工作方法要坚持系统观念，前瞻思考、全局谋划、整体推进都需要对政策加以深刻认知和领会。所以学生了解政策途径的多元化、差异化，对资助育人工作的开展带来新机遇的同时，也是对思政教育、价值引领的一种挑战。

2. 政策宣传受众的数量和质量

宣传工作的受众群体具有两个群体特点：一是由政策宣传的传播技术出发创造出受众群体广的需求，所以出现多种媒介、多措并举扩大宣传效果，这就要求资助政策在学生群体中的知晓度越大越好。二是从受众群体角度自主激发的针对性强的需求。比如，资助政策执行落地的过程中属于资助对象，且个体已知晓属于受助对象，这部分群体对资助政策的宣传质量要求更高。

所以，结合到学生群体的实际需求，以及资助政策的覆盖范围，资助政策该在什么适宜的时间，采用何种恰当的方式，能够在学生受众群体中尽可能扩大政策的知晓度，以及在何时通过何种渠道能够让受助对象深刻理解匹配的资助政策，这些都对高校资助政策的宣传工作提出了更高的要求。

3. 政策宣传服务工作队伍建设

当前高校从事资助政策宣传工作的主要是校级资助工作专职部门和二级院系的专兼职辅导员，作为资助工作的宣传者，应该具备对各项资助政策熟记于心的业务能力，但实际上一方面资助政策是动态适配不同阶段的不同要求，另一方面因教职员工的工作调整或职业规划而出现人员流动也是频繁发生的，由此对资助宣传工作的可持续发展是比较不利的。

（二）优化资助政策宣传工作成效的途径

1. 用好新融媒体资源，打造优质内容

高校宣传工作关系到青年大学生树立正确价值观念和意识形态，必须始终坚持高站位，同时还要发现挖掘年轻大学生关注的媒介媒体资源，协同联动，整合融媒体宣传工作体系。打破传统与新媒体界限，将资助政策制度化、规范化、常态化地渗透到资助育人的主客体、育人的时间轴、育人的空间域。打造适用于不同阶段优质的政策宣传内容，特别注意区分资助政策的普及宣传阶段和重点动员学习执行阶段在不同时间的开展，以确保全员育人，激发学生的主体自觉。

2. 做好政策执行计划，易理解可操作

计划的本质是执行，对资助政策的宣传要有较为系统，而且便于学生在众多资助政策中区别学习理解和可规划执行的计划内容。在宣传内容上可以遵循"SMART"原则（即明确性、衡量性、可实现性、相关性、时限性）进行打磨，这样学生在"消化"的过程中，明确制定适配自己的资助工作目标，让结果更加可控，而且在收集材料、评议等环节中可以更加高效，有利于避免或减少失误。政策宣传可以更好地起到对学生提示督促跟进、理清思路备忘等作用。

3.建好政策宣传队伍，提升业务水平

政策宣传工作者"要不断掌握新知识、熟悉新领域、开拓新视野，增强本领能力，加强调查研究，不断增强脚力、眼力、脑力、笔力"。一是要把资助政策学习好，高校资助工作职能部门牵头，结合实际情况制订学习和工作计划，扎实推进政策学习的全覆盖，特别要注意资助政策与时俱进的学习。二是要把资助政策传播好，尤其注意上传下达和分类执行，做"有温度"的传播员，挖掘特色和亮点素材，深化融媒体建设，强化高校宣传主体主阵地意识。三是要把受助群体守护好，受助学生可能会因家庭经济困难、缺乏特长等原因在学习工作、人际交往等方面存在负面影响，因此结合不同学段特点，依据各学段资助重点，提供针对性的帮扶，这对宣传工作的开展也是一种基本的原则遵循。四是要把工作队伍建设好，资助政策宣传等工作者，在政策学习以外，应加强资助育人工作的培训，如心理健康、生涯规划和就业指导等专项工作的学习培训，加大资源供给和服务保障力度，建设专业化队伍，吸引动员更广泛力量加入资助育人工作。

二、探索资助路径提升育人实效

近年来，随着高校的扩招，贫困家庭学生的数量也呈现逐年增长的趋势。高校对家庭经济困难学生开展资助和帮扶，是高等教育贯彻落实立德树人根本任务的重要环节。在开展资助工作的过程中，还是会有诸如育人理念相对落后，育人方式过于单一，资助育人缺乏系统性等问题。为了做好贫困家庭学生的精准帮扶，实现学生的全面发展，高校一直在积极探索资助育人的路径，完善发展型资助育人工作机制，旨在切实提升资助育人实效，将资助和育人紧密结合起来，培养具有社会责任感的高素质人才。

（一）高校资助育人面临的问题

1. 育人理念较为落后

近些年来，国内各高校基本建立了相对完整的资助体系，在资金配置上也采取了许多有效措施，基本覆盖校内家庭经济困难的学生。但在开展资助工作的过程中，单纯通过发放相应的资金，而未提供相应的教育服务，对于家庭经济困难学生素质的全面提升引导是不够到位的。主要表现在：第一，理想信念教育不到位。高校资助育人工作以党和国家的教育战略为根本遵循，以培养中国特色社会主义事业的合格建设者和可靠接班人为根本目标。第二，感恩教育不到位。目前，高校资助工作的经费来源主要包括三部分：一是政府部门的专项经费，二是企业和个人等社会力量的捐助，三是金融机构的免息贷款。前文讲过不乏有些受助学生在享受国家资助的同时，却表现出对资助工作冷漠，甚至产生"困难应得"思想的现象。归根到底，这是由于在开展资助工作的过程中，育人理念较为落后，没有进行感恩教育，对受助学生的教育引导不够。

2. 育人方式过于单一

资助育人需要切实的行动，资助育人涉及两个方面工作，即提供经济扶持和思想政治教育，两者缺一不可，家庭经济困难学生是高校的资助对象，这些学生在经济方面相比其他同学较差，但是他们也有大学生的普遍特征，如自尊心强、敏感，甚至有的同学心理异常。因此在开展资助发展时，应该兼顾到受助者的个体差异和心理特征，为家庭经济困难学生提供多元化的资助方式和思想教育。但是，往往高校中从事思想政治教育的从业人员受工作实际和队伍建设不完善等因素的影响，一般是通过主题班会或者专题讲座的方式进行思想教育，缺乏针对性。在资助的过程中，高校应该指导受助学生端正学习态度，树立正确的观念和目标。

3. "三全育人"理念落实不到位

贫困家庭学生的家庭情况、成长环境、受教育的机会相对处于弱势，在学习和生活过程中，家庭经济困难学生因为经济困难而出现心理问题、学业困难、人际交往困难等综合性问题的现象也时常出现。而在开展资助工作的过程中，仅仅通过经济资助，解决家庭经济困难学生的经济问题，而忽视了家庭经济困难学生隐藏的其他问题。高校也在出台相应的政策支持，通过开展学业帮扶、心理辅导等活动确实取得了一定的效果，但是没有形成良好的工作体系，导致育人效果不佳。如果只关注学生经济上的资助，而缺乏对学生的人文关怀和个性化教育，这显然不符合立德树人的根本宗旨。此外，部分高校在资助育人工作中缺乏系统规划，仅仅通过学生工作部门开展相关工作，没有按照"三全育人"理念进行资助育人工作。"三全育人"理念是全员、全方位、全过程的资助育人工作模式，各个部门应相互协助，公平合理地为家庭经济困难学生提供经济资助和思想教育，共同为贫困家庭学生提供一个良好的受教育环境。

4. 育人主体具有局限性

高校是资助育人工作的主要落实者，在资助过程中应该对学生的家庭收入情况进行充分的调查，从而来判断学生是否达到资助标准。学校在发放资助资金的同时，也要对家庭经济困难学生进行人文关怀和思想政治教育，这项工作需要花费大量的时间。在高校中，负责这项工作的是资助部门的工作人员和辅导员等，但是资助育人涉及的内容方方面面，资助的形式也比较多，主要包括：奖、贷、助、勤、减、免、补等，如果仅仅依靠有限的人员则很难顺利完成这项工作，尤其是辅导员因为时间和精力有限，为家庭经济困难学生提供的思想政治教育缺乏针对性和连贯性，而资助部门的工作人员大部分因为专业限制和人手短缺，要为学生提供思想政治教育也存在很大困难。

（二）高校资助育人应对策略

把立德树人作为高校资助育人工作的根本使命，在资助工作的基础上更应该强化育人职能。具体而言，高校要凭借经济帮扶的方式，以思想政治教育、心理疏导、能力培养为核心方式，助力家庭经济困难学生成长成才，要在科学完善资助育人主体、深层探索资助育人方式、精准聚焦资助育人目标上下功夫。

1. 准确掌握家庭经济困难学生情况，健全资助育人体系

高校开展资助工作，首先要对家庭经济困难学生的家庭收入情况有准确的了解，这是做好资助工作的基础和保障。对家庭经济困难学生的经济状况要掌握得足够准确，制定合理的困难生认定标准和审核制度，从而在高校开展资助工作时才会提供更多参考和相关保障。

统一认定标准，完善资助流程。从高校层面，应该统一家庭经济困难学生认定标准，通过充分的了解，准确掌握每个学生的家庭经济状况，同时还应该加强在日常生活中对学生消费水平的评估，从而确保家庭经济困难学生信息的准确性。

加强资助工作人员培训，提高资助育人质量。为了确保高校资助育人工作的质量，从事高校资助工作的人员应熟悉各类资助政策，在为家庭经济困难学生提供资助时能提供最合适的资助帮扶。同时，定期为资助工作人员和学生工作人员开展专题培训，不断提高业务水平。此外，高校也成立了资助育人工作领导小组，定期监督和检查资助工作开展情况，确保公平、公正、公开地开展家庭经济困难学生资助工作，确保帮助到每一名家庭经济困难学生。

拓宽资助渠道，促进能力提升。在资助育人工作中，高校一方面要通过设立各类奖助学金，鼓励家庭经济困难学生通过学习成绩获得相应奖项；另一方面高校通过提供一定数量的勤工助学岗位或者实践岗位，鼓励学生通过自身劳动获得资助，培养学生的自我创造财富的意识和能力。

2. 加强思想政治教育，筑牢感恩思想基础

为帮助家庭经济困难学生健康成长，高校一直在努力通过各种途径积极引导学生正确认识到资助的目的和意义，培养学生感恩意识和回馈意识，引导学生正确认识国家及社会各界的帮扶是更好地帮助他们成长成才，让学生通过受助感受到爱心的传递，并通过努力学习，为祖国的未来贡献自己的一份力量。

加大宣传力度，弘扬先进典型。高校通过各种媒介力求加大宣传力度，宣传国家资助政策的深刻意义。同时也高度重视学生的励志教育，为学生树立自立自强、奋发进取的榜样，发挥优秀在校生及优秀校友的榜样引领作用，通过讲述身边人、身边事，让家庭经济困难学生正确认识自我，并在学习生活中发愤图强，向身边榜样看齐，增强家庭经济困难学生的心理认知和行为实践，把受助大学生的感恩意识最终转化为具体行动，促使受资助大学生将反哺社会的意识和行为当成一种习惯。

注重劳动育人，提高全面素质。高校通过丰富多彩的实践活动开展劳动教育，让学生在劳动中体会成功的艰辛，进而激发其积极的劳动意识，促进学生全面成长。学校在学生日常生活中，积极创新实践活动的方式方法，让学生能够真正在实践中找到努力的方向。此外，学校还鼓励学生在假期开展形式多样的劳动，不断创新假期教育模式，并将这些新模式加入劳动实践，运用所学知识，为家乡发展建言献策，进一步强化家庭经济困难学生的使命感和责任感。

3. 加强心理疏导，树立阳光心态

高校除了注重经济资助解决学生的经济压力，还一直在探索如何在精神和心理上开展有效的工作。高校在开展资助工作时要结合家庭经济困难学生的思想状况和心理特点，将所有问题综合起来有针对性地解决家庭经济困难学生的实际问题。

注重贫困家庭学生的心理健康教育，构建资助育人新模式。为解决家庭经济困难学生的心理问题，充分了解家庭经济困难学生的心理状况，针对敏感、封闭、自卑的学生，积极运用校、院两级的心理健康中心，采用多种方式，普及心理健康知识，宣泄负面情绪，建立积极阳光的心态，完善其人格。而且在日常的工作中，要注意保护家庭经济困难学生的隐私和

家庭情况，帮助其减轻背负的心理压力，引导学生树立正确的人生观、价值观、世界观。同时把解决经济问题和心理问题结合起来，定期与家庭经济困难学生开展谈心和谈话，建立"宿舍长——班长——辅导员——主管负责人"的逐级谈话机制，及时掌握学生近期的心理动态，如出现心理问题时能及时干预，构建以生为本的资助模式。同时学校开设心理健康教育课程，定期举办心理健康讲座，及时掌握家庭经济困难学生的心理变化规律，并让学生掌握心理调适的调节方法，实现自我调节。

透明资助流程，形成正确成才观。充分发挥学校在资助育人工作中的主导作用，作为资助工作的落实者，高校既是实施者也是监督者，责任重大。作为资助工作的实施者，高校在开展工作时，不仅仅做到公平、公正、公开，还在淡化评选的"硬杠杠"，重点宣传国家和学校的资助政策和资助的重要意义。高校通过开展形式多样的活动和受助岗位，打开家庭经济困难学生的心扉，激发其上进心和劳动创造财富的观念。在学习和生活中冲破对原有困难原因的不满和执着，改变其生活现状和生活态度，使其在受助的同时获得积极、主动的成长。

4. 加强家庭经济困难学生就业指导，形成完整闭环

对于家庭经济困难学生的就业，首先要做的是树立正确的就业观和择业观，根据每名家庭经济困难学生的具体情况做到针对性的指导，为家庭经济困难学生提供一对一帮扶，帮助他们实现高质量就业。

加强就业观教育，树立正确的就业观和择业观。在就业观教育过程中，将家庭经济困难学生群体与普通学生群体统一对待但又重点关注，帮助其建立起求真务实、积极择业的价值观，充分认识就业大环境和行业现状，从而选择适合自己的就业岗位。

培养就业能力，提高综合素质。毕业生需要理性客观看待就业环境，在培养家庭经济困难学生就业能力方面下功夫，从进入大学到毕业，应该持续培养就业能力，提高综合素质。此外，积极拓展家庭经济困难学生群体的就业岗位，及时了解家庭经济困难学生的择业意愿，有针对性地提供帮扶，确保每一名家庭经济困难学生顺利找到合适的工作岗位，形成完整的资助育人闭环。

高校资助工作是一项系统化工程，资助的目的在于育人。高校在开展资助工作时要做到精准帮扶、精准管理和精准教育，不断探索育人模式，创新育人方法，构建多维一体的育人机制，实现资助与育人并举、扶智与扶志并行，帮助被资助学生提高自身综合素质，增强其社会责任感，从而为国家和社会做出贡献。

（三）创新资助文化育人有效机制

1. 依托五项育人构建资助文化育人体系

（1）在责任教育方面

高校的资助文化育人，既要解决学生的经济困难，同时还培养学生担当责任，回报国家和社会。当前高校学生独生子女居多，服务意识弱，责任意识不强。高校引导学生积极参加勤工助学岗位、顶岗实习、志愿服务活动等，锻炼学生的服务意识，加强学生的责任教育，树立学生的担当责任和积极奉献精神。同时保证资助过程公平、公开、公正，让家庭经济困难学生感到国家、社会、学校的关怀，了解到自己的责任和义务，并且转化为实际行动，真正成为人生责任的践行者。

（2）在诚信教育方面

诚信是资助工作的生命线，在资助工作中占有重要的地位。助学贷款是否按时还款，助学金申请中资料的真实性，都需要诚信为支撑。国家、社会和学校要提高诚信教育的重视程度。在日常教育工作中，开展诚信主题班会、征文、手抄报等活动，加强学生的参与度，营造良好的诚信氛围。建立诚信档案，对伪家庭经济困难学生进行批评教育，将不诚信档案放入学生档案，以此来教育学生高度重视诚信教育，提高学生的诚信意识。

（3）在心理教育方面

家庭经济困难学生容易出现自卑、焦虑、压抑等心理问题。健康良好的心理状态可以促进学生的学习生活。学校加强学生健康的重视程度，利用课堂普及心理健康知识，开展朋辈教育，邀请积极向上的优秀的家庭经济困难学生作分享交流，引导家庭经济困难学生打开心扉，形成正确的认知，正确看待贫困，积极参加社团班级活动，培养乐观开朗的态度，自信从容地面对困难和挑战。开展心理健康讲座、微课比赛、心理论坛、心理情境剧、心理之家建设，鼓励学生积极面对困难，积极面对挫折。借助心理健康测试和心理建档，有针对性地开展心理辅导。

（4）在励志教育方面

部分家庭经济困难学生，比较自卑，不爱与他人交流，学习不上进，出现缺勤等现象。部分学生留级，不能正常毕业。学校积极开展励志学生的交流会，传递正能量，帮助学生励志成才。邀请优秀毕业贫困家庭学生回校讲座，帮助在校学生找准职业定位，鼓励家庭经济困难学生参与创新创业实践活动，加强家庭经济困难学生的职业生涯规划教育，培养学生自立自强、创新创业意识，直面挫折和挑战。

（5）在感恩奉献教育方面

感恩教育是构建和谐社会的精神需求，是大学生思想政治教育重要的内容。对家庭经济困难学生的经济帮助是国家和社会的双重帮助。为有效改善社会责任感缺乏、艰苦奋斗精神淡化、团结协作观念淡薄，学校坚持扶贫扶志相结合，开展形式多样、内容丰富的感恩主题教育，如感恩父母、老师、校园、社会等系列教育，感恩事迹宣传，感恩主题团日活动，激发学生的感恩之情，引导学生怀揣感恩之心回报国家和社会，这是资助文化建设的永恒的话题。

2. 以社会主义核心价值观为引领

资助文化建设要以社会主义核心价值体系为引领，借助校园组织和社团活动，结合学生的兴趣和爱好，有重点地建设品牌活动，将诚信教育、励志教育、感恩教育、心理教育、责任教育等融入社会实践、主题教育、社会公益服务文化活动中。整合学校和社会资源，结合学生的需求，开展义务支教、志愿服务等社会实践活动，开展思想政治教育，进行文化育人，帮助学生实现自我成长和相互成长。鼓励学生成为资助文化的组织者、参与者和建设者，增长知识才干，发挥榜样引领作用。以自媒体平台为载体，加强资助育人文化建设。生活在互联网+时代，学校教学和管理工作逐渐数字化，资助文化育人可以以校园媒体为载体，推广资助育人政策宣传、活动、讲座、征文等。同时通过线上媒介方式，发起相关话题，让学生参与讨论和集赞，提高学生的参与度。

3. 厘清他助的内涵，实现物质和精神双资助

家庭经济困难学生要提高社会责任感、自立自强的精神和感恩回馈社会，实现"他助—自助—助人"的资助路径，才能实现真正意义上脱贫。资助育人的前提是物质帮助，这是资助文化不同于其他校园文化之处，资助文化育人建设要在物质资助的前提下，以社会主义价值体系为引领，对学生进行教育引导，发挥学生的积极性，激发学生的自立自强之心。引导学生树立正确的三观，把个人的理想追求和国家事业相融合。

4. 建设资助育人文化长效机制

结合学校的育人特点，构建学校资助育人长效机制，完善制度，加强资助文化活动各部门分工合作，逐渐向制度化、规范化方向发展，为组织开展活动搭建良好的平台。高校要以资助文化育人为载体，精心设计活动，加强资助文化环境建设，形成具有时代特色和显著育人功能的资助文化品牌。加强制度宣传和沟通，使师生思想高度统一，形成合力。开展表彰激励机制，对典型的家庭经济困难学生代表开展表彰奖励，推动家庭经济困难学生积极参加各类资助育人活动。

5. 建设资助文化队伍

建设一支理论实践水平高的队伍能够促进资助文化建设工作的有效开展。培植学生骨干力量是体系构建的保障，开展资助文化育人的教育活动，需要教师和优秀的学生干部将活动深入推进。在经济困难学生群体中培育优秀的学生干部，培养学生积极面对困难和挫折，培养交流沟通能力、吃苦耐劳的精神。树立骨干榜样作用，学校加强对家庭经济困难学生骨干的表彰工作，鼓励家庭经济困难学生干部队伍自我肯定、内化和成长。高校根据实际需求建设一支资助文化建设的指导教师队伍，包括学工教师、思想政治教师和心理教师。学工队伍的教师落实学生的受助资格，开展资助文化的宣传工作，切实培养和激发学生的社会责任感、感恩意识，并发自内心地感谢党、感恩国家、感激教师，真正树立正确的观念，提升专业综合素养。心理教师主要是利用教学、心理活动、心理咨询等方式，帮助学生树立正确的认知，树立自信心，积极面对生活中遇到的挫折，培养学生健康积极、乐观向上的生活态度。

我国的资助育人不断向可持续方向发展，高校积极贯彻落实"三全育人"、立德树人理念，立足理论教学和实践教育不断提升综合素养，加强学生的感恩教育、诚信教育、社会责任感教育、心理健康教育、励志教育，形成了显著的育人功能的大学资助文化。通过教育，影响学校师生的文化形态，切实让资助育人在高校的各项教学、实践工作中得以落地生根，也让资助育人的机制体制得以健全发展。筑牢高校资助育人文化根基，为国家与社会培养高素质、有抱负的人才，使其能够承担新时代青年的责任担当，为国家发展和社会建设注入新的活力。

综上，不难看出，高校一直在不断地深入研究资助育人工作对策。探讨资助育人工作耦合机制，全员参与，思想步调统一，全过程全方位多管齐下，积极探索育人工作"1+1＞2"的成效。

高校在探讨统筹推进实际有效的与时俱进、符合可持续健康发展的资助育人体系，充分调动育人主体的积极性、主动性和创造性，切实落实主体责任，重视队伍建设和培养，完善激励机制，加强资助工作中的资源供给力度，既要做到投入"真金白银"，又要特别注重"春风化雨"。

高校探究建立完善实操可行的、相对公平、适宜可接受、全面发展的学生资助体系，有"全员覆盖、全程受助、全面受益"的具体举措。精准识别资助对象的更加有效的方法，既能保护学生个体隐私，又能切实做到扶贫济困。借助国家和地方相关数据信息，聚焦重点困难群体，以达到分层次、分类的精准资助。强化过程管理，探究监测资助"重合率"机制，力求对象精准、分配精准。

高校育人的目的是学生全面成长成才，资助育人摆在立德树人的突出位置，助学、筑梦、铸人，形成"解困—育人—成才—回馈"的良性循环，探究全方位资助育人功能不断强化的策略。坚持正确的资助导向，遴选培育先进典型，扩大宣传影响，树立自立自强的榜样，通过线上线下多元化媒体载体和平台，做好全方位资助工作的成果宣传，探讨方法，营造浓厚的氛围。

将"扶贫"与"扶志"、"扶困"与"扶志"结合起来，探究构建物质帮助、道德浸润、能力拓展、精神激励、成长成才有效融合的全员、全过程、全方位资助育人长效机制，探讨无偿与有偿、显性与隐性资助有机融合的路径，着力培养自立自强、诚实守信、知恩感恩、勇于担当的良好品质。

第四节　家庭育人工作主体责任分析

进入大学之前，家长全程参与学生的教育管理。进入大学以后，受学生年龄增长、心智成熟等个体因素的影响，加之集体生活带来的地域限制，家长无法直接参与管理。从家庭的角度出发，很多家长认为参与学生的管理应该只局限于家庭教育中，不应该过度延伸到课堂和校园生活中来，尤其是高等教育阶段。学生个体的发展不能脱离家庭因素的影响，而且这个影响是巨大且深远的，所以家长需要接受专业建议，参与到学生的职业规划中来。从学生的角度来说，学生是在父母的呵护和保护下长大的，上大学以后，希望能有自己的空间，可以自行安排学习、生活。从家长的角度来说，学生成年以后，应该放手让他们自己安排大学的学习和生活，必须要锻炼生活能力。除了手机等方式，家长没有其他更好的方式参与学生的大学生活。

家校一体化是高校和家长在教育学生理念上的一致。上大学之后，家长不能完全不参与学生的教育和管理。进入大学并不意味着学习阶段的结束，而是更高的平台和起点。大学需要培养出完美人格的社会人，这一点对家长和学生提出更高的要求，大学生要自我约束、自我管理、做好规划。大学是人生中非常重要的一个学习阶段，是大学生进入社会前给自己提升的最佳时机。家校一体化就是希望家长能进一步参与学生的职业生涯规划、心理健康教育、自主学习、情感诉求、人际交往，以及健康的人生观、价值观、婚恋观等的养成过程中，使大学生能从应试教育顺利过渡到大学的学习生活，为学生未来的职业之路打下良好的基础。

由此，家校协同育人工作的开展离不开家庭的参与，这是客观的事实，而且家庭育人工作在家校协同育人工作体系中发挥着重要的作用。

一、家庭育人的角色责任

（一）教育规划者的身份，夯实德育教育责任担当

《家庭教育促进法》第二章第十四条明确规定，父母应当树立家庭是第一个课堂的责任意识，同时，要在实施家庭教育中承担起主体责任。第十五条则进一步要求父母重视家庭建设问题，要积极规划培育健康向上的家庭文化、构建文明和睦的家庭关系、营造气氛良好的家庭环境。

家长必须立足国家意识形态，引导学生树立维护国家统一的观念，铸牢中华民族共同体意识，培养爱党、爱国、爱人民、爱集体、爱社会主义的家国情怀；侧重社会价值观念，引导学生立德成人，养成良好社会公

德、家庭美德，树立个人品德意识和法治意识；着眼于个体身心素养，保证学生成长营养均衡、科学运动，拥有正确的劳动观念，养成吃苦耐劳的优秀品格，维持身心健康发展。

在高校的思想政治教育中，品德教育扮演着重要角色。与传统教育不同，大学生品德教育旨在培养学生正确的价值观和道德观，所以将"立德"落实于家庭教育中是十分必要的，这就要求家长要树立规划者的角色意识，发挥人生示范的榜样作用。家长要充分认识到德育教育的重要性。

1. 德育教育对学生个人发展具有重要意义

良好的品德教育，可以帮助大学生更好地理解自己的内心世界，并形成积极向上的品格。所以家长要将德育工作贯穿于学生成长的过程中，学生将会学会正确评估和处理道德问题，拥有良好的品德修养，并培养出自律、守信等重要的独立品质。这些显然是学校无法独立完成的，所以家长的规划者身份极其重要。

2. 德育教育对社会发展具有深远影响

大学生是国家和社会未来发展的中坚力量，他们的价值观、品德品质和行为方式将直接影响整个社会的道德风气。家庭作为一个好的德育教育规划者，学生可以被教导如何正确看待他人，如何履行社会责任，以及如何树立道德榜样等。作为家庭、学校、社会的共同期盼，大学生将成为公民社会的有力推动者，为社会发展做出积极贡献。

（二）教育指导者的身份，拓宽生命教育责任担当

生命教育伴随人的一生，随着社会的不断发展，人们的生活节奏越来越快，竞争也愈发地激烈，大学生往往处于一种巨大压力之下，同时也面临着许多难题和挑战，因此生命教育在大学生成长和发展的过程中同样扮演着非常重要的角色。作为承担实施家庭教育主体责任的家长，应当充分发挥指导者的角色作用，和学校协同配合做好关心和保护大学生的生命

健康安全。大学生虽已成年，但家长仍然要关注学生的营养均衡、科学运动、睡眠充足、身心愉悦，也要关注其心理健康，教导其珍爱生命，学校和家庭可以联动帮助学生掌握安全知识和技能，增强其自我保护的意识和能力，要了解其学习、生活情况和心理状况。家长作为家庭教育第一责任人，其中一个重要任务就是帮助学生培养自我保护的意识和能力。现实是很多家长在学生入学后，片面地认为学生的安全教育应该是属于学校的，学生在未成年时被照顾得"非常好"，对安全教育的意识非常淡薄，甚至完全忽视，结果造成血泪交织、触目惊心的惨痛悲剧。

1. 生命教育可以帮助大学生更好地管理自己的身体健康

大学生时常会面临熬夜、压力大、不健康饮食习惯等问题，这些问题对身体健康造成不良影响。家长的教育劝诫可以适当地对学生有克制作用，使其在一定程度上养成良好的生活习惯和健康的生活方式。

2. 生命教育可以帮助大学生更加积极地应对身体疾病或压力等不良情况

大学生面临学业规划、职业规划等大的挑战，家长生命教育的参与可以引导大学生积极面对问题，寻求有效的解决途径，增强自己应对问题和压力的能力。

3. 生命教育可以帮助大学生形成正确的价值观和人生观

大学阶段是处于一个追求知识、认识自我、拓展事业的过程，学生往往需要更多关于人生的指引和引导，在这个过程中，高校可以通过专业的知识来进行教育引导，但是作为学生最信任的家长有必要且必须参与进来。生命教育是为学生提供引导建议的重要渠道之一，通过生命教育，学生不仅能够接受丰富的知识，更可以在走向正确的目标过程中总结经验，形成属于自己的独特的人生观。

（三）教育引领者的身份，升华素质教育责任担当

大学生的健康成长与家庭教育密切相关，不仅是道德修养、身心发展离不开家庭教育的悉心教导，其素养能力养成也是如此。家庭应帮助学生树立正确的成才观，引导其培养广泛兴趣爱好、健康审美追求和良好学习习惯，帮助其树立正确的劳动观念，鼓励参加力所能及的社会实践，提高生活自理能力和独立生活能力，积极参加学校和社会提供的公益性活动，共同促进健康成长，在这些社会实践教育中，学校和社会是组织者，但家庭仍然要发挥主体责任，引领学生开展力所能及的社会劳动，提高其社会实践能力。

当今社会愈发需要具有专业能力、通识能力和综合素质能力的复合型人才，专业能力和通识能力可以通过课堂学习获得，但是素质能力的培养需要学生个体具备充分的主动性才能够完成，所以家庭引领学生正确认识素质教育的重要性尤为重要，大学生需要具备一定的素质能力来适应现代社会的需求和挑战。

1. 提升综合素质

大部分学生片面地认为通过学习理论知识可以获得独立思考和创新能力，但这些都是综合素质的一部分。素质教育旨在培养学生工作能力、学习能力、创新能力、沟通能力以及团队协作能力。综合素质不仅涉及智力的提升，还包括道德观念、人际关系和社会责任等。通过素质教育，大学生能够全面地发展，更好地适应社会的需求。

2. 培养创新精神

当前已经进入智能信息化的时代，"以智驭能"需要创新精神，创新是推动社会进步的关键。大学生素质教育通过鼓励学生主动探索、独立思考以及勇于尝试，培养学生的创新意识和创新能力。大学是培养创新人才的摇篮，家庭在其中发挥着引领者的作用，更需要鼓励学生去积极实践，引导学生在实践中把握事件的发展规律，深刻认识到创新存在的价值和意义，作为未来社会的决策者和创造者，培养和激发学生的创新潜

能非常重要。

3. 塑造健康人格

家庭要充分地认识到，通过素质教育学生将积极接受学科知识的快速变化以及生活的丰富多样性，将学会尊重他人，培养正确的价值观和道德观念，培养自我意识、综合素质和社会责任感。这些品质都是大学生未来成功的基石，也是成为社会有用之人的前提。

4. 拓宽职业选择

素质教育提供广泛知识和综合能力为学生将来的职业发展提供更多选择。素质教育不局限于传统的学科知识，所以场合不局限于校园内。素质教育更加强调培养学生的综合能力和实践能力，所以家庭作为引领者，这种积极的引导十分有意义。通过素质教育大学生将能够更好地发展自己的特长和潜能，从而更好地适应社会的变化和发展。

5. 促进社会发展

素质教育不仅对于学生个人发展很重要，同时对社会的进步也起到了积极的推动作用。大学生是国家的未来，将承担起重要的社会责任。作为引领者，家长身正为范，更可以给学生起到好的引领作用。通过素质教育大学生将具备更强的社会责任感、道德意识以及创新能力，从而为社会的发展做出更大的贡献。

二、资助工作家庭教育的缺失

家庭经济困难学生的资助工作，需要注重家庭教育的正面作用，积极构建良好的家校合作平台。家庭教育是高校家庭经济困难学生所受到的最基础、也是时间最长的教育。目前，家庭经济困难学生的成长和发展过程中的很多问题都与家庭教育有关系，主要表现在以下三点：

第一，尽管高校家庭经济困难学生生活比较困难，但父母对子女都给予了很高的期望，家长宁愿自己再苦一些也要让子女通过接受高等教育来改变命运。在这个过程中，这些经济困难家庭的家长由于本身受教育程度较低，虽有着良好的愿望却不知道如何正确地引导子女健康成长。

第二，父母和子女之间缺乏交流。为了给子女创造更好的读书环境，很多家庭经济困难的学生家长常年在外地，两地分隔，很少有时间和子女相处，逐渐感情淡化。求学阶段是学生身体发育、思想成型、品格塑造的关键时期，既需要家庭的关心和爱护，更需要家长的正确引导。这种交流和沟通缺失确实很不利于高校家庭经济困难学生形成健康的人格和积极开朗的性格。

第三，重视物质的投入而忽视子女心理需求。良好的家庭关系强调的是子女能够深切感受来自家庭的爱，能够站在学生的角度思考问题。很多经济困难家庭虽能力有限无法满足子女物质需求，但家庭提供的物质条件已经达到或者远超过家庭能够承受的底限。家庭经济困难学生本身心理比较脆弱，对于家庭超负荷的劳动和超能力范围的物质支持更加感到压力沉重。

家庭教育的缺失必然要求高校思想政治教育加强对学生成长和发展问题的关注，但客观现实是真正要做好学生的培养，家庭教育的参与是十分必要的。总之，每一个家庭的父母不论文化程度高低，还是经济条件好坏，都需因地制宜、因势利导，切实履行对大学生实施家庭教育的主体角色责任。事实上，父母的角色作用既有单一性，也有多重性。千千万万的父母与时偕行，不同程度上都会构建或重塑各自的角色形象。今天的时代不同于过往的时代，这个时代是"中国正前所未有地走近世界舞台中央"的时代。这样的时代，家庭是一个有力的基础，是时代发展有力的"细胞"。

第五节 家校协同资助育人工作对策

一、家校协同资助育人的问题和矛盾

（一）高校和家庭之间在资助育人中缺乏合作认同感

资助育人是促进教育公平和社会公正，是党和国家依法保障学生享有平等受教育权利，也是构建社会主义和谐社会的重要措施。很多高校开展资助育人工作，总是就资助工作谈工作，就育人工作谈育人，没有发掘家校协同教育在资助育人工作中的显性或隐性的功能，并且缺乏主动探究资助育人中家校协同教育的潜在动力。一部分经济困难家庭因为物质的缺失不能给孩子带来衣食住行上的基本保障，导致孩子成长在与他人比较的落差中；另一部分经济困难家庭因为教育的缺失不能给孩子带来公平、优质、高质量的受教育权，导致给部分孩子带来了人格发展的不良倾向。因此即便给予资助，并不能彻底解决这些困难家庭贫苦的现状。另外，还有一些学生家庭在资助育人方面存在很强的功利性，一些家长对孩子的期望和学校对孩子的期望存在差异，仅仅局限于关注孩子是否"解困"这第一步，认为只要满足孩子的物质方面需求即可，严重忽视了显性资助与隐性资助的有机融合。所以，大学生资助的思想政治教育功能要增强家庭和学校的合作认同感，筑牢家校共同体意识，从而帮助经济困难家庭大学生树立自信、自强、自尊、自立、乐观的生活学习态度，构建和谐人格。

（二）高校和家庭之间在资助育人中存在沟通不畅问题

2015年1月，中共中央办公厅、国务院办公厅印发的《关于进一步加强和改进新形势下高校宣传思想工作的意见》中指出，"要创新网络思想政治教育"。但是在实际的情况中，网络思想政治教育并没有在高校资助育人中被充分重视起来，网络信息技术也并没有被充分利用起来。因为在资助育人中家校缺乏有效的沟通互动性，存在着资助对象不确切、资助标准不详尽、资金发放不精准的问题，导致不能确保家庭经济困难学生弱有所扶、困有所帮，也不能确保资助标准和家庭经济困难学生的受助需求相适应。一些大学生心理敏感、脆弱，对于他们来说承认自己家庭经济困难是丢人的事情。如果高校和家庭能够在学生进入学校之前有着足够的沟通，了解学生真实的家庭情况，高校可以在保护家庭经济困难学生隐私和脆弱心理的基础上对这部分学生进行资助。此外，高校从事资助工作从业人员是连接学校和家庭的资助育人工作的纽带，但很多教师缺乏与家长沟通的技巧和经验，导致家校协同教育合作不够紧密。另外，家长和学校沟通存在认知误区，认为学校与家长沟通学生的教育情况、开展家校协同教育活动是将教育职责嫁接给家长。尤其是偏远贫瘠地区某些家长通常不关心子女的教育，不能够及时回应教师的联系，甚至拒绝与学校沟通。

（三）高校和家庭之间在资助育人中存在教育真空现象

在高等学校资助育人教育工作中，学校、家庭和大学生是三个主要的参与者，想要达到一定的教育效果，三方必须互相配合并对自身的角色有着正确的认知。但是，在资助育人的工作中无论是学校、家长或学生都存在认知不准确的问题。

大学生在受助的过程中仅对物质资金的资助有了解，但是对于资助育人的理念以及教育内涵所知甚少，甚至是在高校严格的资助程序中被动地接受申请、民主评议等程序。传统资助工作的重心一直侧重于家庭经济困难大学生申请资助的确认和发放，仅仅关注评定得是否公平、是否规范、是否透明，没有意识到资助能够将高校和学生家庭联合成一个相互促进、相互支持的育人共同体。学生家长在高校资助育人工作中同样存在问题，一些家长因为文化水平、工作环境、生活环境以及受社会错误价值观的影响，存在着个人利己主义、功利主义的错误思想，把国家、学校、社会的资助仅仅当作是用来"解困"的一种手段，而不关心资助育人带给孩子心理、生活、思想等方面的问题。对于大学生而言，在国际国内形势的深刻变化下，一些错误的价值观对大学生思想观念造成了严重的冲击。比如，一些大学生为满足自身虚荣心、攀比心利用"走后门"等不良手段骗取助学金，甚至在拿到助学金以后为满足自身虚荣心、攀比心以及急速膨胀的消费欲望，购买名牌潮流衣服，使用高价手机追求奢侈。对于这种情况，仅仅依靠学校的力量是难以实现净化学生的心灵，必须同时发挥家庭教育的力量，才能使其成长为社会发展所需要的人才。

二、家校协同完善管理路径，打通资助育人里外路

经济上的困窘，让家庭经济困难学生精神压力大，容易产生抑郁、孤僻等情绪，使个别家庭经济困难学生对大学丰富多彩的课外活动主动参与意识较弱，一味地注重课程学习，忽视了社会能力的培养。

面对上述问题，家校协同首先需要完善管理路径，打通资助育人工作的道路，畅通渠道。

（一）更新理念

加强对困难家庭学生的思想教育，尤其是心理疏导。家庭经济困难学生的求学之路艰辛，他们身上往往承载着整个家庭的希望。对于家庭经济困难学生，学校首先就要向他们传达国家、学校、学院资助管理体系的政策，都有哪些资助、申请方法和申请条件。学校、学院出示具体的帮扶措施，告诉他们正确的路径和方法，引导他们正确地认识现状，积极、乐观地解决问题。

（二）加强建立家校一体化的信息畅通体系

现阶段，对于家庭经济困难学生的认定工作模式多样，方式多渠道，电话核实、实地走访都是不错的方法。但其工作量大、费用高，难以普及。新媒体时代下，学校可以充分利用网络媒体，了解家庭经济困难学生实际状况，如通过多种媒介，了解其动态，也可以通过电话、QQ 等方式，将学生在学校的学习、生活等方面的情况第一时间与家长沟通，请家长协助学校教育家庭经济困难学生，以此使他们在组织协调、沟通能力、人际交往能力、自主学习能力等方面得到培养和提高。

（三）加强对家庭经济困难学生在校期间的精准帮扶

学校要改变重物质轻精神的资助模式，从发展的角度指导、引导他们，从物质层面到精神层面，全面了解家庭经济困难学生的在校现状，和家长一起，提高家庭经济困难学生的综合素质。学校要提供勤工助学的机会和渠道，帮助他们寻找合适的实习岗位，找到更多的自我解决经济困难的途径和方式，以此协助他们找到融入社会的机会，增强自信心和成就感，为未来走入社会、参加工作提高独立生存和发展的本领以及社会适应性。

（四）实现家庭经济困难学生管理的动态监管

家庭经济困难是一个动态的过程。学校要不定期地对家庭经济困难学生在校期间的经济消费、家庭经济来源，以及个人学习、思想、生活等信息进行追踪更新，尤其是消费水平明显低于正常水平的学生更要引起高度重视。

三、家校协同在资助育人工作中的对策研究

（一）充分发挥高校在家校协同资助育人中的主导地位

家校协同教育作为"三全育人"的一种重要模式，必须充分发挥高校在家校协同教育中的主导地位。如召开家长会，不只介绍学校的管理规定，还要向家长解读国家、社会、学校对家庭经济困难学生资助的政策，更是邀请家长积极参与学院管理、加强和学院的交流。

学校有着主导性地位，因此在资助育人工作中构建家校协同教育必须要积极发挥学校的优势，通过建立详细的家庭经济困难学生信息档案，了解学生真实的家庭经济情况，并通过电话、书信、网络等形式引导家长参与到资助育人的过程当中来，推动形成"解困—育人—成才—回馈"的正循环。高校在对学生及家长进行资助政策的宣传、解读、评定、实施过程中与经济困难家庭密切接触，通过受助学生及家长在接受资助的亲身体验中实现情感的互动，使他们逐步优化自身的世界观、人生观、价值观，塑造健康和谐的人格，并使他们掌握一技之长，从而带动整个家庭实现贫困到脱贫的过渡。

（二）探索新时代多模式化家校协同资助育人载体

在传统的资助育人思想政治教育过程中，家庭经济困难大学生的思想动态是基本能够把握的，整个过程是可以控制的。在现今的网络信息技术发达的环境下，由于多元化信息的持续供给，虽然对资助的思想政治教育功能发挥带来巨大的影响，同时也给资助育人带来了新的机遇和挑战。而作为高校必须认识到网络信息对于家校沟通的便捷优势，以网络信息作为基本介质，通过搭建家校协同教育载体来增强资助育人教育的效果。高校可以将家庭经济困难大学生资助工作引入信息化手段，创新高校资助管理

工作方法。例如，借助计算机技术、网络数字建设、软件工程等构建互联网+资助工程，可以实现家庭经济困难学生资助数据信息网络云端管理，云端实现家庭经济困难学生确认机制、学籍管理机制、资金流控制机制、政策宣传机制、咨询投诉机制等家庭经济困难学生资助管理信息的收集、处理、整合，形成一种全数字化信息的云端家庭经济困难学生资助管理体系。学校可以开发资助育人 App软件，在软件中设置学生教育、家长寄语、育人育才、资助政策解读等栏目，栏目中则可以嵌入受助学生成才全过程，让家长在浏览App的同时可以增强对高校资助育人的认识，充分保障家长的参与权，倾听家长在资助育人方面的"不同声音"。

（三）注重家校协同方法，提高育人的针对性和实效性

习近平总书记强调："马克思的整个世界观不是教义，而是方法。"具体到家校协同资助育人的教育层面上，就要求我们不断创新家校协同教育的方法和途径，通过革新的手段提高资助育人的针对性和实效性。当前高校家庭经济困难大学生资助实效性不强，主要表现为个别学生家庭并不困难甚至家境达到小康水平，却依旧采取"骗补"的行为获得本该属于困难家庭学生的资助。因此对受到资助的家庭经济困难学生，要进一步优化家校协同方法，强化家庭经济困难学生的状况调查以及经济困难家庭日常消费数据跟踪机制，甚至应该与学生生源所在地政府、街道办、社区、初高中学校的家庭情况资料库对接获得学生的历史资助情况。除此之外，应该邀请家长来校开展实效性的交流学习。一些突发意外和路途遥远的家长无法参加家长会，可以通过电话、信件等方式弥补因无法到校交流而不了解学生的情况。传统资助育人主要是以学生为对象开展的教育性活动，但家庭作为孩子个性形成的基础，对孩子的影响是最直接、最长久、最有渗透力的，尤其是经济困难家庭。所以，净化家庭教育环境不仅需要父母的自觉意识，更需要高校依托一系列资助活动，使得经济困难家庭在资助温

暖的环境中实现家庭教育环境的净化和育人实效的提升。为进一步发挥家校协同作用，全面提高学生资助育人工作实效，还可考虑制作国家奖学金、励志奖学金、助学金等喜报并邮寄学生家庭所在地，将学生在校成绩和表现通报给家长，让家长能够全面了解子女在校的情况。

四、由家校协同、资助育人到"三全育人"的思考

（一）"五位一体"的资助育人共同体，实现全员育人

从"家—校"到"家—校—社"，再到"家—校—社—朋"，众多学者对育人共同体的探讨一直都十分关注家庭、学校、朋辈、社会的影响因素，但是不容忽视的是自我觉醒的力量，当前资助工作从物质层面确实对个体本身帮助很大，而内心上的精神匮乏是通过物质条件无法满足的，所以构建"家庭育人、学校育人、社会育人、朋辈育人、个体育己"的"五位一体"育人体系也是十分必要的。

（二）"全程闭环"的发展型育人机制，实现全过程育人

资助工作解决的是物质上的"扶困"，在政策宣传、规范管理、精准帮扶上下功夫，保证宣传工作不断线、精准帮扶不断档、持续关注不断链。学校担负着促进学生全面发展的使命和担当，同时要尊重学生个体的成长成才规律，根据不同阶段学生的特点和发展成长需要，更应该做好从进校到离校的全过程育人。

此外，资助育人也要达到"育"的闭环，从帮助学生解决实际问题的"解困"，到育人工作具体实施操作的"培育"，后期还要持续关注跟进督导学生的"成长"，以及必要的收纳个体"反馈"，这样构成全程闭环的发展型资助育人机制，对教育工作开展的"回头看"总结经验和学生个

体成长成才的自我觉醒都有着十分重要的积极作用。

（三）"多育平台"的同向发力，实现全方位育人

2019年3月，时任教育部部长陈宝生强调教育系统要把学生资助工作摆在更加突出的位置抓紧抓好，促进贫困家庭子女成长成才。高校教育教学应围绕"三全育人"的理念，合理搭建课程和实践教学育人平台、校企合作协同育人平台、素质能力提升教育育人平台，以及专业技能强化教育育人平台等多育人平台同向发力，实现全方位育人。

在"全方位育人"视角下，全面阐释德智体美劳五个方面的资助育人内容，将"资助育人"与"人才培养"相结合，把培养德智体美劳全面发展的社会主义建设者和接班人的新时代人才培养目标作为高校资助育人内容研究的导向。具体从加强受助学生思想道德教育、注重受助学生专业知识与技能提升、充分发挥体育文化活动的育人作用、借助美育提升受助学生的综合素养、通过劳动教育塑造自强人格五个方面完善资助育人内容。

高校资助育人是学生工作中一项重要的课题，给予学生资助与家庭经济困难学生的健康成长息息相关，与每一个家庭的生活福祉有着密切的关系，更是实现教育公平正义的关键手段。家校协同育人是这个时代发展的必然产物，更是培养德智体美劳全面发展的社会主义建设者和接班人的必然途径。在资助育人工作中以家庭配合学校，学校作用于家庭的方式实现家校协同教育，通过高校和家庭的全环节育人和高校教师、经济困难家庭家长等主体的全员育人，落实立德树人的根本任务。

第九章

家校合作中的实践育人

　　大学生社会实践是中国特色社会主义高等教育的重要组成部分，习近平总书记在全国高校思想政治工作会议上的讲话中更是明确了思想政治教育在高校培养一流人才、创新型人才，打造一流大学、一流学科过程中的重要作用，而大学生通过社会实践中的教育与锻炼，增长了能力才干、增强了奉献意识、提升了综合素养，从而促进了高校学风、社会风气的良性循环，进一步说明了大学生社会实践对于高校的重要性与不可替代性。长期以来，高校思想政治教育只注重理论知识传授，忽略实践教育的重要作用，影响了思想政治教育的效果，实践教育与理论教育是立德树人的同一个过程的不同方面，缺一不可。因此，如何加强大学生实践教育，增强高校思想政治教育的针对性、实效性，真正地实现理论教育与实践教育的有机结合，就成为了高校思想政治教育值得探讨的一个重要课题。本章先简要介绍大学生在校期间各种实践育人类型及功能，因本书侧重研究家校合作，在此主要介绍家校合作在劳动实践育人中的重要作用。

第一节　大学生实践育人的重要性

当代大学生正处于科学技术突飞猛进、知识经济日益凸显、国际竞争日趋激烈的时代，而国际竞争的核心是人才的竞争。新世纪的人才培养说到底就是造就一批适应现代化建设需要，树立社会主义核心价值观，坚定中国特色社会主义的理想信念，并具有创新意识、创新能力、创新精神和实践能力的一代新人。而大学生创新精神和实践能力的培养，与其主体自身的实践教育活动密切相关，一个没有实践能力的人是不可能具备创新精神的。因此，加强大学生实践教育，对于培养大学生创新精神和实践能力，培养中国特色社会主义事业的建设者和接班人，全面推行素质教育，实施创新教育，具有十分重要的意义。

为大力提升高校思想政治工作的质量，进一步推动高校思想政治工作会议精神落地生根，2017年12月教育部党组印发了《高校思想政治工作质量提升工程实施纲要》（以下简称《实施纲要》），这为新时代我国高校思想政治工作的发展指明了方向，奠定了基调。《实施纲要》提出要"充分发挥课程、科研、实践、文化、网络、心理、管理、服务、资助、组织等方面工作的育人功能，挖掘育人要素，完善育人机制，优化评价激励，强化实施保障，切实构建'十大'育人体系"，"十大"育人体系的构建是当前我国高校思想政治工作的重心之一。

但当前，各高校"十大"育人体系的整体建设面临着外部环境和内在机制的考验，存在诸多问题。随着我国对外开放程度日益加深，"一带一路"建设的逐步推进和新媒体技术的广泛运用，西方的价值观和新思潮不断涌入。加之国内改革已进入到攻坚期，不同阶层出现了不同的利益诉求。高校正面临着意识形态渗透、社会分化转型、利益诉求多元等挑战。因此，如何来培养国家和社会所需要的人才，牢牢把控意识形态的主阵地，成为高校思想政治工作所面临的难题。并且，高校思想政治工作领域自身也出现了教育场域不平衡、区域发展不平衡、关注对象不平衡等发展不平衡问题和实践投入不充分、资源开发不充分、方法运用不充分等发展不充分问题，这些都严重影响了高校"十大"育人体系的构建进程。当前，实践环节在高校人才培养过程中的作用日益凸显，但高校实践育人的机制建设和运行还有待完善。这就需要我们从理论上深入探究高校实践育人机制的结构特点和运行规律，优化实践育人的顶层设计、制度安排、实现路径，加强机制各组成部分的协同配合，努力提升实践育人的针对性和有效性。

总之，高校实践育人机制研究要在马克思主义认识论的指导下，积极探索从跨学科视角推进实践育人理论的研究，构建实践育人的研究范式；要坚持问题导向，结合时代特征，密切关注实践育人工作中的规律性、前沿性问题，不断推动实践育人机制的创新发展，切实提升高校实践育人的科学化水平和人才培养质量。

第二节　高校实践教育的类型功能

大学生实践教育包括以下类型，即社会服务型实践教育、社会考察型实践教育、劳动服务型实践教育、校园文化型实践教育、思想政治理论课型实践教育、其他类型的实践教育。本节重点从家校协同加强劳动实践教育讲述。

一、社会服务型实践教育

（一）文化、科技、卫生"三下乡"活动

"三下乡"即文化、科技、卫生下乡，始于1996年年底，中共中央宣

传部、团中央等部门决定，在全国农村开展文化、科技、卫生"三下乡"活动。"三下乡"活动符合当代中国城乡实际，得民心，顺民意，向广大乡村传播先进文化、普及科技知识、倡导文明生活，符合亿万农民脱贫致富的迫切愿望。主要目的是引导大学生了解"三农"、服务"三农"，特别是要带领大学生围绕乡镇农村科技、经济和社会发展热点，开展深入的调研分析，分区域、分类别、分专题进行交流和研讨，从而形成成熟的专题调研报告和积极的规划建议，并向有关部门汇报，促进理论与实践、课堂与社会、高校与地方的对接，为地方的科技进步和经济发展做出积极的贡献，受到广大群众的欢迎和社会各界的肯定。大学生在"三下乡"服务过程中了解了国情，增长了才干，加深了同人民群众的联系。活动促使学生的思想得到了升华，坚定了为人民服务的信念，增强了社会责任感，提高了认识能力、适应能力、创造能力和实践能力。

（二）科教、文体、法律、卫生"四进社区"活动

科教、文体、法律、卫生"四进社区"活动是当代大学生运用知识、施展才华、实践成才的好课堂，是加强大学生思想政治教育的好形式，也是新形势下大学生展现自我、服务社会的重要载体，已经逐渐成为一项适应时代发展潮流、服务社会精神文明建设和大学生成长成才所需要的实践教育服务活动，是科技、文化、卫生"三下乡"活动的延伸与发展。

文化、科技、卫生"三下乡"和科教、文体、法律、卫生"四进社区"活动，是大学生社会实践教育的新载体，是大学生社会服务的重要内容，大学生用学到的知识去帮助人，为群众办实事、做好事、排忧解难，这不仅体现自己的爱心和社会责任感，同时也把自己学到的知识应用到实践中、去解决实际问题，这样更好地促进了理论知识与实际生活的结合。

（三）社会咨询服务、理论宣传服务、技术服务

1. 社会咨询服务

社会咨询服务是一种新兴的咨询业务，其具体内容包括社会信息服务咨询、社会关系咨询、社会组织咨询、社会需求咨询、社会环境咨询、社会事实咨询、社会心理咨询、社会规划咨询、社会管理咨询、社会政策咨询、社会预测咨询等。大学生运用所学知识为群众提供咨询服务，为政府制定政策提供服务。

2. 理论宣传服务

理论宣传服务就是大学生以马克思列宁主义、毛泽东思想、邓小平理论和"三个代表"重要思想、科学发展观、习近平新时代中国特色社会主义思想为理论指导，坚持四项基本原则和改革开放这两个基本点，在校内外宣传党的路线、方针、政策的一系列实践教育活动。大学生做好理论宣传服务工作，首先要吃透理论，把握理论，给群众讲清道理，解开人们思想上的疙瘩。同时要努力学习理论知识，依靠科学的理论指导工作，坚持理论联系实际，使理论宣传能够解决实际问题、指导实践活动。

3. 技术服务

技术服务包括七个方面的内容，分别是信息服务、安装调试服务、维修服务、供应服务、检测服务、技术文献服务、培训服务。大学生的技术服务是指运用所学的专业知识，凭借自己的一技之长在大学校园、城市社区、乡镇农村为人们提供技术服务。技术服务主要包括维修自行车、电视机、录音机、电脑、打印机、电风扇、手机等各类电器，向社区居民讲解家电使用的注意事项，并且上门为少数社区居民维修不方便携带的家电。

（四）青年大学生志愿者服务

青年志愿者，一个让人深受感动的名字。当国家遭受百年不遇的洪

涝灾害和历史罕见的暴风雨雪袭击的时候，青年志愿者义无反顾地抢险救灾；当汶川特大地震的时候，青年志愿者用弱小的身躯承担起重建灾区的重任；当祖国喜迎百年奥运盛会的时候，青年志愿者用微笑赢得了世界各方赞誉……今天，青年志愿者服务活动已经成为建设中国特色社会主义进程中一道亮丽的风景。青年大学生志愿者服务活动的重要意义在于：一是青年志愿者服务活动是学雷锋、做奉献、增强社会责任感的优良载体。青年志愿者服务以"奉献、友爱、互助、进步"为宗旨，继承和发扬了中华民族扶贫济困、助人为乐的传统美德，借鉴了人类文明的先进成果，与建立和谐社会相适应的社会主义道德建设体系的要求相一致。二是青年志愿者服务活动对建立社会主义和谐社会有着积极作用。青年大学生志愿者服务活动以满足社会和群众的需要为出发点，为党和国家分忧、为群众解难，弘扬了团结友爱、助人为乐、无私奉献的新风正气，促进了人与人之间的融洽互助，学会相互关怀、相互信任，形成团结友爱、互助的良好社会风气，有助于营造温馨和谐的社会氛围，对整个社会的和谐发展有着积极的影响。

二、社会考察型实践教育

（一）依托爱国主义教育基地进行实践教育

为了深化爱国主义教育，全国相继建立了一系列爱国主义教育基地。1997年7月，中宣部向社会公布了首批100个爱国主义教育示范基地，并以此影响和带动全国爱国主义教育基地的建设。2001年6月，中宣部公布了以反映党的光辉历史为主要内容的第二批100个爱国主义教育示范基地。2005年11月，中宣部公布了第三批66个全国爱国主义教育示范基地。2009年5月，中宣部公布了第四批87个全国爱国主义教育示范基地，旨在进一步推动爱国主义教育基地建设，更好地发挥爱国主义教育基地作用，更加深入地开展群众性爱国主义教育活动，激发爱国热情、凝聚人民力量、培育民族精神。

（二）依托革命老区、革命圣地进行实践教育

革命老区是中国革命老根据地的简称，它是指土地革命战争时期和抗日战争时期，在中国共产党和毛泽东等老一辈无产阶级革命家领导下创建的革命根据地。革命老区是新中国成长的摇篮，是新中国社会主义大厦的坚强基石。革命老区是充满荣誉的，革命老区的光荣传统和历史经验是非常宝贵的精神财富，它的光辉业绩已载入史册，彪炳千秋，永放光芒。

中国"革命圣地"是指从1921年中国共产党成立到1949年中华人民共和国成立28年中，在中国共产党生死存亡的关键时刻发挥了重要作用的地区。它们为中国共产党成立，中国军队的建立，主要革命根据地的创建，中国革命的胜利，建立新中国做出了不可磨灭的贡献。革命圣地镌刻着中国革命和中国共产党战斗的历程，展现着奋斗的光辉和创造的辉煌业绩，是全社会共同的精神财富。

（三）依托"红色资源"进行实践教育

红色旅游资源应该是红色资源和旅游资源的交集，同时符合红色资源与旅游资源的概念要求。红色旅游资源对游客具有特殊的吸引功能，其吸引力主要体现在两个方面：第一是思想道德情操的培育，第二是文化知识的传播。当下人们进行红色旅游主要是基于两个方面的考虑：一是了解中国共产党的奋斗历程，缅怀革命先烈的丰功伟绩；二是接受革命传统教育，继承和发扬革命精神。红色旅游资源是具有旅游开发价值的红色资源，主要是指中国共产党领导中国各民族人民在革命、建设和改革开放伟大实践中所形成的纪念地和标志物。红色旅游资源是红色资源中的精华，

是一种集政治、经济、文化等功能于一体的综合性资源。

三、劳动服务型实践教育

（一）勤工助学活动

大学生勤工助学活动是在遵守国家法律及学校规章制度和不影响学业的前提下，利用假期或课余时间在校内外所从事的有一定报酬的劳动。它是大学生将从事的勤工助学活动与专业学习、能力培养、素质提高和全面发展紧密结合起来的有偿社会实践服务活动。它不仅可以帮助家庭经济困难学生完成学业，增强学生的经济自立能力，而且可以锻炼学生的独立生活能力和实际工作能力。

（二）劳动实践教育活动

劳动实践教育是实现学校培养目标的重要途径。首先我们必须弄清楚劳动实践教育的概念。"劳动实践教育就是关于劳动思想、劳动知识和劳动技能教育的实践性教学活动。也就是教育者根据教学大纲的要求，有组织、有计划地安排生产性的集体活动，向受教育者传授现代劳动生产的基本知识和专业劳动技能，使他们在劳动生产的实践过程中树立劳动观念，练习劳动技能，培养劳动能力的实践性教学活动。"劳动实践教育必须以生产性集体劳动为主要形式。只有在劳动生产中通过实践操作和刻苦练习，才能培养学生的基本劳动技术和专业劳动技能，只有在集体劳动中才能培养学生的集体主义精神、奉献精神，从而使学生树立正确的劳动价值观。

（三）环境保护活动

为了保护生态环境，为了维护人类的健康，必须积极防治环境污染。通过高消费追求经济数量增长和先污染后治理的传统发展模式已不再适应现在和将来发展的要求，必须努力寻求一条人口、经济、社会、环境和资源相互协调的、既能满足当代人的需要而又不对满足后代人需求的能力构成危害的可持续发展的道路。如今许多高校组织大学生走出校门，走向社会，积极进行环境保护和环境调查，他们利用文艺晚会、主题演讲、摄影展览等形式，宣传环保观念，唤起广大民众对环境保护重要性的认识。同时，高校也努力加强大学生自身的环境保护意识教育，使大学生进一步了解环境恶化的严重后果，充分认识资源环境和生态环境建设的重要意义，树立人与自然、经济与环境的协调统一的发展观，进一步理解和掌握国家环境保护的政策法规，增强环境保护意识和绿色文明的观念，了解环境监测与污染治理的一般知识，使大学毕业生在今后的工作中做到自觉维护生存环境，做环境保护的倡导者和实践者，为更好地改善人们的生活环境，建设资源节约型、环境友好型的和谐社会贡献自己的力量。

四、校园文化型实践教育

校园文化建设是校园内的实践教育活动，它作为一种环境教育力量，对学生的健康成长有着巨大的影响。大学生置身于高校校园文化环境中，时刻都受到良好的教风、学风、校风、文化传统等的影响，从而激发他们学习欲望、启迪智慧、陶冶情操、娱乐精神、净化心灵，构建学生的健康人格，全面提高学生个人素质。

大学生社团种类繁多，依据社团活动的内容来看，大致可以分为以下几类：

理论研究性社团：社团成员有着共同的理想、信念和志向追求，致力于政治理论的学习与研究。这类社团聚集了大量的品学兼优的学生，学生积极要求进步，勤奋学习，立志成才。

学术研究性社团：以专业课程学习、交流、实践为主要内容和目的的社团，此类社团中学生专业能力强、创新能力强、实践能力强。致力于科研课题的研究、科研成果转化，能丰富学生知识，开阔学生视野，如心理学协会、计算机协会、法学会、英语协会等。

文艺活动性社团：根据大学生的文艺特长和共同兴趣爱好组建而成的学生社团，该类社团注重艺术享受、提高艺术素养。主要形式分为三类：一是文学类，如诗社、剧社、文学社等。二是综合艺术团，如大学生艺术团，以提高大学生的艺术修养，培养大学生的艺术才能为目的，充分展示大学生的艺术才华。三是大众化程度较高的艺术社团，如影视协会、摄影协会等，这些社团的学生将兴趣爱好体现在社团活动中，时常产生一些较好的活动成果。

社会公益性社团：以爱心奉献、无偿服务、关爱互助为目的，利用节假日、周末、课余时间走入社会，从事各种志愿服务活动。在校内外产生了很大影响，如各校成立的青年志愿者协会、环保社团等。

科技实践性社团：为培养提高大学生的创新能力和实践能力而成立的社团。其活动主要包括课外学术科技、勤工助学和社会实践等，如勤工助学协会、学生科技协会、家教服务中心等。

体育健身类社团：依据大学生的共同兴趣爱好和个人体育特长组织建立而成的社团。体育健身类社团以全民健身运动的开展为依托，寓竞技和娱乐为一体开展了一系列活动。体育健身类社团主要可以分为四类，即球类、棋类、技击类、健美舞蹈类，如篮球协会、羽毛球协会、武术协会、中国象棋协会等。

五、思想政治理论课型实践教育

思想政治理论课是对大学生进行系统的马克思主义理论和思想品德教育的主课堂、主渠道和主阵地。通过思想政治理论课的教育教学来引导和帮助大学生树立正确的世界观、人生观和价值观，认识社会发展的基本规律，认识党和国家的路线、方针、政策，认识自己的社会责任，确立在中国共产党领导下走中国特色社会主义道路，实现中华民族伟大复兴的共同理想和坚定信念，成为有理想、有道德、有文化、有纪律的社会主义建设者。要实现这一教育教学目的，就必须加强和改进大学生思想政治教育工作，提高思想政治理论课的教育教学效果，因此，思想政治理论课教学必须紧密联系大学生的思想实际，回答现实中的重大问题，要把实践环节引入思想政治理论课教学活动中，逐步形成有特色、行之有效的思想政治理论课实践教育模式，要把马克思主义的普遍真理与中国实际结合起来，用真理的魅力吸引大学生，用理论的精髓感染大学生。而加强思想政治理论课的实践教育，不仅有利于提高思想政治理论课教学的针对性、实效性和吸引力、感染力，同时也有利于培养大学生理论联系实际，分析问题和解决问题的能力。

六、其他类型的实践教育

（一）大学生基层挂职实践教育

大学生基层挂职锻炼是指大学生在学校有关部门的统一组织安排下，参加社会实践教育活动期间，按照社会实践教育的基本要求，根据学生的个人条件和接受单位的实际情况，本着学习、锻炼、提高的原则，到农村乡镇或企事业单位挂职，担任某项具体职务的实践教育活动，并在规定的时间内完成接受挂职单位和学校安排的工作任务。如担任各行政部门及机关单位助理：（乡、镇）团委副书记或团委书记助理，乡镇长助理，农村的党支部书记（村长）助理，企业的经理助理、工程师助理，中小企业、乡镇企业厂长助理，乡镇街道、城乡社区、事业单位中层干部助理等。大学生基层挂职主要指组织高年级学生（含硕士、博士研究生）到城乡基层挂职锻炼。它是一种较高层次的社会实践活动形式，有利于充分发挥学生的专业特长，有利于大学生的成长成才，也有利于地方干部队伍的培养和建设。

（二）大学生军训实践教育

大学生军事训练是指高等学校为了使大学生掌握基本的军事知识、军事技能而有目的、有计划地组织其接受相应内容的理论与实践教育的过程。同时军训又是由军事单位参与组织，由现役军人执教的实践教育活动，因此军训具有学校教育和社会实践教育相结合的特点。军训作为社会实践教育的一项重要内容，基本上是一项课外实践活动，以感性教育或实践教育为主。大学生通过军事训练促进了德智体美的全面发展，培养了良好的组织纪律性和勇敢顽强、坚韧不拔、吃苦耐劳、不怕困难的精神，培养了团结友爱、互相帮助的集体主义精神，锻炼和增强了体魄。

（三）大学生创业实践教育

大学生课外创业实践教育是指高校学生个人或团队利用课余时间制订创业计划并付诸施行的实践教育活动。尽管在校学习期间将创业计划付诸行动的学生并不多，但是参与创业计划的制订对培养他们的创新精神、创业精神、创业意识、创业心理品质、团队意识等有很大的帮助，深受广大青年学生的欢迎。作为创业教育的重要载体——大学生的创业实践活动适应了高等教育改革与发展的需要，促进了大学生理论联系实际和融入社会生活。其根本的出发点与立足点是培养大学生的创新意识、实践能力和创新创造能力，培养大学生的自信、自立、自主、自强创业精神，提高大学生综合素质，造就中国特色社会主义事业的建设者和接班人。

（四）大学生产、学、研联合型实践教育

产、学、研联合型实践教育是大学生社会实践的一种新模式，是教育与生产劳动相结合这个古老命题的新发展，是教育实践发展到一定阶段的产物。高校走教学、科研、生产联合体或产、学、研相结合的道路，是当今和未来高科技时代大学生社会实践教育的发展趋势，对提升高等教育发展水平，促进高等教育与经济社会的双向发展具有重要的价值。

产、学、研相结合，是大学的社会职能在现代社会日益扩展的必然结果，是大学为社会经济的振兴、高新科技的辐射及推动社会生产力的发展做出贡献的有效途径，是贯彻面向社会的大学理念，使大学适应、服务和引导社会的一种重要形式，也是世纪知识经济时代对大学教育改革提出的更高要求，促使现代大学走产、学、研相结合的道路以进一步密切大学同社会之间的联系，现已受到了世界各国的普遍重视。通过教学、科研、生产在更高层次上的有机结合，而组成产、学、研一体化的社会新结构和大学新机制，更加全新地解读现代大学所担负的社会责任和使命，使大学真正成为社会经济发展的信息源、科技源和人才源。

（五）大学生虚拟实践教育

21世纪以互联网为代表的信息技术在全球迅速发展，高度信息化的社会开始成为青年大学生的生活世界。互联网在推动高校教育改革发展、丰富师生精神生活、促进思想文化交流等方面起到了积极作用。大学校园早已被网络全面覆盖，大学生是上网用户的主力军，网络越来越明显地影响

着当代大学生的政治立场、道德观念、思想文化和行为方式。

所谓大学生虚拟实践教育，是指高校运用计算机网络技术、虚拟现实技术等手段在计算机网络空间中有目的地创建仿真或虚拟的社会实践情境和条件，并引导大学生进行自主探索、自主体验、相互交流、自我教育，从而健全大学生成长机制的过程。要正确理解虚拟实践教育，关键要掌握虚拟性是虚拟实践的基本特征，虚拟也是一种客观存在，只是这种存在没有现实世界中的实体感，而是由数字化符号所构成。大学生通过虚拟社会实践接触到比现实社会实践更为广阔的空间，使大学生进一步认识社会、了解社会、服务社会，在实践中实现"受教育、长才干、作贡献"的目的。

在虚拟社会实践教育活动中，可采用多种多样的教育方式和教育手段，其中主要有利用网络资源开发健康向上的专题网站，利用信息技术、计算机网络技术设置虚拟课堂、虚拟学校、虚拟社区，开发网络游戏等。

第三节　实践育人的现状原因分析

一、当前家校合作劳动实践育人的现状

新时代，我国各级各类高校和家庭对劳动的教育更加重视，劳动实践育人已经成为提高劳动者素质的根本之道，无论是高校、家庭，还是社会，都认为只有通过教育的方式，在尊重知识、尊重人才、尊重创造的同时尊重劳动，才能从根本上解放和发展生产力，取得经济的迅速发展，才能解决人民群众日益增长的美好生活需要同不平衡不充分的生产力发展之间的矛盾，才能实现劳动者的自由全面发展。

因此，进入 21 世纪后，我国政府在管理体系内不断深化并拓展劳动的内涵和外延，加大在劳动领域的教育资源投入。特别是在高等教育阶

段，注重培育学生的劳动意识，提升学生劳动素养，提高学生劳动能力。而作为社会主要细胞，以及学生成长、成才的主要阵地，家庭也打破了传统忽视劳动教育、忽视学生参与家庭劳动等错误的意识，重新确立了高校教育体系下，学校与家庭共同努力，塑造共同价值理念，达成尊重劳动、尊重知识、尊重人才、尊重创造的共识。

（一）家校合作劳动实践育人理念得到广泛认同

当前，家校合作劳动实践育人已经在我国各级各类学校和各个家庭内部形成了普遍共识，得到了学校和家长们的广泛认同。在国家战略发展层面而言，家校合作劳动实践育人，早已经被纳入党和国家的教育方针之内。2020年，中共中央、国务院印发的《关于全面加强新时代中小学劳动教育的意见》（以下简称《意见》）中，再次强调了家校共育的指导思想，提出要将劳动教育纳入人才培养全过程，贯通大中小学各学段，贯穿家庭、学校、社会各方面。《意见》颁布后，得到了广大家庭的大力支持。很多家庭开始设计并逐步确立起崇尚劳动、热爱劳动、尊重劳动成果等为主题的家风、家训，并且通过现代通信技术，主动建立了家长群、班级群、教育群，在劳动实践育人内容、方法、实现路径、监督方式等方面，加强与辅导员老师、劳动教育专业教师、学生劳动协会等部门之间的沟通与联系，家校协同劳动实践育人成为当前学校和家庭共同的价值追求。

（二）家校合作劳动实践育人与校园文化建设相互融合

在推进劳动实践育人与校园文化建设的过程中，学校在家长的配合和支持下，学校以校史、校训、校歌等方式，对在校学生实施劳动理论教育的同时，充分挖掘校史中的创新、拼搏、迎难而上、任劳任怨、立德树人、热爱劳动等典型案例，充分应用现代技术手段，以图片、话剧、视频等方式还原历史，让学生在重温历史的过程中，接受精神洗礼。如我校发端于石油、冶金行业，学习"铁人"王进喜精神蔚然成风。

（三）家校合作劳动实践育人与社会实践紧密结合

学生积极主动地参与到劳动教育过程中，接受并认同劳动教育的目标和要求，在劳动过程中能够独立做出判断和选择，自主调节行为，才能在实践中切实实现自身品德的完善，并在接受劳动实践育人的过程中，实现学生在劳动上的自主性、能动性和创造性。在学校劳动教育中，多措并举，通过组织学生暑假实践、社会实践等方式，为学生积极参与劳动实践育人提供空间、创设环境，通过创建学生乐于参与的劳动实践项目，使学生自主融入到劳动实践育人体系之中参与劳动，能动地接受劳动教育。在保证学生在场的情况下，促进劳动实践育人与社会实践的有机结合。

二、当前家校合作劳动实践育人存在的问题

（一）协同政策引导不足

在指导思想和顶层设计的影响和制约下，国家、政府、学校以及家庭在劳动实践育人问题上，存在着政策引导不足等问题。长期以来，教育部尚未制定并颁布有效的政策，规范并引导高校有效实施劳动实践育人。各级各类高校在人才培养中，也缺乏合理有效的劳动实践育人方案，劳动实践育人长期处于空窗期和探索期。

（二）制度保障不足

高校劳动实践育人在很大程度上被边缘化、薄弱化，教育环境缺失，

领导重视不足，缺乏顶层设计，而且在人才培养和整体课程体系建设中弱化劳动实践育人，缺乏完善的保障性制度。在各级各类高校人才培养方案的制定与课程的总体设计和规划中，缺乏实现劳动实践育人的制度性保障，更加缺乏和家长之间的交流渠道，学校和家庭之间在劳动实践育人层面，存在着严重的信息不对称问题。高校和家长在劳动实践育人环节上长期缺乏沟通、交流。信息的不对称，限制着劳动实践育人功能的发挥，将学校和家长隔离于悬崖的两端，这两方对学生接受的劳动实践育人以及教育的成果互不知情。

（三）物质保障不足

在高校劳动实践育人体制内，无论是高校还是家庭，都未能提供有效的保障性条件。由于资金、设施以及劳动实践育人场所的缺乏，我国高校的劳动实践育人普遍存在着与社会实践相剥离的现象。人才培养方案下所涵盖的劳动课程，理论性较强、实践性较差、实操性更差，有些劳动课程教学计划，甚至只能停留在理论教学体系之内，根本无法外化为实践。但是由于高校缺乏必要的劳动教育经费和开展劳动教育的场所，而不得不改变教学内容，重做教学设计。

三、当前劳动实践育人中家校合作不力的原因

（一）劳动实践育人价值引导不足

当前，高校和家长在劳动以及劳动本质的认知问题上，对劳动教育中学生成长成才价值、功能的发挥，缺乏坚定的价值认同，存在着知与行不统一、缺乏健康的劳动习惯以及优秀的劳动品质等影响学生劳动价值观形成与发展的问题。受教育者对劳动的认识功利片面，劳动情感严重不足，

缺乏必要的劳动积极性。对劳动本质的认识问题上，无论是家庭教育还是学校教育均存在认知的偏差，无法实现知与行的和谐统一，只有理论的高大上，而缺乏实践中热爱劳动、崇尚劳动、勤奋劳动的优秀品质。

（二）家校合作劳动实践育人理论滞后

高校和学生缺乏对劳动以及劳动内涵的理性认知，缺乏合理有效的协同理论，使高校和家庭将劳动教育边缘化。由于我国教育体制及家庭教育中，长期以来的劳动教育缺位现象，导致我国高校层对劳动认识不全面，缺乏深入系统的了解，对劳动价值、劳动过程、劳动成果缺乏深入认识。

（三）家校合作劳动实践育人参与不足

劳动实践育人需要家庭和学校的共同参与，任何主体的缺位，或能动不足，都会影响教育效果。当前无论是高校还是家长，对劳动教育的主要组成部分、具体实践形式，以及如何针对不同年龄阶段的学生恰当地进行劳动实践育人、劳动与教育如何实现一体化、如何对劳动实践育人的成效等问题进行监督考核等内容，仍存在很多理论的指导和实践的盲点，劳动实践育人参与度不足。

（四）对家校合作劳动实践育人重视不够

高校劳动实践育人的边缘化、薄弱化，教育环境的缺失，领导重视不足，缺乏顶层设计等问题，严重影响着我国高校劳动实践育人机制的创建和运行。高校缺乏对劳动实践育人培养目标的顶层设计，大部分高校并未将劳动纳入人才培养计划，劳动仅是课程教育推行的一种手段，并未开设专业的劳动课程。也未将劳动纳入人才培养体系，劳动实践育人长期得不到重视。

家庭缺乏对"五位一体"全面发展型教育体系的顶层设计。家庭在助力学生成长成才的过程中，应该发挥好协同功能，以国家"五位一体"全面发展型教育体系为蓝本，设计并制定符合家庭实际情况、符合学生成长成才规律，符合学生发展规律的"顶层设计"，从德育价值观培养、智育能力培养、身体健康培养、美育审美能力培养等方面，对学生进行综合性、多层次、全方位的教育，以便更好地形成合力，共同促进新时代人才发展。

（五）家校合作劳动实践育人教育评价、监督机制不足

在劳动成果评价等方面，虽然一些学校在劳动实践育人政策的指导下，组织开展了一系列劳动技能、劳动成果展示、劳动竞赛等活动，但是这些活动仍然仅仅停留在课外拓展活动领域，并未纳入学生综合素质评价体系之内，既不能作为评优、评先、评奖学金的参考，也更不是学生毕业或者是否能以优秀毕业生毕业的指标，劳动实践育人成效评价的价值性和有效性，长期缺乏强而有力的标准。此外，社会各界、学校和家长，对劳动实践育人成果，以及劳动实践育人的功能的发挥，缺乏必要的监督机制，劳动实践育人既未纳入高校督导体系之内，也未纳入社会评价体系之内，劳动实践育人监督机制严重不足。

第四节　家校合作实践育人思路探索

新时代，培养学生劳动素养，提高学生劳动技能，实现学生的全面发展，应该充分发挥家庭和学校的协同功能，相互补充、相互促进，真正实

现教育与生产劳动的结合，培养五位一体现代化人才。

一、育人理念同心同向

高等教育的最终目标是培育全面发展的社会主义建设者和接班人，促进学生的不断进步，是学校和家长共同的价值追求和理想信念。在学生成长问题上，学校和家长一直坚定地处于统一战线，具有共同的理念。二者相互支撑、相互补充、缺一不可，在劳动实践育人体系内，学校和家庭首先应在理念上确立牢固的劳动实践育人共同体，形成共同的、坚不可摧的劳动实践育人理念，并将这一共同的理念坚决地贯彻到学生学习、生活、交往、日常行为规范的方方面面。主动在坚定理想信念上下功夫，共同引导学生养成热爱劳动的价值理念，增强学生对劳动的价值认同，教育并引导学生要学会尊重劳动、崇尚劳动，要使学生在情感上热爱劳动，懂得劳动是最美的、幸福的生活都是由劳动创造出来的。

一是确立劳动创造幸福的价值理念。学校和学生家长应准确把握新时代劳动实践育人内涵，明确劳动实践育人重点，承担起对学生价值理念的塑造义务，要让学生明确人类是劳动创造的，社会是劳动创造的，劳动创造了幸福，创造了美。学校要加大宣传力度，塑造热爱劳动新理念，主动将对学生的劳动教育贯彻到每一个学科体系之内，挖掘课程劳动教育元素，通过讲故事、举例子等方式，引导学生感悟劳动的意义。让学生懂得，所有的成果，都是由每个人辛勤的劳动创造出来的，没有不劳而获，没有投机取巧，只有通过辛勤的劳动，才能创造价值，实现成功。家长也应该积极向学生灌输"天道酬勤"的价值理念，通过家庭劳动实践育人，使学生认识到，积极参加劳动，用自己的双手不断促进生产力的发展，努力拼搏，才会真正感受幸福、获得满足。

二是确立劳动最美的价值观念。通过劳动塑造学生的世界观、人生观和价值观，确立劳动最美的价值理念，明确幸福是通过劳动创造的，热爱劳动的人,才是最美的人,积极参加劳动的人,才是令人敬仰的人。加强对劳动的正确认知,摒弃长期以来存在的错误的劳动观念,在学校和家庭中弘扬劳模精神、劳动精神,让"劳动光荣、劳动创造伟大成为铿锵的时代强音,让劳动最光荣、劳动最崇高、劳动最伟大、劳动最美丽融入校园文化和家庭文化构建体系之内"。要鼓励学生积极参与家庭劳动,在劳动的过程中感受家庭的温馨、幸福,感受家庭丰厚物质生活的来之不易,要让学生懂得劳动最光荣、劳动最崇高、劳动最伟大、劳动最美丽,旗帜鲜明地反对社会中长期存在的贪图享乐、崇尚暴富的错误思想,使中华民族勤俭、奋斗、创造、奉献的劳动精神在大学生身上发扬光大,让他们懂得热爱生活,感恩父母。

三是确立劳动实践育人共识。在学生培养,以及成长、成才问题上,学校和家庭的最终目标是一致的,对学生的期望是一致的,对学生的关心是一致的,家庭和学校的关系属于"命运的共同体"。因此,为了切实实现劳动实践育人对学生劳动观念的形成、劳动素养的确立以及劳动精神的内化,学校和家庭应该主动联合,创建劳动实践育人共同体。在劳动观念、劳动素养、劳动价值、劳动精神,以及劳动知行合一等各方面达成共同的价值理念,协同一致,共同完善劳动实践育人的施行。

二、完善制度建设

(一)确立家校协同劳动实践育人战略目标

《中华人民共和国教育法》全面考察了当前国际社会、国内社会以及现代家庭的现实需求,提出"教育必须为社会主义现代化建设服务,必须与生产劳动相结合,培养德、智、体等方面全面发展的社会主义事业的建设者和接班人"的方针,百年大计,教育为本,构建劳动实践育人机制,不仅是国家战略需要,而且是高校人才培养的需求,也是和谐家庭发展的现实需求。学校应和家庭确立长期稳定的劳动实践育人制度设计和制度安排，共同研究制定高校劳动实践育人指导纲要，细化劳动实践育人目标、内容、途径、方式、评价体系等，立足学生全面发展，确立家校协同劳动实践育人战略目标，加强对劳动实践育人的具体指导和专业支持。家庭和学校应准确把握教育强国思想，以"立德树人明责"为价值导向，以学生为本，制定切实可行的、有利于学生成长、成才，有助于促进我国高等教育向前发展，有助于实现全程育人、全方位育人的中长期战略目标。以家校协同劳动实践育人制度为基本原则，在家校合育共同体的指导下，分阶段、有方法地实现家校协同劳动实践育人的科学、合理、有序推进。

（二）拓宽家校协同劳动实践育人的渠道和方式

培育学生劳动素养，是一个多元复杂的过程，需要社会、学校以及家庭的共同努力。在劳动实践育人机制中，学校和家庭都占据着重要地位，是培育学生劳动技能的关键阵地。因此，高校劳动实践育人家校合作，应坚持学校和家庭相互平等、互为补充的主体地位，既发挥学校的教育功能，又发挥家庭的育人作用。在高校劳动实践育人家校合作中，家庭和学校应坚持平等性原则。从教育理念层面上，家庭和学校都应树立尊重劳动、热爱劳动、参与劳动的意识，使学生树立在学校主动参与劳动，在家庭中积极参与劳动的意识。高校劳动实践育人体系的完善，需要每个家庭和家长与学校合作，家庭作为学生生产行为和道德标准形成的重要阵地，应该主动融入劳动实践育人体系之内，和学校一道，共同参与，共同发力，发挥好家庭在劳动实践育人中的基础性地位。每个学生都应主动建立起崇尚劳动、热爱劳动、劳动光荣的家风建设，培养学生必备的劳动能力，培养良好的劳动习惯，鼓励学生在家积极自觉参与劳动、自己动手劳动、随时随地坚持不懈地劳动，合理安排家庭劳动内容，每年都能掌握最基本的生活技能，提高学生自身的生存能力；要鼓励学生利用节假日参与社会劳动，培养学生社会责任；要树立崇尚劳动的家风，让孩子从小养成热爱劳动的良好习惯。

（三）完善劳动实践育人课程体系设计

课堂是高等教育的主阵地，课程更是关键内容。高校劳动实践育人家校合作，应该坚持以人为本的根本性原则，坚持以学生为本，以学生发展为本。高校劳动实践育人家校合作应坚持学生的主体性和导向性地位，以促进学生全面发展、促进综合能力提升为主要目的。将劳动教育纳入教育教学体系和人才培养体系之内，在课程建设、资源配备、人力保障、管理考核等方面，构建劳动实践育人长效机制，构建家庭、学校和社会协同实施机制，创建既有利于培养学生的劳动意识、懂得尊重劳动，同时又能够在劳动过程中，提高自身技能的教育环境，为未来发展服务，实现劳动技能与劳动思想的相互平衡。

三、建立高校劳动实践育人家校合作长效机制

学生是连接高校和家庭的桥梁。学生既是高等院校教育的主体，更是家庭的未来和希望，家庭和学院的命运是紧密相连的，共同构成了学生成长成才的空间。因此，在劳动实践育人的科学思想指导下，家庭和学校应该主动探索、加强互动，为学生劳动意识的培养、劳动情怀的焕发、劳动能力的提高提供长效支持，使劳动实践育人在高校和家庭生活中实现制度化、规范化、常态化。

（一）创建劳动实践育人家校合作模式

高校应立足新时代劳动实践育人新要求，实现学校劳动实践育人规范

性和家庭劳动实践育人灵活性之间的动态平衡，通过修订人才培养方案、进行课程体系改革以及建设校内外劳动实践基地等方式，强化对学生在校学习阶段的、全方位全覆盖的劳动理念教育。学校应该利用阵地功能，开展劳动实践育人规范化培养，平均在每个学期开设劳动实践育人相关专业课程，并将劳动实践育人元素，有效融入专业性课程体系之内，针对学生身心发展特征，制定合理的劳动主题，使学生在不同阶段、不同空间都有机会学习劳动理论知识。另一方面，家长在家庭教育中，也应合理贯穿劳动实践育人思维，有计划地制定家庭劳动实践育人主题，通过让孩子积极参与家庭劳动，带孩子一起参与公益劳动、社会劳动，以及共同阅读劳动书籍、谈论劳动楷模等方式，从言传身教等多种形式入手，在学生成长过程中将劳动实践育人理念传递给学生。

（二）做好劳动实践育人顶层设计

劳动创造了人，劳动的过程也在塑造人。劳动不但能释放学生的本质力量，而且有助于在劳动中使学生形成团结协作、吃苦耐劳、精益求精、不怕苦不服输等精神品质。劳动价值观和劳动素养的提升，以及劳动习惯的养成，是一个漫长而复杂的过程，因此高校在劳动实践育人家校合作长效机制构建中，需要建立长效育人机制，将劳动实践育人作为一项战略任务，设计长远目标，实现劳动实践育人的制度化与常态化发展。

第一，明确劳动实践育人政策的出发点。在劳动实践育人家校合作构建中，学校和家长应当在劳动实践育人出发点问题上达成规范性、一致性、长远性的共同目标。将提高学生的获得感作为基本出发点，以实现劳动实践育人学生主体为目标，将劳动教育融入学校教育和家庭教育各个领域、各类内容、各种形式，充分发挥劳动实践育人在新时代人才培养层面的重要功能，并规范劳动实践育人的设计、指导、考核、评价等政策体系。

第二，劳动实践育人理念应当贯穿家校协同教育全过程，使学校和家庭在劳动实践育人问题上达成共识，形成合力。"人不仅通过思维，而且以全部感觉在对象世界中肯定自己。"劳动实践育人思想，既符合劳动者自身发展的实际需求，也符合人类世界客观规律发展的实际需要。"劳动教育的目的，在谋手脑相长，以增进自立之能力，获得事物之真知及了解劳动者之甘苦。"

学生正确劳动观念的培养，需要在长期的发展过程中，充分调动人的认知、情感、意志，并实现主体之间的协调统一。因此，家庭和学校应巩固合作关系，通过明确责任分工、完善教育管理措施、制定劳动实践育人方案、加强课程改革、设立专门性管理机构等方式，将劳动理念教育贯穿于家庭和学校教育的全过程。

（三）推进劳动实践育人课程内容发展

高校是人才培养的重要阵地，在劳动实践育人发展体系内，学校应切实主动地承担起劳动实践育人的重要责任，通过不断完善劳动实践育人课程，推进劳动实践育人全覆盖，发挥好在劳动实践育人中的主导作用。劳动实践育人作为全面人才培养体系的重要组成部分，具有独特的目标内容、专门的载体和考核评价方式。因此，完善劳动实践育人课程发展体系，必须落实教育部全面贯彻劳动实践育人总要求，构建可行性强的劳动实践育人新目标，完善劳动实践育人专业课程建设，保障必要的劳动实践育人实践，建立合理的劳动实践育人考核评价体系，加强对劳动实践育人学术研究。

四、完善劳动实践育人保障措施

在劳动实践育人家校协同体制中，学校和家庭应完善劳动实践育人的实现路径，在资金、设施、场地等方面，为高校劳动实践育人家校协同体创建提供物质保障。

（一）资金保障

在劳动实践育人过程中，高校和家庭应该提供劳动实践育人的资源供给，为劳动实践育人的有效推进，设立专项资金，为劳动实践育人家校合作提供充足的资金保障。学校应该通过家长会制度或家长委员会制度等方式，加强与家庭之间的联系与沟通，制订专项计划，筹措专项资金。作为劳动实践育人的重要组成部分，政府和社会应主动发挥好协同配合的功能，为劳动实践育人提供必要的资金保障。

（二）平台保障

用勤劳的双手和诚实的劳动创造美好的生活，需要国家、社会为个人提供开阔的空间。正如毛泽东在激励青年上山下乡时所说：广阔天地，大有所为。劳动价值的实现，劳动质量的提升，需要劳动者融入劳动的整个过程。因此，在劳动实践育人家校合作建设中，应该搭建全方位的劳动平台，提供合理的场地保障。组织学生实实在在地劳动，以体力劳动为主，让学生在劳动中出力出汗，完成一定的劳动任务。

（三）师资保障

教师是教育的捍卫者和践行者，是人才培育必不可少的资源。正如习近平总书记所说："百年大计，教育为本。教师是立教之本、兴教之源，承担着每个孩子健康成长、办好人民满意教育的重任。"

劳动实践育人作为新时代人才培育的重要内容，教师的教育能力和教育水平影响着劳动实践育人的成效，"今天的学生就是未来实现中华民族伟大复兴中国梦的主力军，广大教师就是打造这支中华民族'梦之队'的筑梦人"。长期以来，高校劳动实践育人体系中存在着严重的师资队伍建设不完善等问题，限制了高校劳动实践育人模式的发挥，影响了家校协同劳动实践育人功能的发挥。新时期，构建劳动实践育人家校合作必须不断加强师资队伍建设，为劳动实践育人提供充分的师资保障，要组建以专业教师为主导，兼职教师为助力，专职和兼职相互融合、互帮互助的师资队伍，为劳动实践育人提供教师保障。

第十章

家校合作促进大学生就业

随着"三全育人"理念的提出，我国许多高等教育机构开始着手家校合作工作的实践与理论探索，在高校开展家校合作培养学生的呼声不断增强，高校开展家校合作有其必要性以及必然性。在目前的就业形势下研究此问题，对探讨解决大学生就业问题，对促进大学生建立健康、良性的就业价值观具有重要的理论和现实意义。随着我国高等教育的快速发展，应届毕业生人数逐年攀升，2023年大学毕业生达到1158万人，2024年大学毕业生人数约1187万人，同比增加29万人，再创新高。其中，博士生12.58万人，硕士生105.07万人，普通本科生444.60万人，专科起点本科生71.77万人，职业本科生4.14万人。在经济全球化及东西方文化双重影响背景下，当代大学生就业观、就业行为、就业目标出现功利化、现实化等新的特点。学生在就业、择业的过程中受到来自家庭的影响也日益增加。家庭和学校是大学生学习、生活的主阵地，两者在大学生的就业工作中都具有关键性的影响。因此，通过多渠道、多途径加强家校合作，整合利用多方资源帮助大学生建立正确的就业价值取向，调整就业心态，做好就业准备方面具有突出作用。在大学生就业形势日趋复杂严峻的情况下，研究家校合作促进大学生就业的路径对于引导和培育大学生树立科学就业观，有效妥善解决大学生就业问题，促进大学生建立健康、良性的就业价值观具有重要的理论价值和现实意义。

家庭教育是学校教育和社会教育的基础，学校可以让家长们获取有效的教育方式，但是在现阶段家校合作还是主要集中在中小学。究其原因，一方面，由于中小学阶段学生各方面经验不足，特别需要学校和家庭双方配合下学习成长，另一方面，由于地理距离的原因，学校与家庭之间就学生教育问题进行相关意见沟通会比较便利。

大学生是家长和高校之间连接的纽带，家长和高校的目标是高度一致的，都把学生成长、成才作为首要目标。家庭是学生心理状况、认知水平最真实的反馈者，家庭是学生就业过程中负面情绪最有效的缓冲带，家庭是学生就业方向、选择行业最有力的参与者，家庭是高校学生就业工作的支持者和辅助者。高校是大学生学习、生活的主要场所，高校与毕业生之间存在着学籍管理、档案管理、教学管理、专业知识学习、发展规划、毕业证书和学位证书的颁发与授予、奖助贷惩、财产管理、住宿管理、饮食服务、校园人身安全等关乎学生切身利益的多种关系，掌握着学生在校期间的第一手资料。家庭积极参与，配合学校关注大学毕业生就业情况，将大大提高大学生就业质量，高校对学生个体情况的把握将更准确；同时高校利用丰富的社会资源向家长宣传最新的就业形势，介绍全新的就业理念，矫正以往错误的就业价值观，加强与家长的联系，及时将学生在求职中遇到的困难和情况反馈给家长。一方面便于学校和家长及时发现大学生实际困难，另一方面在毕业生产生畏难妥协的情绪时能够有效地进行指导。

第一节　就业工作阻力分析

高校大学生就业工作中的阻力主要在于两个方面：一是学生自身方面。在产业转型和经济转型的大时代，社会因素深刻影响大学生的职业价值观。有研究表明，大学生首先考虑的都是个人发展的需求，如发展机会、薪酬待遇、工作环境等，而对于社会贡献与需求上考虑得较少，对自身价值得到社会承认、生计与享受物质生活考虑较多。大学生就业功利化思想较为严重，导致在校大学生二次、三次报考研究生情况突出，报考国家公务员、事业单位的比例逐年提升，完全放弃应届招聘。还有部分学生对自己的职业规划有偏差，对自己的专业和行业没有明确认识，因此价值取向中的消极心态依然存在。相当一部分大学生找工作依然相信依托社会关系，且在经受各种面试挫折后，就会产生畏难情绪、心理颓废。用人单位与大学生就业预期落差大，根据麦可思的报告，虽然每年毕业生就业人数一直在上涨，但是市场上企业对人才的需求和储备也在增加。企业追求的是利益的最大化，这在人才的选择上也有所体现。但是大学生择业时对于专业对口的考虑是往后靠的，优先的都是自我发展、薪酬待遇与工作环境，优先考虑的都是国企、大企业。以上都是就业工作中的巨大阻力。二是家庭因素方面。一方面，许多家长持有完全依赖学校的心理，对教育的规律和系统性问题没有认识，认为学生在学校期间一切教育均是由学校完成，学生参与少。另一方面，就业出现各种问题的大学生，其家庭教养方式往往以强权式教育和溺爱式教育为主。这种情况下，学生就业观受家庭影响更加严重，也导致这类学生的家长对大学生的就业形势认识不足，就业信息了解不到位，就业观念陈旧落后。

第二节　做好就业准备工作

养兵千日，用兵一时。经过四年时间的精心储备，终于等到了最后接受检验的时刻。大学生即将走上全新的人生之路，而这条路是否通畅很大程度上将取决于他们在就业时的表现。近年来家长大包大揽的现象减少，大部分家长都在学生就业的时候选择了沉默，"让孩子自己去做吧，我们也帮不上什么忙。"事实上这样做在给了孩子自由的同时也给了孩子孤独，家长在这个困难的时刻置身事外，孩子又怎能以他稚嫩的双肩独自担负起这样一份重担呢？面对全新的、纷繁复杂的社会，他是需要指导的，他很可能因为缺乏最基本的常识多走许多弯路，而家长有义务用自己几十年的经验来帮帮孩子，也许只是简单的几句话，但对孩子而言，却可能是终身受益的财富。所以，请家长和孩子站在一起。如果说孩子是即将展翅开始第一次飞行的雏鹰，那家长就应该是警惕而关注的长者；如果说孩子是冲锋陷阵的球员，那家长就应该是场外冷静而清醒的教练。在这样的一场战斗中，家长应该扮演重要的角色。

我们都知道，就业是一个非常复杂的、要不断做出抉择的过程，孩子可能会一次又一次地打来电话，诉说他的烦恼。这时，请家长无论如何都不要沉默，因为家长的沉默会给电话那边满心要向家长求教的孩子带来极大的失望。很快，家长就会发现孩子不再跟家长探讨任何就业问题了。所以家长要做好一个合格的咨询师，要对孩子可能出现的问题做好充分的准备，这样才能知道和孩子谈些什么。

就业是一个要不断进行选择的复杂过程。孩子在目睹了上一届师兄师姐找工作的艰辛以后，猛然意识到下面就轮到自己了，于是他开始四处打听可能的出路。这时，即使家长和孩子早就做好了职业规划，孩子也有可能改变主意。可能原本不考研的孩子这时也做起了考研的打算。这样的选择好不好呢？先不要忙着下结论，让我们来看看为什么那么多孩子都要在最后阶段临时决定考研。这里一定不乏有些志向远大的孩子，为了争取深造的机会而考研，但也有相当比例的孩子是在盲从，身边的同学都准备考了，那我也要去！否则万一他们考上了，我后悔怎么办？况且我也不知道每天都干什么。另外，还有一种一直潜伏在孩子的内心深处、不易被发觉的原因促使孩子去挤考研的独木桥，那就是：孩子还没有在心理上做好就业的准备，读研能给他一个喘息的机会，可以延缓找工作的时间。如果孩子在考研动机上没有什么可以指责的，这本来就是家长和他一起规划好的职业生涯的一部分，但在毕业时要再次考虑考研风险的问题。选择考研会错过很多找工作的好机会，一旦没有被录取，再返回头来找工作就迟了。特别是目前考研复试的高淘汰率更是让孩子很有可能在四五月份才知道自己的考研结果。相反，忙于找工作又会影响考研，况且找工作也不是万无一失。

向家长介绍这些事情是为了让远在家乡的家长明白孩子将面对的是怎样复杂的选择，而事实远比我们简单、有限的描述更为错综复杂。在这样的情况下，涉世不深的孩子怎能不眼花缭乱、不知所措呢？他又怎能不心烦气躁、牢骚满腹呢？可能一点点的风吹草动都会让过分谨慎的孩子草木皆兵，而显而易见的风险也会因孩子的盲目乐观而变成视而不见。这时就需要家长仔细倾听孩子的苦恼，理解他的烦躁，帮助他静下心来分析可能的选择。即使家长不能像一个专家一样解决孩子的烦恼，也可以以冷静客观的态度使孩子过热的头脑降温，很多时候，这就是解决孩子问题的一剂良药。当然，家长也不妨把自己的希望和看法都告诉孩子，任何不经意的话语对在暗夜里摸索的孩子来说都可能是一个突然闪现的灵光，况且家长是一个有着几十年社会经验的成年人，在任何事情上，可能都有比孩子更为妥善地处理问题的能力。

考研是需要提前规划的，家长理应在大三其他孩子都开始参加考研复习班的时候提醒自己的孩子也应该着手准备了，应该在孩子觉得可以保研时，提醒他在事情没有确定时不该盲目乐观，甚至还应该给他的辅导员打个电话，问问孩子到底有没有可能保研，也许辅导员简单的推断就可以使家长和孩子冷静下来。这时一切都还来得及，而只听信孩子一面之词、盲目乐观就会使孩子痛失最好的时机。

好了，既然不能保研已经成为不可更改的事实，家长是不是应该关注孩子的选择呢？如果孩子选择了考研，家长是不是能够提醒他可能存在的困难？时间紧、任务重，家长是不是应该告诉他只能把精力集中到一条路上来呢？如果家长当初对孩子说："孩子，不要怕，你只要安心学习就行了。你一向都这么优秀，即使前面没有准备也来得及，还有几个月呢。爸爸（妈妈）相信你的能力。"也许，家长的鼓励就会成为他心中的一盏明灯，使孩子放下沉重的包袱，坚定考研的决心，他就很有可能成功。不是也有的人即使是从10月份开始准备考研，也最终获得了成功吗？如果孩子对家长说心里没底。这时，家长是不是就应该客观地分析一下，在这种情况下，坚持考研是否还是一个明智的选择。既然孩子没有信心，为什么不鼓励他准备找工作呢？"孩子，没关系，找工作历练两年也挺好的，以后还有考研的机会。"那家长不就可以督促他制作简历，参加人才市场招聘了吗？即使他确实参加了考研，又确实感觉不好，为什么不鼓励他在考完后放弃回家的念头，积极找工作呢？在3月份成绩发布以前，还有一个半月可以利用的时间，无论如何，只要家长当时哪怕是一点点的指导和关心，都会对孩子产生意想不到的积极作用。家长也许会说："这是很简单的事，他自己还想不到吗？"然而在毕业时，突然面对前所未有的巨大压力，孩子往往是当局者迷，失掉了正确判断的能力，急需一个局外人的指引。家长不要指望孩子的辅导员能够为其指点迷津，即使是最负责任的辅导员也不可能完全掌握所有孩子的动态。而对于家长来说，孩子只有一个。如果孩子在毕业时没有找到出路，对家长来说，就是一个已经发生了的、铁一般的事实，而且让人难以承受。所以，家长有能力也有责任担负起这个咨询师的角色。

现实情况纷繁复杂、瞬息万变，不仅仅是在选择道路时考验着家长和孩子，随时可能出现的情况都会重新把孩子推向起点，甚至是更糟糕的境地。这时，孩子往往更需要一个及时出现的咨询师帮助他共渡难关。在孩子没有报到上班之前，一切意外都是可能发生的。

第三节　建立家庭良好沟通

现在，学生家长一定有了一个很迫切的愿望，那就是一心想去帮助自己的孩子。然而，我们还要告诉学生家长，光凭满腔热血是解决不了问题的，如果没有基本的知识，家长的指导也许会让孩子进退维谷。在家长提出建议之前，还要了解孩子的情况和就业的大环境，这就要求家长和孩子时刻站在一起，不断去关心和了解孩子要面对的一切。

一、学生选择工作地域的理由

第一步的事情就是了解孩子的期望，学生家长不要对这个问题嗤之以鼻。这个世界每天都在变化，孩子也不例外。所以，尽管家长和孩子有了比较详细的职业规划，而当就业近在咫尺的时候，还是要和他讨论一些细节问题。例如：要在哪里就业呢，为什么在那里就业呢？是选择继续留在他读书的城市，还是到北京、上海、广州、深圳，甚至是遥远的西部去？显然，确定就业的地点是找工作的第一步。家长没有必要直接干涉孩子的选择，但不妨问问孩子为什么这样选择。很多时候，孩子都是抱有一种年轻人特有的冲动，不太理智地选择了就业地点。或是因为心高气傲，坚持到大城市去找工作；或是因为恋人，甚至是为了暗恋的人，就选择了对方所在的城市。了解到孩子的这些心理，对家长的判断非常有利，家长完全可以及时提醒孩子可能存在的问题，并在随后找工作的漫长日子里，一直掌握孩子内心深处的想法。

二、了解就业政策和就业信息渠道

学生家长还需要了解就业大环境和相关的就业政策，特别是与孩子专业相关的就业信息和政策。身处网络社会，各大招聘网站，全国大学生就业信息网、各大公司招聘网、每个高校的校园网的就业网都是不可多得的信息集散地。在那里，有各种就业政策、就业信息、就业技巧。因为有了网络，您和您的孩子就站在了同一起点上，不必再等待滞后的信息。

通过以上这些努力，家长可能基本上追上了孩子就业的脚步。但是，建议家长不妨超越自己的孩子，有时间的时候，去学习一些法律知识。近几年来，大学生就业中的纠纷越来越多。对孩子来说，初次就业，他不但对如何择业本身缺乏了解，更对在择业的过程中如何进行自我保护一无所知，甚至根本没有自我保护的意识。而经验丰富、头脑冷静的家长却可以在孩子权益受到侵犯时帮助处于劣势的孩子。

三、家长要充分了解签约单位情况

当学生已经有了签约的意向单位，并准备签约的时候。这时他一定会征求家长的意见。家长不要急着回答孩子，先去做做调查。家长的这次调查往往是孩子在签约前最后的一次把关，所以，一定要小心谨慎地对待这件事。怎么才能去了解一个也许家长从来没有听说过的单位呢？在家长遇到困难的时候不要忘了自己的亲人和朋友，发动他们帮忙打听单位的情况，如果能有人提供一个可以拜访的、这个单位的员工，那一次拜访一定会对调查有很大的帮助；如果没有这样的人，试着打通单位的任何一部电话，直截了当地告诉对方自己的意图。相信，他一定愿意提供帮助，因为大部分的人都很善良，在对他没有损害的前提下，愿意提供帮助。打这样的一个电话没有什么，学生家长不要担心，笔者就曾经很愉快地接过这样的电话。

最后还要给学生家长一个建议，既然孩子打算到这个单位工作了，那里很可能成为孩子日后工作和生活的地方。这也很可能是孩子在即将独立前最后一次获得家长的帮助。面对这么重要的选择，家长怎么小心都不过分。如果家长有时间的话，亲自到单位看看是最负责任的做法。

第四节　积极开拓就业渠道

就业是一个很复杂的过程，不仅仅参加招聘会、投递简历的方式可以找到工作，还有其他的就业渠道，利用人际关系就是其中之一。

一、利用关系网

在谈到帮助孩子找工作的时候，大部分家长最先想到的恐怕就是利用自己的关系帮他找个接收单位。我们不希望家长这样包揽孩子的就业，毕竟这是社会对他的第一次考验，需要他自己直接去面对；也不希望助长这种利用关系办事情的社会风气。但是，毕竟我们要面对现实生活，现实中确实有太多的人在利用关系网帮助孩子找接收单位。一些父母可能在某些企业或机构工作，可以为孩子提供内部推荐，提高孩子的就业机会。无论如何，众人拾柴火焰高，家长的关系网无疑会给找工作的孩子提供极大的帮助，哪怕就是几条就业信息，对孩子而言也会是雪中送炭。大部分的父母尤其是农村家长没有这方面的关系，那么如何发掘并利用自己的关系网？

二、家长的朋友圈

我相信，家长一定拥有自己的社交圈，还有许多亲戚和朋友。不要忽视任何一个平凡的人，因为可能正是他会提供一点帮助。所以家长要做的是，把所有认识的人都列在一张表上，包括同学、同事、亲戚、邻居，甚至是棋友。这样一个名单，可以提醒家长不要忘记自己的某些朋友。列好了这样一张表以后，家长需要仔细想想，自己现在能与他们直接联系吗？这一方面需要有效的联系方式，另一方面还要求家长与他们的关系依然密切。如果家长发现，自己竟然不知道名单上很多人的电话号码，那么马上行动起来，去寻找他们的联系方式，并把所有的联系方式填在自己的表上。不要让原本珍贵的财富因为自己的疏忽而变得毫无意义。还有，挑出那些可能为孩子提供工作信息或是其他帮助的人，回想一下自己是否已经很久都没有与他们联系了呢？如果答案是肯定的，那么，现在就拨个电话去问候一下他们吧。因为，只有涓涓细流才能长久滋润亲密的友谊，也只有这样，在任何时候自己的一个电话都不会显得很突兀。面对这样一份名单，家长也许有些不知从哪里入手。其实没什么，只要打个电话或是拜访一下他们就可以了。跟他们谈谈孩子的就业，看看他们能不能提供一些有意义的消息和见解。在自己的社交圈中获取到一些求职信息，并将这些信息分享给孩子，帮助孩子了解就业市场和招聘信息。

三、提供经济支持

一些家庭在经济上可以为孩子提供支持，例如支付孩子的培训费用或提供创业资金等，为孩子提供更多的就业机会。家长可以帮助孩子完善求职简历，提高简历的质量和吸引力，家长可以为孩子提供职业规划建议，帮助孩子了解自己的职业发展方向和目标，为孩子的就业提供指导和帮助。家长可以在孩子求职过程中给予心理支持，鼓励孩子勇敢面对挑战和困难，增强孩子的信心和勇气。

我们相信家长的关系网或多或少都会对自己的孩子有所帮助，不要因为自己曾帮助已经焦头烂额的孩子找到一份工作而沾沾自喜。因为，那只会让孩子非常反感。也不要因为不能为辛苦奔忙的孩子提供一个有效的信息而感到痛苦，深陷在内疚的自责中，那只会让孩子隐瞒自己的困难，选择独自一人去承担所有的压力。其实，即使家长没有可以利用的关系网，还有清醒冷静的头脑和充满爱心的关怀。所以，不要让孩子因为家长毫无意义的内疚而远离。

第五节　调整良好就业心态

我们曾经提到过，面对错综复杂的就业之路，孩子会因前所未有的压力而变得烦躁不安。他不但要继续学习，甚至是更努力地学习，还要被就业政策和就业信息轮番轰炸着度过忽悲忽喜的每一天，还要硬着头皮，走出象牙塔，去面对全新的、未知的世界。这时，他那尚显稚嫩而脆弱的心灵很可能不堪重负，出现一些反常的情绪。这时，身为家长应该怎样做呢？

一、了解孩子不想就业的原因

一位大四的辅导员曾经跟我讲过这样一段故事：那是一个来自偏远山区的孩子，异常贫寒的家境使辅导员很早就注意到了这个同学申请了贷款。他的父亲因中风长期瘫痪在床，母亲带着弟弟、妹妹在家乡艰难度日。当他心力交瘁的母亲终于盼来了孩子毕业的那一年，而孩子却坚持要考研，说什么也不肯找工作。万般无奈的母亲沉默了，对着固执的孩子，她又能说什么呢？可是，孩子的辅导员却非常惊讶，他怎么会做出考研的决定？他学习成绩一般，以前也没有深造的念头，况且家里急需他赚钱养家糊口。辅导员找到了他，这孩子却真的找不到一个一定要考研的理由，还是经验丰富的辅导员在他的言谈话语间找到了答案：因为他根本不想就业，他害怕了，他不愿去面对陌生的、充满艰辛的世界，他那颗依然稚嫩的心还没有做好承担起家庭重担的准备。于是，他选择了逃避，读研究生刚好给了他一个名正言顺的喘息机会。后来，他还是坚持不找工作，但考研却失败了，固执的他还要再考一次。

如果有人以为这是一个特例，那就错了。从学习到工作毕竟是跨度很大的一步，有很多的孩子在面对这艰难的一步时首先想到的是退缩。"上学的日子多舒服，我根本就不想就业。"在孩子的心中，很可能工作以后要面对复杂的人际关系，要努力升职，要被领导约束，要自己养活自己，没有假期，没有自由的时间，比起相对单纯而丰富的大学生活，孩子当然不愿意就业。这时，家长一定要警惕孩子的这种心理，它的存在是合理的，是无可厚非的，但不要让它左右了孩子的行为。如果孩子真的因为恐惧和反感而不愿意就业，那么家长的鼓励和建议就非常必要了。提前与孩子谈谈就业，也许能发现一些蛛丝马迹。如果孩子真的有这种苗头，家长在告诫他不可能不面对工作的同时，建议他在假期做一份兼职，体会一下工作的辛苦与甘甜。真实的生活也许会打破他恐惧的心理，使他更容易接受由学生到职员的角色转变。

二、要不要降低期望值

首先，家长要反省一下自己的行为，是不是正是自己给了孩子过多的压力呢？我们都知道，大部分的家长都会对未来孩子的职业有一个美好的愿望，这个愿望从孩子在众人瞩目中迈入了大学的校门就开始了。"你的孩子上了这么好的学校，找份好工作是没问题了，你就等着享福吧。"邻居羡慕的话语是不是在自己的心里编织了一个神话？"对呀！我的孩子这么优秀，他当然能有好工作！"也许，家长在邻居面前谦虚地笑着什么也不说，但在孩子耳边，却从不掩饰自己各种各样的希望。家人的期望就像是一座大山一样压在孩子的身上。大部分的孩子默默地承受着这份压力，在就业的脚步越来越沉重的时候，他也不忍心打破家长的梦幻，强装笑脸听着家长一个又一个泡影一样的愿望。于是，他从来不与家长谈起关于找工作的艰难和困惑，甚至在过去的四年里都在向家长报喜不报忧，隐瞒了许多类似重修、被处分的事实。然而，面对现实，他又能怎么想？"要是找不到好工作，家里人会怎么看我呢？邻居会嘲笑他们吗？天哪，他们的面子都被我丢光了！"

看看，家长对孩子过高的期望给孩子原本脆弱不堪的心灵上又加了一个砝码，他又怎么能够承受呢？比起孩子，家长的面子又算得了什么？所以，请家长放下自己的幻想，面对非常残酷的现实：在竞争越来越激烈的今天，毕业生找工作再也不是皇帝女儿不愁嫁的时代了，即使是名牌大学毕业生的就业率也不是百分之百，找到梦想中的工作更是难上加难。

这时，家长不但要降低自己的期望值，还要引导孩子认清形势，认真考虑每一个可能的就业机会。如果能够找到工资待遇高、发展机会多、地点好、工作轻松的工作当然最好。但是，人生不如意十有八九，现实却常常是事与愿违。不能找到工作的原因固然很多，但许多人挑肥拣瘦，这山望着那山高也是其中一个重要的原因。恐怕很多毕业生和家长都在这样追悔莫及："要是我当时签了那一家就好了，比这个强多了。"那么，让我们来听听古希腊哲学家苏格拉底要学生摘麦穗的故事，相信对家长会有所启发。有一次，苏格拉底要几个学生从麦地的这头走到那头，只能摘一次，看谁摘到最大的麦穗。结果几个学生一路走过，总认为最大的麦穗肯定在前面，于是对经过的大麦穗都不屑一顾。故而走到麦地尽头，竟没有一人摘到一个麦穗。苏格拉底由此分析道："这麦地里肯定有一个最大的麦穗，但你们未必能看到它；即使看到了，也未必敢摘回来。因此，最大的一个麦穗就是你手中摘得的那一个，而不是其他。"毕业生找工作不就像摘麦穗吗？总有人不是嫌这个单位在郊区，就是嫌那个单位不太稳定，挑三拣四，犹豫不决，总觉得这个能签约的单位不是最好的，最好的在后面。结果，一再地让机会从自己手边溜掉，最后什么也得不到。如果孩子签了一家单位，那他最起码有了一个起点。这个起点的高低也许会对他的将来很重要，但家长要告诉自己的孩子：起点不是终点，重要的是要保持生命不息、奋斗不止的良好心态。初次就业只是人生很多步骤中的第一步，它很重要，但不意味着绝对永久。所以，要先确保孩子迈出了第一步，再来看怎么把第一步迈得更好。

三、孩子坚决要和恋人一起走，怎么办？

含辛茹苦地把孩子养大成人，在度过一个又一个操碎了心的日子后终于盼来了他要独立的那一天。可却忽然发现，自己几十年的养育之恩却比不过他一两年的恋情，他要扔下双鬓斑白的父母，去遥远的恋人的家乡工作了。在孩子吞吞吐吐地透露出这个念头时，家长的脑海里"嗡"的一下变得一片空白，"为什么会这样？我们怎么办？"小强是独生子，家就住在西安某大学的旁边。当年，小强执意要离开西安去北京读书，妈妈勉强同意了，但她没有一天不盼着孩子重新回到自己的身边。终于等来了小强毕业的那一年，小强的妈妈早早就在西安为他联系了一家好单位。然而，小强却在妈妈一遍又一遍的催促中沉默着，迟迟没有回家签约。原来，小强的女朋友是海南人，她一直不能习惯北方的气候和生活习惯，坚持要回海南。小强在女友和妈妈中间进退两难，终于还是爱情占了上风，他与海南的一家单位签约了。妈妈终于在小强吞吞吐吐、闪烁其词的话语中抓住了要点：孩子要到海南工作了！这一气非同小可，妈妈当天就躺在了医院的病床上。小强满怀内疚地打回电话来，却听到妈妈气愤的声音："我不和那个白眼狼说话！"小强难过极了，女友也非常痛苦，这样的关系以后怎么成为一家人呢？

也许，不少家长也和小强的妈妈一样，一心希望自己的孩子在毕业后回到自己的身边来，却没有料到孩子会有这样的选择。家长气愤，觉得孩子翅膀刚刚硬了就不再听话了；家长委屈，投下一粒种子，秋天还会收获一把果实，可是这二十几年的辛苦却换不回孩子的心；家长难过，为什么孩子就不能替父母想想呢？

可是，家长有没有替孩子想过呢？对家长而言，一个工作的决定只是意味着孩子将重新回到自己身边；对他而言，却意味着全部的生活。孩子也许现在是走了，但没有什么是一成不变的，他也许还会回来。而且，家长也可以选择随着孩子走，而不是要孩子跟家长走。有一位父亲这样跟我说："我们老了，孩子在哪儿，我们的家就安在哪里。怎么能让我们这些越来越老的人去影响孩子刚刚开始的路呢？"他的话也许能够回答很多家长的问题。所以，不要去约束人生之路刚刚开始的孩子，如果家长确实想不出什么合适的解决方案来挽回孩子的决定，试着去理解他、支持他，不要因此为日后的生活蒙上阴影。要知道，这时，家长任何一点小小的转变都能够安慰孩子痛苦万分的心灵，使他从内疚的阴影中解脱出来。而家长也会发现，退一步真的是海阔天空。

四、孩子为什么越来越消沉

在找工作的过程中，家长很容易发现，开始踌躇满志、充满信心的孩子好像越来越消沉。他不再谈论未来美好的生活，也不再充满激情地述说将来要如何一展宏图。面对找工作的关键时刻，他退缩了、迟疑了、茫然了。是什么消散了他的斗志，使他变得如此胆怯？这是一个比较普遍的现象，大多数的孩子都会在面对现实的时候，经历幻想破灭的阶段。而更重要的一个原因是一帆风顺、事事如意、没有经过挫折和风浪的孩子不得不面对一次又一次的失败，而失败是对一个人自信心最严重的打击。家长只要看看招聘会场门前长蛇一样的求职者队伍和会场内为数不多的单位，就会明白，在绝大多数的情况下，大多数的毕业生都会充当一个失败者的角色。在他成功地获得一份工作以前，他要被各种单位拒绝很多次才能幸运地找到属于他的那个岗位。这时，家长是不是渐渐明白为什么自己的孩子情绪一落千丈，变得意志消沉、郁郁寡欢了吧。是的，经过一次次的失败，他不断地否定着自己，逐渐失掉了信心。这时，就需要家长提前提醒他可能会有的挫折，并及时地鼓励孩子正确对待失败的事实，不断地从失败中总结自己的失误，勇敢地面对下一个机会。无论就业形势如何恶劣，请您都不要忘记，总是有单位在招募新人，总有一个适合您孩子的职位。这时，最糟糕的就是对孩子大喊大叫，或是和孩子一起自怨自艾，觉得孩子真的是有了什么问题，像老母鸡一样把孩子护在自己的翅膀下，只怕外面的世界会险恶地吞噬了他。家是孩子最后的避风港，不要让您无谓的怒火和担忧让满心疲惫的孩子失掉最后疗伤的栖息地。

第六节　监督检查就业进展

我们曾经说过，为了让孩子能够在四年中不断地、心无旁骛地朝着目标迈进，家长需要经常与孩子联系，掌握孩子前进的方向。那么，在这个关键的时刻，家长更要打起十二分的精神来密切注意孩子的动向。因为，面对巨大的压力，孩子实在是太有可能出现疏忽和松懈了。当孩子在忙忙碌碌中无法清醒地看到自己努力的结果时，家长就要用冷静的头脑评估孩子每周工作的进展；当孩子"只缘身在此山中"而"不识庐山真面目"时，家长就要以战略的眼光来统观全局。当孩子出现情绪波动时，家长应该是第一个安慰和鼓励他的人；当孩子处在转折的十字路口时，家长应该是及时出现帮助决策的人。

而现实中往往出现这样的家长，在突然发现问题时才大声惊呼。在家长愤怒地质问孩子时，为什么不想想：为什么都3个月了，自己一直放任孩子而什么都没有发觉呢？那么，怎么才能准确掌握孩子的动向呢？怎么才能在孩子需要时及时出现呢？定期探讨的方式可能会对孩子有所帮助。家长不妨和孩子约定每周谈话的时间，这样既不会影响孩子的学习生活，也会防止家长在繁忙的工作中忘了给孩子打电话。每周一次的谈话自然会使家长了解孩子找工作的动向和孩子的精神状态，也会让孩子能够有机会倾诉心中的烦恼。这虽然是个简单的办法，却非常有效，建议家长不妨试试。

第七节 领航转换就业角色

我们相信，即使是历尽了千辛万苦，孩子最终总会找到一份工作。在毕业前夕，他仿佛真的一下子长大了。当他诚恳地拒绝了家长给他的钱，准备用自己的双手去承担生活的压力时，家长一定是又欣慰又辛酸。这时，千万别忘了，家长还有很重要的一个任务，那就是帮助孩子准备进行由学生到职员的角色转换。

一、真的让孩子一个人走吗？

孩子真的长大了吗？在家长的眼中，孩子永远是孩子，永远令人放心不下。可是，孩子已经不是那个幼时牵着家长衣角的小娃娃了，他需要自己独立地面对这个世界。鹰会在幼鹰羽翼丰满的时候坚决地把孩子赶出家门，因为自然界优胜劣汰的残酷现实教会母鹰一个事实：没有哪位父母可以照料孩子的一生。孩子需要独自去走他的路，即使那路会布满荆棘，会带给他挫折，但那也是他成长中必须经历的过程。他总会在一次次的教训中变得更加成熟，就像家长曾经经历的一样。所以，请放开手吧，让孩子自己去面对广阔的天空。

二、和孩子说些什么？

当家长坚定决心，以后的路让孩子自己去走，这时是不是有很多话要对孩子说呢？也许，家长心里千头万绪，却不知说些什么了，那么，让我们来看看，孩子还需要家长提醒什么呢？

刚刚从一个学生步入职场，孩子会有各种各样的困惑和心理不适。有的因为无情的现实打破了对工作的无限憧憬而灰心丧气；有的因为缺乏实际的社会经验和锻炼，在应对不熟悉的环境时感到情绪低落；还有的难以放弃学生的角色模式，常常以学生的标准来衡量工作中的问题而导致心情压抑；还有的孩子不能在本职工作中沉下心来，心浮气躁。各种各样的问题不一而足，需要家长结合自己的经验提前给予孩子耐心的指导，让孩子在就业前对可能发生的心理不适有充分的认识。既要要求孩子踏实地工作，又要提醒孩子，尽量多从单位的集体利益和他人的角度考虑问题。更要提醒孩子，水至清则无鱼，人至察则无徒，在工作中不要过于苛求别人。

同样，面对即将开始的新生活，孩子也一定非常需要这样的一次教育。所以，请家长把自己丰富的经验统统地倒给孩子，不要在乎那是不是有些琐碎，是不是有些多余。相信孩子也和当年的你一样，会因为父母的这次谈话而终身受益。建议家长在面对孩子的就业问题时，以一种冷静的、关爱的、鼓励的态度去帮助您的孩子。相信只要家长把握好正确的立场，再加上孩子的不懈努力，孩子最终会获得一个皆大欢喜的理想职业。

第八节　家校合作路径探索

一、强化全员育人指导理念

学生要健康成长成才、综合发展，首先家庭和学校都要构建正确的家校合作教育理念；其次，明确权责，家长要做好家庭教育，正确看待功利主义和家国情怀、享乐主义和艰苦奋斗、盲目选择和有的放矢、眼前利益和长远发展等几对矛盾，把握好教育方式。学校应从学生进入大学开始，就动员各方力量，通过多渠道、多形式、多内容的专业教育方式，让学生家长也产生强烈的专业认同和职业认同，引导和促进家长对子女教育观念和就业价值的转变。家校合作分工协作对学生进行职业生涯教育，提升学生的综合素质能力。

二、问题导向，确保全过程育人指导理念

在工作中，我们要坚持问题导向，形成育人合力。对于学生存在的挂科多、就业受挫、考研失利等问题，应该根据学生的实际情况，主动与家长沟通，全面了解学生的情况，通过家长的支持和配合，进而提出有针对性的解决方案，这样才能更好地帮助学生成长成才。对于学业压力大的学生，可以动员各方力量做好学业辅导，落实各种措施进行学业帮扶，联系专业老师做好学业指导，家庭关注学业进展，定期反馈有关信息，以此共同帮助学生增强学习兴趣，提高学习成绩，为毕业生就业打下坚实基础。

三、拓展家校合作教育渠道，注重全方位育人指导理念，建立联动长效机制，帮助学生转变角色，提高学生"四自能力"

学生入学后，通过测评，建立和不断完善学生和家庭共建的职业发展和生涯规划教育档案，定期并针对性地与家长、学生进行沟通，并邀请知名校友、生涯专家进行讲座及定期指导，提高家长和学校协同育人的能力，并根据家长在实际教育过程中遇到的一些突出问题，由专家给予针对性的帮助和指导。

第十一章

互联网+背景下家校合作协同
育人机制创新

教育是个系统工程，学校教育与家庭教育是两个重要的子系统。当今高等教育的发展要求家庭教育和学校教育必须相互配合，形成育人合力。中共中央、国务院《关于进一步加强和改进大学生思想政治教育的意见》（中发〔2004〕16号）指出，学校要探索建立与大学生家庭联系沟通的机制，互相配合对学生进行思想政治教育。可见，家校之间加强沟通与合作是对大学生进行教育的重要途径。近年来，互联网蓬勃发展，形态不断丰富，改变着人们的思维方式、学习方式、生活方式，克服了传统媒体背景下家校合作的不足，给高校家校合作提供了新的环境和机遇，为构建家校合作长效机制奠定了基础。

在互联网+的背景下，随着科学技术信息化的飞速发展，社会对大学毕业生的要求越来越高，德智体美劳全面发展的大学生成为当今社会的需求，单一的学校教育或家庭教育育人模式已经不能适应社会的高速发展和教育理念的更新，也无法适应新时代大学生的全面发展的要求。教育管理信息化已成为"互联网+教育"的发展方向之一。

随着社会技术的不断发展，各种电子诱惑层出不穷，部分大学生的自控能力差，陷入网络游戏、网恋、传销、信贷，出现旷课、逃课、厌学，导致拿不到学位证和毕业证的现象时有发生。与此同时，作为高校学生工作的主要管理者——辅导员，通常需要负责至少200名学生的日常生活和教育教学管理，在繁重的管理任务和教学任务情况下，无暇顾及每一个学生的日常表现和学业状况，通常只在学生学业出现问题、违反校纪校规、身心健康出现重大问题时才与家长联系，以便获得家长的协助。本章旨在探讨新时代、新技术背景下，利用新手段来构建家校合作协同育人的创新机制，为培养学生成才成长提供技术支持。

第一节 互联网+背景下家校合作育人现状及机遇

一、互联网+背景下高校家校合作协同育人的现状

（一）家校合作协同育人的理念薄弱

长期以来，我国高校的学生管理与家长是缺少互动的，学校与家长的联系通常只在学生在校出现降级、辍学以及安全事故等现象时，在学生的日常表现和学习情况方面缺少互动。大多数高校虽然认识到家校合作的重要性，但并未将家校合作上升为学校发展战略，也未成立专门机构来指导和督查家校合作的开展，更无制度和经费保障。教育者对家校合作的态度也不尽相同。高校学生管理工作者有的认为大学生相对于中学生来说较为独立，需要家校合作的机会较少；有的认为家长不懂高等教育规律，没有能力参与学校教育，因此家校合作在一般情况下可有可无；有的认为家长参与学校教育会对高校的决策带来麻烦和干扰，不愿高校对家长开放。这些因素阻碍了高校家校合作教育的深入开展。从家庭方面来看，大部分家庭缺乏参与学校教育的意识，认识不到家校合作是自己的权利和义务。受

教育素养、职业、家庭结构、社会经济地位等因素的制约，不同家庭在孩子进入大学之后所采取的教育方式不尽相同。家长在与高校的沟通与合作方面有时会出现两种极端现象：一种是忽略大学生的自主性和独立性，频繁与辅导员、班主任联系，这既容易引起子女的逆反心理，也给高校教育者增加了工作负担；另一种是平时对子女在校表现不闻不问，认为教育和引导学生是高校应尽的责任与义务。

随着通信技术的迅速发展，辅导员与家长的沟通逐渐加强，但基本都是临时性的互动。家长对学生在校情况的了解，基本都是凭借学生本人的描述，这种观点带有片面性。此外，在家校互动方面有部分家长的参与意识不强，有些家长认为孩子已进入大学阶段了，基本都是成年人了，教育好孩子是学校的天职，家长只需把学费和生活费按时准备好就行了，更有家长误认为"收到学校的联系就是坏消息，没有收到学校的联系就是好消息"。当今社会，00后的学生已经步入大学，这些年轻人思想开放，独立意识强，遇到大的抉择或困境往往不会求助家长和老师，都是自己解决，也不愿意家长知道自己的日常表现，误以为家长了解太多是窥探隐私，不希望学校和家长的联系密切。学生这样的观念，使得学校和家长之间缺乏沟通的桥梁。学生、家长和学校的互动理念薄弱，在一定程度上阻碍了家校互动的建立。

（二）家校合作协同育人的制度不明确

高校与家庭之间的互动是间断的和被动的，缺乏规律性，也没有形成家校互动的主题和制度，高校很少设立了家长委员会，大多数高校都没有设立。有的高校尝试进行了家校合作，但因为制度本身的局限性，方式和内容的可行性不强，没有收到预期的效果。高校在制定家校互动制度时，应该从顶层设计，兼顾到合作的方式和内容，如果学校不重视家校互动，家校合作的效果难以见效。同时高校要求厘清辅导员和辅导员在家校互动制度中的职责和分工，结合高校学生的实际情况，决定是以辅导员为主的互动制度，还是以辅导员为辅的互动制度。很多高校都没有具体主管负责家校互动的部门，使得家校互动制度欠缺。家校互动制度的不明确使得互动工作难以落实，影响家校协同育人模式的形成，不利于当前高校学生的管理。

（三）家校合作协同育人的途径不实时，互动环节少

高校组织的家校互动最普遍的互动方式是电话沟通和每学年暑期辅导员给家长邮寄的家庭报告书，少部分高校会在本省生源集中地区组织家长会，同时在学生发生安全事故和留级或退学的特殊情况下提前通知家长到校访谈，极少高校采取网络互动的形式与学生家长保持实时联系。电话沟通具有时效性，但是当家长的电话号码更换或欠费时，很难保持家校互动的进行。类似中学那种每学期的家长会组织起来更是费时、费力、费钱，不适合高校。具有一定效果的家庭报告书，需要耗费大量的纸张和辅导员长时间的记录工作，而且出于部分学生对家校互动的规避心理，使得信笺提供的收件地址往往不一定是家长本人的，同时两周左右的邮寄周期使互动的延迟时间很长。曾经有学生家长反映，收到家庭报告书后，了解到了学生的表现和学习情况，可是暑期已经结束了，错过了对孩子进行有的放矢教育的最佳时机。高校一般面向全省或全国招生，时间和空间成为家校合作的主要障碍。互联网+出现前，高校与家庭合作主要是通过电话、手机短信、面谈等方式，这种合作通常为了解决紧急问题而建立，家长往往是被动的一方，互动频次少，也不够深入。这种低效的合作方式无法使双方相互促进，更无法形成育人合力。除了电话、短信联系，高校家校合作最集中、最主要的形式就是新生家长见面会。家长见面会模式也基本固化，通常是高校介绍办学历史、硬件设施、师资力量、培养目标等。高校是信息的传递者，而家长是信息的接受者。由于高校生源的特殊性，无

论是在传统媒体还是互联网+环境下，高校与家长面对面的交流不是一种常态化合作途径，即使有其涉及面也很有限。但由于缺乏互动平台，家校之间的信息沟通、资源获取等都很难进行。家长无法获取教育资源，不能随时随地表达自己的观点和看法，对高校的教学管理和学校发展等献计献策；高校无法将学校的教学信息以及学生的综合表现等情况反馈给家长，缺少家校互动平台向家长传达正确的教育理念。

二、互联网给家校合作协同育人带来的机遇

（一）互联网使大学生成为家校合作的桥梁

互联网伴随着00后的成长而不断发展。00后大学生的人际交往、沟通、消费方式都与以前不一样，他们个性更为张扬，更多关注自身的发展，表达方式和信息获取方式更加多样化。互联网以其交互性、开放性、即时性和虚拟性等特点获得大学生的青睐，成为大学生与家庭交流沟通的主要工具，使得家庭教育能够渗透到学校教育中来，成为学校教育有益的补充。与此同时，大学生可以借助互联网建立起与辅导员、班主任、任课教师的直接联系，并且能够发挥家庭与高校沟通的桥梁作用。

（二）互联网为高校与家庭之间的沟通合作提供了便利

高校可以利用互联网的技术优势，扩大家校合作内容，拓宽家校合作途径。互联网时代信息不再是单向的沟通，高校与家庭之间的互动更广泛、更便捷、更深入、更有效。高校可以通过学校网站、官方微博、QQ、微信等使家长更清楚学校的政策、人才培养方案以及校园文化等。00后大学生的父母大多为70后、80后，他们中的大部分人接受过高中及以上学历教育，比较容易包容和接受新事物、新思想，并且绝大部分具备了

互联网素养。互联网的即时性、便捷性、开放性使得00后大学生的父母有更多机会对子女进行教育引导，有更多途径与高校沟通，并且可以通过互联网+参与学校事务管理，为高校发展献计献策。

（三）互联网为家长之间沟通与交流提供了平台

在传统媒体环境下，大学生的家长受时间和空间的限制，彼此之间很难建立起有效的沟通与联系。互联网的开放性为家长之间互通信息提供了方便，使其能够与高校教师一起深入细致地做好学生工作，促进和谐人际关系的形成。家长还可以利用互联网+实现资源共享，交流育人经验，提升家校合作能力。

第二节　互联网+背景下家校合作育人的理论基础

苏联教育家苏霍姆林斯基曾经指出："最完备的教育是学校与家庭的结合，没有家庭教育的学校教育和没有学校教育的家庭教育，都不可能完成培养人这样一个极其细微的任务。"高校家校合作由于受家长社会阶层不同、交互平台功能差异、合作过程不持续性等因素的影响，导致家校合作不能顺利有效地进行，延误解决学生问题的时机因而迫切需要新模式的构建，在互联网+背景下，移动互联网技术为家校合作新模式的构建提供技术支持，包容理论与系统理论为家校合作新模式的构建提供理论依据。家校合作"沟通—合作—共同成长"的新模式可形成家校合力，促进家长、学校与学生三者间的共同发展。

新型的高校家校合作模式以"沟通—合作—共同成长"为基点。沟通是初始阶段，主要是围绕学生进行，通过各类有效的交互平台，传递学生学习、生活与心理等信息，从而达到与家长形成共识的作用；合作是第二阶段，通过合作形成家校之间的教育合力，提高人才培养的水平和质量；共同成长是最终目的，通过家校合作促进学生整体素质的提高、家长素质的提升和学校管理水平的完善。互联网+背景下高校家校合作新模式的构建以包容和系统理论为基础。

一、包容理论

高校学生家长来自社会的各个阶层，不同的阶层具有经济收入差异和文化背景的差异等，而家长的阶层差异导致家长的思想理念差异和家长社会网络的差异，这两者的差异也使家长的教育理念、教育方式、家长社交网络等方面也有差异。由于这些差异的存在，直接导致在家校合作中家长的行为差异。不同社会阶层的父母对他们自身以及学校在子女教育中的角色持有不同的价值观念，拥有高社会经济地位的父母对现行教育系统更加适应，懂得更好地与之协调，这些父母也更容易参与到"家庭合作"的教育实践中。"来自低下阶层的家长与教师交往时缺乏自信，甚至逃避某些与教师会面的机会，形成家长选择自我淘汰的现象。"弗兰克·利斯曼（Frank·Riessman）认为，当前家校合作中，家长本身（包括文化水平、教育传统等）是造成家校合作不力问题的主要原因，由此形成了家校之间"分工而不合作"的现象，家长必须面对现实，退缩或者对学校工作采取"不合作"态度，将无助于子女达到他们期望的学业成就。专家通过调查发现，当父母与子女更多地交流与理解时，子女更容易形成较高水平的自尊及自我效能感，建立良好的学业自我，若家长和教师增加合作，学生会感到"学校教育是重要的"和"教师及家长很关心自己的学习"，他们会努力争取更好的学习效果。

包容理论认为学校和家长对学生的教育负有共同的责任，家长与教师在教育学生方面各具优势，强调家庭和学校的联系。教师应充分认识到家长在学生教育中的作用，分析不同社会文化背景家长的特点及其社会网络，帮助低社会阶层的家长转变教育传统，提升他们参与到家校合作的积极性，并鼓励不同社会阶层的家长利用其社会网络资源参与到高校学生的教育中来，形成家庭和学校教育优势互补的合作效应，来共同促进学生的全面发展。家长必须面对现实：退缩或者对学校工作采取不合作态度，将无助于子女达到他们期望的学业成就。

二、系统理论

系统是指由两个或两个以上的元素相互作用而形成的整体。系统论的核心思想是系统的整体观念，系统各要素之间相互作用从而构成系统演化。系统论认为，整体性、关联性、等级结构性、动态平衡性、时序性等是所有系统的共同的基本特征。贝塔朗菲强调，任何系统都是一个有机的整体，它不是各个部分的机械组合或简单相加，系统中各要素不是孤立地存在着，每个要素在系统中都处于一定的位置上，起着特定的作用。要素之间相互关联，构成了一个不可分割的整体。系统的整体功能是各要素在孤立状态下所没有的新质。他用亚里士多德的"整体大于部分之和"的名言来说明系统的整体性，反对那种认为要素性能好，整体性能一定好，以局部说明整体的机械论的观点。在对学生培养的过程中，要考察整个学校、家庭和社会环境各要素组成的整体功能，在这个系统中，主要的要素包括学生、教师、家长、通信技术、学校管理等，只有当这些要素都协同合作的时候，才能达到共同培养学生向良性发展的目标。

第三节　互联网+背景下家校合作的
技术保障条件

近年来，微博、QQ、微信等社交软件的兴起，使得互动的方式变得实时和便捷，但是针对高校的家校互动而言，由于家长的文化素养和经济条件参差不齐，采用这些工具进行沟通无法全面覆盖到家校互动。2011年，腾讯公司为手机推出了即时通信服务的免费软件微信。微信是一款具有广泛传播度，支持实时电话、语音、视频，文字、传送文件等功能的免费平台。作为目前国内使用量最大的社交软件，一直占据着社交聊天软件的主导地位。艾媒咨询最新发布的《2022年度中国通信社交类App月活排行榜TOP10》中，微信以月活跃用户超过10亿的数据遥遥领先，QQ以超过7亿的月活跃用户位列第二，新浪微博以超过3亿的月活跃用户排名第三，小红书和陌陌月活跃用户分别为超过1.7亿和近6000万。

微信与QQ、微博等平台的显著区别在于用户即使更换手机的情况下也很少会更换微信账号，具有强大的账号稳定性。相关资料显示，更换微信账号的用户仅占微信总用户数的3.1%，因此，采用微信进行家校互动可以解决全面覆盖的问题。以辅导员为主导，借助微信平台，构建以家长为对象的家校互动平台，以便家长实时了解孩子在校的情况。在互联网+和手机充分普及的环境下，家校互动协同育人模式充分考虑"主导+主体"形式，在理论和实践层面进行了设计，以高校辅导员身份围绕学生的日常表现、学业状况、身心健康、突发事件构建基于微信的家校互动平台。

一、微信平台的优势

（一）定位精确且开放

近几年智能手机和PAD设备的发展成就了学校与家庭教育并行的网络合作的硬件条件，现代通信技术的飞速发展为学校和家庭教育的结合带来了新的契机。

微信是一款借助智能手机，用户可以通过语音、文字、图片、小视频、HTML5等形式，将内容即时分享给一对一好友或者用户群的免费应用程序。而且作为一种自媒体社交工具，随着各种社交功能的添加，微信的传播属性更加复杂，组织传播、群体传播和大众传播在微信中都有所体现，传播内容更加丰富，表现形式更加多样。

（二）平台稳固受众广

在互联网+行动计划的推动下，网络与通信技术的迅速发展，互联网+全速渗透人们生活的各个方面。2014年底，中国网民中利用手机上网的比率已经达到85.8%。据腾讯2015年业绩报告，截止到2015年6月底，微信每月活跃用户已突破6亿，各品牌的微信公众账号总数已经超过800万个。年龄方面，微信用户平均年龄只有26岁，97.7%的用户在50岁以下，86.2%的用户在18～36岁之间。微信已经成为大学生及其家长生活中不可或缺的社交工具。对高校教育工作者而言，将微信这样一个互联网+与教育结合，建立创新性的家校合作平台，将成为互联网+时代的必经之路。大多数家长和教师都使用过微信，没有使用过微信的人也能够在很短的时间内学会操作，这为将微信平台与家校合作相结合奠定了一定的基础。

二、基于家校合作的微信平台设计

借助高校普遍使用的微信公众号，在微信技术的支持下，家校合作应当包含以下内容：家长能够通过第三方平台的引入，直接在微信公众平台上查询孩子的学习成绩；学生可以获取学习资源；老师、家长和学生之间的信息和交流可以在网络同步；学校通过平台让大众能够全面地了解并且监督学生管理工作。

（一）建立家校合作的微信团队

可以成立主要由高校辅导员、班主任和思想政治教师组成的微信服务团队。鉴于青年教师对微信的熟悉度较高，可以组织有兴趣有能力的年轻教师成立微信图文、音频、视频的搜集、整合与制作团队。

（二）拓宽信息来源

作为为家长和老师服务为主的微信号，主打的应当是德育。因此，学校可利用思想政治教育队伍、辅导员、学生会相关部门等共同搜集、提供相关内容。信息资源共享，不仅不会浪费教师时间，还能借此丰富自己的教育经验。教师也可以在群里撰写教育相关文章，分享给更多家长，还能稳固教师在家长们心中的专业、敬业的良好形象。

（三）拓宽范围，全面有效沟通

进入大学，由于地域差异，大部分学生远离父母的约束，除了寒暑假，一年之中大多数时间在学校度过，家长对学生日常学习、生活的了解远远不足。大学教师应该本着实事求是的原则，及时互通有无、更新情况动态。要让家长了解学校的基本情况，对学校办学、管理各个方面都能做到知情，家长只有了解了学校的办学思想、办学模式、升学肄业等各种制度，专业发展、专业前景、奖惩办法等具体的情况，才会主动配合学生管理工作，与大学教师队伍一同做好学生的教育培养工作。

第四节　新媒体建立家校思想政治教育平台

理论和实践是大学生思想政治教育不可偏废的两个方面。在互联网+环境下，必须积极借助互联网+沟通理论与实践，既要把学生从理论引向不同类型的实践，又要把学生从丰富多彩的实践引回理论，帮助他们在认知、理解、认同相关理论的同时，积累丰富的实践经验，积累丰富的相关体验，从而使得相关思想政治教育内化于他们的心灵世界。

一、从虚拟到现实，搭建理论教学的新阵地

大学生思想政治教育不但要让学生掌握相关的理论、知识，帮助他们形成良好的思想观念，而且要让他们把自身行为与这些理论、知识、思想观念结合起来，其中相关的理论教学便是大学生思想政治教育"知"的一方面。只有在"知"这一方面打下坚实的基础，才能有良好的"行"体现出来。

（一）建立高校官方微博集群

高校官方微博集群有着"高度规范的信息主题""相对确定的信息传播范围""受众高度集中"等特点。在互联网+环境下，应当努力构建高

校官方微博集群，助力大学生思想政治教育理论教学。

首先，明确微博定位。明确的定位能为高校官方微博集群形成影响力建立良好基础，既要考虑高校官方微博的受众、内容、主题和功能，又要考虑高校的教育教学管理和日常运转，尤其要注意的是，要明确高校官方微博集群的思想政治教育功能，要让与思想政治教育相关的内容在不同时段呈现于这一平台，而不能让其局限于发布常规信息与新闻、提升学校外在形象和沟通社会各界。其中，要注意发挥不同院系的力量开发院系微博集群，使之与学校的官方微博有机结合起来，为大学生思想政治教育理论学习线上答疑创造条件，也为巩固理论教学成果创造条件。

其次，提炼官方微博主题。高校官方微博集群的功能并不局限于对大学生进行思想政治教育，因而，必须注意提炼主题，以使高校其他工作不因此而被耽误和干扰。不仅要根据时事热点、国家方针政策、社会焦点等现实问题来提炼主题，而且要根据学生的专业方向、职业生涯规划、就业形势来提炼主题。提炼主题的时候，不仅要考虑到学生的思想动态，还要考虑到学生的思想需求，而不能把这些信息简单地罗列使之与普通的新闻、资讯无异。提炼这些主题，既要讲究语言的凝练简洁，又要突出中心思想，使之具有思想政治教育的底色，同时，还要让名人名言进入高校官方微博集群，使之能以丰富、明确、鲜活的内容助力大学生思想政治教育理论教学。

最后，改善话语表达。互联网+环境在很大程度上是网络环境，或者与网络环境密不可分。在网络环境空间下，话语表达具有"虚假性""低俗性""私利性""非理性"等特征，而网络空间并不是一个完全规范的公共交流空间。而这样的话语表达无疑也会渗透进高校官方微博集群。一方面，要保持高校官方微博集群的固有底色，保持思想政治教育话语的底色，以便为达到思想政治教育效果而提供基本保障，另一方面，在保持思想政治教育底色的基础上，要适当吸收网络用语，塑造轻松活泼的、为学生喜闻乐见的话语表达，进而为大学生思想政治教育理论教学提供良好的话语环境。

（二）建立高校思政微信公众号

微信具有通信、社交、平台等功能，微信公众平台是自媒体平台，具有内容发布的实时性和多样性、内容发布的强制性和独特性等特点，不但信息推送精准性较高，而且人际交流具有高时效性，与大学生的生活、交际习惯相契合。因此，建立高校思政微信公众号能有效推进大学生思想政治教育理论教学。

首先，提高思想意识。虽然高校已经在不同程度上开设了官方微博及官方微博集群，并也努力构建高效思政课堂，但在互联网+环境下，大学生思想政治教育并不能局限于此，而应充分利用不同的互联网+形态，发挥互联网+的合力联手推进思想政治教育工作。其中，尤为重要的是要提高思想意识。不仅要提高高校领导层的思想意识，而且要提高高校宣传部门的思想意识，不仅要提高相关思政教师的思想意识，而且要提高学生群体的思想意识。通过提高思想意识，让使用互联网+助推大学生思想政治教育成为共识，只有如此，无论是建立高校官方微博集群，还是运用政务微博集群，抑或是建立思政微信公众号，都能形成良好的思想基础。

其次，培养"把关人"。推送高品质的内容是高校思政微信公众号实现价值的重要环节，而高品质的内容的形成则离不开高水平的"把关人"。高校思政微信公众号的"把关人"不仅要具有过硬的思想政治素质，而且要能把握大学生的思想动态，不仅要有开阔的视野、丰富的知识，而且要对互联网+语境有深刻的理解。在高校行政管理群体和教师群体中，宣传部门和相关思政教师无疑是合适的人选，同时，也应认真在学生群体中培养思政微信公众号的"把关人"，让其用学生熟悉的素材、用学生熟悉的语言与话语表达方式让微信公众号更具底气、更接地气。

最后，提高运营水准。固然，高品质的内容是高校思政微信公众号所必需，同时，还应提高其运营水准，使相关内容能实现及时推送、精准推送。离开了及时推送，思想政治教育的时效性就会受到削弱，而在重大突发事件发生时，这将尤其明显。离开了精准推送，思想政治教育的内容就失去了明确的目标，思想政治教育就容易流为无的放矢，浪费人力物力，造成资源的浪费。

二、从认识到感知，引导学生参加实践

《关于进一步加强和改进大学生思想政治教育的意见》和《关于进一步加强和改进高等学校思想政治理论课的意见》都明确指出了实践教学在大学生思想政治教育中的重要地位。在互联网+环境下，应当借助以微博为核心的互联网+推进思想政治教育实践教学，引导大学生开展思想政治教育实践。

（一）开发高校职能部门微博的宣传功能

高校各职能部门有着明确的分工，与大学生校园生活联系十分密切，要注意发挥这些部门微博的作用，为大学生创造开展思想政治教育实践的机会。一方面，要利用后勤部门的微博，引导大学生在日常生活中节约资源、杜绝浪费，养成节约意识；另一方面，要利用招生就业部门的微博，引导大学生在职业生涯规划、求职中实事求是、脚踏实地；同时，还要利用教务管理部门，引导大学生诚信考试；另外，还应发挥资助部门微博的作用，引导大学生参加勤工俭学、诚信使用与偿还助学贷款。虽然这些行为粗看起来都十分细微，但却与人的思想政治素质紧密相关，也正是通过这些微不足道的实践行为，才使得人的思想政治素质得到不断提高。试想，一个不节约用水、不节约用电、乱扔垃圾、考试作弊、不偿还助学贷款的大学生会具有良好思想政治素质吗？可以说，失去了对这些细微之处的关注与践行，大学生思想政治教育的理论教学必将大打折扣。

（二）发挥院系微博的引导作用

高校的院系与学生联系最为密切，对学生的成才成长有着直接的影响。要注意发挥院系微博的作用，把大学生思想政治教育的实践教学提升到一个新的层次。一方面，要利用院系微博鼓励和引导思政课堂内的实践教学，不仅要从物质和精神两方面鼓励相关教师，而且要引导学生学会适应、学会参加、学会设计思政课的实践教学。另一方面，要利用院系微博沟通高校社团，发挥好高校社团广泛联系学生的优点，做好校园实践这一重要环节。相关的校园活动，比如围绕思想政治教育不同主题而展开的演讲、知识竞赛、义务服务等都可以成为推进大学生思想政治实践教学的有力手段。同时，注意利用院系微博引导教师和学生对相关实践教学进行反馈，以总结经验教训，为下一步相关工作打下基础。

（三）立足多方互动，营造大学生思想政治教育新氛围

在整个社会系统的运行过程中，高校并不能孤立存在并发挥作用，实际上，高校始终与社会、家长群体、学生群体紧密联系在一起。学生群体在高校话语场中学习、生活，有着比较全面和深入的沟通、互动，但是高校与社会，高校与家庭的沟通、互动并未得到重视。在互联网+环境下，学生群体与社会的互动、与家长群体的沟通和互动也较以往更为方便快捷。社会的舆论和导向会比学校、家庭更快速地进入学生生活，成为影响大学生思想政治教育成效的重要一环。如何借助互联网+沟通"社会—学校—家长—学生"的关系，让社会导向、家长诉求和期待进入大学生思想政治话语场，成为创新大学生思想政治教育的必然要求。

1. 从管理到服务，加强社会各部门的引导

首先，借助公安、司法部门的政务微博群进行法制教育。法制观教育是大学生思想政治教育的重要内容。在常规教学中，大学生接触的多是

教材呈现的内容，或者课堂上教师援引的案例，显然，这是不能满足大学生思想政治教育客观需要的。除此之外，还应该增加学生对法制的真实体验，让他们在实践体验中领会和理解相关理论与案例。公安、司法部门的政务微博可以为增加学生群体的法制实践体验提供条件。高校不仅可以组织学生去法院旁听，还可以参观公安破案成果展览等。这样一来，不仅可以加深对依法治国的理解，还可以进一步增加法治观念，培养法治思维方式。这对于推进大学生思想政治教育无疑有很大的作用。

其次，借助宣传部门的政务微博群弘扬正确价值观。宣传部门不仅掌握大量时代模范素材，而且掌握大量成功的社会治理案例，是收集和宣传经济社会建设成果的关键部门，更是传递正能量的关键部门，有着丰富的与大学生思想政治教育相关的资源和素材。借助宣传部门的政务微博，不仅可以及时、全面收集反映经济社会进步的案例，而且可以在宣传部门的帮助下，走近时代模范，走进经济社会发展走在前头的地方，实地了解地方经济社会取得的巨大成绩，如果不走进社会，不走进生活，而仅仅通过文字和影像来把握经济社会成就，学生是无法获得这样的体验的。可以说，这对培养大学生正确、坚定的政治观有着很大帮助。

最后，借助旅游部门的政务微博培养爱国情感，帮助大学生形成热爱祖国、热爱家乡的情感是思想政治教育的重要方面。在这方面，旅游部门的政务微博可以提供相应的帮助。一方面，要通过旅游部门的政务微博挖掘地方名胜古迹，引导学生善于发现家乡之美，发现祖国大好河山之美，继而，在条件允许的情况下，引导学生游览名胜古迹，这样既可以让他们在美丽的山水间陶冶情操，又可以让他们开阔视野。另一方面，要通过旅游部门的政务微博挖掘红色旅游资源，引导学生在实地体悟近现代历史。由于有了实地体验，显然要比仅仅接触文字描述更能引起共鸣和增加认同。无疑，这将大为有利于大学生形成强烈的爱国主义情感。

2.从被动到主动，增进家校的合作共识

互联网+不仅方便了信息传播，而且方便了人们的日常交往。作为互联网时代的常用交际和传播工具，互联网+为学校和家长沟通搭起了桥梁。这一新的桥梁将为学校和家长就大学生思想政治教育形成新的共识。也正是在这样的家校共识中，新的大学生思想政治教育模式逐渐得以形成。

（1）借助微博促进家校沟通

首先，借助高校官方微博集群积极沟通学校和家长，增强家校合力，高校微博集群至少包括了招生就业部门、宣传部门、后勤部门以及院系的微博。这些部门的微博发布招生就业信息、宣传学校、服务于学生的生活与学习，为学生成才成长创造着条件，而学校的招生就业状况、由师资力量而呈现出的学校形象、学校的教学等方面，则是家长最为关心的内容。这就意味着学校和家长至少可以在这几个方面取得较大共识，但这并不是全部。学校和家长还应当在大学生思想政治教育方面取得更大共识，也即学校所实施的思想政治教育既要适应学生的需求，又要适应家长的诉求，尤其要使思想政治教育相关工作得到家长的支持，以形成强大合力，帮助学生形成良好的思想政治素质。而高校官方微博集群则恰为沟通家长创造了条件。

其次，借助相关思想政治教育工作者微博、微信积极沟通学校和家长，增强家校合力。除了高校官方微博集群之外，还有一类微博，也即相关思想政治教育工作者的微博可以搭起沟通学校、家长间的桥梁。思想政治教育工作者的微博要提炼内容，设置与学生学习、生活相关的主题，改善话语方式，向家长传递正能量，引导家长关注学生的在校表现与思想动态，同时，还有虚心听取家长的意见和建议，鼓励家长为思想政治教育工作建言献策。但要注意的是，这些微博、微信所传播的信息应当与高校的其他互联网+所传播的信息有所区别。

（2）借助高校客户端增加家校合作机会

首先，开发多元高校客户端。高校客户端是高校根据自身发展需要和办学实际工作而开发的资讯客户端，全面延伸着高校各种信息的传播。开发高校客户端，既可以单个高校为单位，又可以某一地区的高校为单位，既可以同类型的高校为单位，又可以不同类型实现高校之间的强强联合。就具体的高校客户端而言，既可以开发综合性的、涵盖了高校各项工作的客户端，又可以基于高校某一具体工作而开发客户端。虽然就目前来看，相关技术尚未完全成熟，但在沟通学校和家长以促进家校共识这一层面上，未尝不可以尝试开发高校客户端推进大学生思想政治教育工作。

其次，丰富多元高校客户端内容，积极沟通学校和家长，增进家校共识。客户端的开发为进一步加强学校和家长的沟通创造了条件，但仍需不断丰富客户端的内容，方能使其在加强大学生思想政治教育工作方面发挥最大效用。由于高校已经存在官方微博集群、微信公众号、思想政治教育相关教师的微博，因而，应明确客户端的定位，明确客户端的内容，以免使其内容与其他互联网+重复。也即需要以差异化内容吸引家长，使家长乐于与高校就包括思想政治教育在内的各项工作进行沟通。

3. 从放养到关爱，营造和谐的家庭氛围

学生群体是大学生思想政治教育的实施对象。在校期间，他们大多远离家庭开始了独立生活。在互联网+广泛应用的今天，应当借助互联网+积极沟通家长和学生，使学生得到更多的家庭关爱，继而在良好的家庭关系中进一步开展思想政治教育。

首先，以多种方式鼓励学生与家长使用互联网+多沟通。在传统媒介环境下，家长与学生的沟通方式并不多，而在互联网+环境，他们之间的沟通方式则相对较多。一方面，要鼓励大学生用写书信、打电话等传统方式与家长进行沟通；另一方面，要鼓励大学生使用微博、微信、QQ等互联网+与家长进行沟通。而在沟通的时间与次数上，则不宜有严格规定，但可以尝试规定一个月的某一天为"家长沟通日"，并鼓励学生与家长沟通多一些、沟通得深入一些。

其次，以多种方式鼓励家长与学生使用互联网+多沟通。这需要高校与社区、居委会、村委会、家长工作所在单位（企业）联系起来，以便发挥这

些机构的作用。一方面，高校相关部门应尽可能准确掌握学生的基本信息，形成专门数据库，为加强学校与社区、居委会、村委会、家长工作所在单位（企业）联系建立基础。另一方面，高校应与社区、居委会、村委会、家长工作所在单位（企业）就大学生成才成长达成基本共识，尤其要在思想政治教育工作方面达成基本共识。只有这样，才能使社区、居委会、村委会、家长工作所在单位（企业）在推动家长与学生沟通方面真正发挥作用。

最后，要注意改善家长与学生之间沟通的内容。高品质的内容是提升家长与学生沟通质量的重要条件。一方面，要丰富双方沟通的内容，具体而言，不仅多元互联网+传播的信息、资讯、知识可以成为沟通的内容，而且多元互联网+传播的生活常识、理论、方针政策等也可以成为沟通的内容。另一方面，要注意倡导双方在沟通过程中使用高品质内容，相互传递正能量。但要明确的是，任何人和机构都不应干涉涉及家长与学生隐私的沟通。

第五节 高校家校合作长效机制的构建思路

高校要充分利用互联网+的优势，规范家校合作，搭建家校合作平台，建立健全家校合作育人长效机制。

一、高校要将家校合作制度化和规范化

家校合作需要制度保障。高校要构建家校合作长效机制，首先，要在战略上高度重视家校合作，将其纳入学校教育发展规划。其次，要制定相关制度，确定家长参与学校教育的权利和义务，使得家校合作有章可循。高校可根据自身实际制定家校合作评价指标，对家校合作的实施及效果进

行考核，提高教师在家校合作方面的积极性。目前很多高校并没有专门的部门主管家校合作工作，家校合作工作基本都是在二级院系层面开展。"建立组织是将家校合作工作制度化的基础和主要手段。"高校可成立专门的家校合作组织，如家长联合会、家长委员会等，提高高校教育工作者和家长参与家校合作的积极性和主动性。家长联合会的组成要考虑地区、职业、性别等多方面因素，每年至少召开一次会议，讨论、落实、总结各项工作。家校合作组织作为学校、学生、家长之间沟通的桥梁，须进一步开发校外教育资源，比如在学生入学、就业等关键时间点，请有能力、有经验的家长做讲座，帮助学生做好职业生涯规划。此外，家长委员会可以在力所能及的范围内，为学生提供各种社会实践机会，或协调、帮助学生社团联系社会资源，开展各种活动，充分发挥家长的学业引导、就业指导、生活帮扶作用。这些举措有利于形成教育合力，促进学校、家庭、社会三位一体的教育模式的形成。

二、建立完善的"沟通—合作"机制

当前，随着我国对高校家校合作的重视程度的提高，很多高校都有不同形式的高校合作方式，但是在家校合作运行实践中却存在着偏差，主要包括：一是随意性强、计划性差。高校辅导员或班主任对于家长进行合作的内容、方式没有制订相应的计划，在信息内容上没有进行个性化设计，在交互形式上没有考虑家长的技术能力，采用的交流形式不恰当。二是单向灌输多、双向交流少。在家校合作实践中，更多的是高校单方面的信息传输，高校教师把学生的学业成绩或在校表现信息传递给家长，或是只是上传到平台上，却没有进行后续关注，不了解家长是否看到了信息，或家长对信息内容的态度等。而家长对信息内容也是被动地接受，很少有反馈，导致双向交流少，学生的问题不能得到及时的解决。三是阶段性弱、连续性差。在家校合作实践中，学校与家长之间联系没有根据学生在校的不同阶段提供不同的合作内容。高校学生在大学四年中，不同的阶段在思想、学业、生活等方面所出现的问题也不相同，学校与家长不仅应就不同的阶段对学生进行动态的关注和交流，而且须进行持续的、不间断的跟踪与交互。而现状是，在阶段性和持续性这两方面都做得不到位，只有当学生在校出现问题了，才来寻求合作，致使问题不能得到及时有效的解决，导致各类事件频发，严重影响人才培养的质量。因而，在家校合作模式的运行中，学校需建立一套完善的"沟通—合作"机制。"沟通—合作"机制的目标是要建立一个家校互信、融合和协作的责任共同体。家长与学校各司其职，责任共担。首先，学校要制定家校合作的目标、计划、实施方案和管理制度。目标与计划可分为短期的和长期的，配之以相应的切实有效的目标和计划的实施方案和管理制度，对计划实施的效果进行监控与分析，动态调整目标和计划；其次，加强家校间的交流与沟通，加强信息互换，积极构建多层次多渠道的沟通交流方式，深化融合，促进家校互信，达成合作新共识；最后，学校与家长共同制定合作的规划和措施，协商解决合作中的问题。

三、提高家校合作主体的家校沟通素养和媒介素养

在高校开展家校合作的主体是辅导员、班主任等教育工作者和家庭。在互联网+时代，辅导员、班主任要不断更新观念，深刻理解和准确把握互联网+的功能和规律，积极吸收和利用互联网+的优势与家庭进行沟通与协作。高校需组织针对辅导员、班主任的媒介素养培训，设置家校沟通合作课程，使教师受到沟通合作方面的专门训练，增强沟通合作意识。由于家长使用互联网+技术的能力和水平参差不齐，高校可以在新生报到时，对学生家长进行互联网+技术培训，家长自愿参加。高校还可以在线开设家长课堂，通过交谈、讲座、书面联系、向家长推荐家教类文章等，指导家长有针对性地进行教育，切实提高家长的家教水平，使他们认识到家庭

教育的重要性，从而担负起教育孩子的重任。

四、提升家长参与家校合作的主动性

　　家长由于受社会阶层及文化程度等因素的影响，并不是所有的家长都有意愿参与到家校合作的过程中。因而，在家校合作模式的运行中，要应用各种方法鼓励或要求家长的参与。学校可建立完善的学生家庭信息资料库，并进行信息分析，掌握学生家长不合作的原因，根据不同的原因制定不同的策略。例如，就家长教育观念问题而产生的不合作，通过建立"家长学校""学校家庭教育咨询服务站""教育专家指导""家长论坛"等多种形式的培训与指导来转变家长的教育理念，使之了解家校合作的重要性，积极参与到家校合作之中。就家长技术素养缺失问题，则是构建"交互技术辅导""沟通帮助"平台来提高家长的技术素养，从而达到沟通畅通，提高家长与学校交流合作的自信心。另外，学校应尽量采用家长擅长的交流工具定期向家长推送学生在校学习和生活的信息，并且就学生的问题与家长进行协商，形成有效的、具有针对性的教育建议，让家长感受到合作的成果，从而提升合作的主动性与积极性。

五、构建家校合作平台，拓宽合作育人路径

　　高校与学生家庭联系沟通是一项系统工程，涉及内容非常广泛。高校要做好信息基础工作，搭建有效沟通平台。信息基础工作集中表现在两方面：一是对学生基本情况的了解，二是对学生家庭基本情况的了解。

　　学校必须建立完善的学生信息库，内容涵盖学生的籍贯、联系方式、父母工作单位、受教育程度等，辅导员、班主任人手一份，并注意更新和保密。学生信息库的建立极大地便利了学校与学生家长的顺畅沟通。高校要充分利用学校网站构建具有特色的家校互动平台。譬如，在平台里设置

专业学习指导、科研创新、考研升学、出国交流、就业等栏目，设置家校互动论坛、微博等，分成教师、家长、学生等版块。各班可建立家长QQ群、微信群，以便与家长及时沟通，克服传统媒体对时空的限制，从而提高双向合作教育的有效性。有条件的高校可以开发学生信息综合查询系统，家长足不出户便可以了解孩子的学习成绩、综合测评、获奖信息、图书借阅、校园消费、上网时间等在校动态。

六、家校互动协同育人模式的评价

为深入分析高校家校协同育人模式的应用效果，实践结束后，笔者通过在微信端发起问卷的形式对所带班级学生的家长进行了调查分析，调查可知，约 97% 的家长认为高校里面有必要开展家校互动协同育人模式；就沟通的工具而言，83.33%的家长倾向于采用微信与学生辅导员保持联系；就互动次数而言，三分之二的家长认为每学期辅导员与学生家长开展1—2次的互动比较合适；若有便携快捷的渠道了解孩子在校的学业情况，大部分家长倾向于采用微信和微信小程序。本次调查的结果在很大程度上确认了基于微信和小程序的家校互动协同育人模式的优势，也为评价家校互动协同育人对培养大学生成才的作用提供了数据支撑。

随着互联网+技术的迅速发展及其带来的家校合作机遇，高校和家庭要充分重视家校合作，有效利用互联网+优势，使教育信息化发展迅速，进一步扩大家校合作内容，搭建家校合作平台，提高教育效率，切实提高高校人才培养质量。

参考文献

[1] 邱欣红，侯庆红．大学生心理危机干预家校联合的现状研究[J]．科教导刊（上旬刊），2019(07):181-182.

[2] 苗行生．高校家校合作联合培养学生的路径研究[J]．当代教育实践与教学研究，2019(14):64-65.

[3] 秦丽丽．互联网背景下家校社共育生涯教育平台的建构[J]．中小学心理健康教育，2019(12):32-33.

[4] 窦根锁．"互联网+"背景下家校共育存在的问题与对策[J]．甘肃教育，2019(01):28.

[5] 黄蓉生．大学生思想政治教育发展的时代特色——基于思想政治教育专业30年视域[J]．思想教育研究，2014(9):3-7+78.

[6] 马萍．"互联网+"背景下家校合作育人模式的构建[J]．高校辅导员学刊，2016,8(3):47-49.

[7] 童向亚．微信环境下高校家校互动教育模式研究[J]．齐齐哈尔师范高等专科学校学报，2018(1):75-77.

[8] 陈昊，李世鹏.高校推行家长联系制度的家校合作模式探索[J]．高校辅导员，2016(3):58-61.

[9] 赵婴，何克抗．基于微信的跨文化网络交流互动深度研究[J]．电化教育研究，2019, 40(10):35-39+60.

[10] 王玉．"互联网+"时代高职院校家校互动新模式的探寻[J]．河北农机，2019(11):126.

[11] 刘虹，李煜，孙建军．基于微博微信的高校社交网络信息传播特征与效率对比分析[J]．现代情报，2018, 38(4):3-11.

[12] 田智雁，张晓丽，梁波．基于微信小程序的学生家校信息系统设计与实现[J]．软件导刊，2018, 17(9):122-124.

[13] 王丽，戴建春．基于微信的交互式翻译移动教学模式的构建与应用[J]．外语电化教学，2015(2):35-41.

[14] 马恒懿．家校合作新探[D]．上海：华东师范大学，2011.

[15] 毛亚庆，王树涛．西部农村处境不利儿童的就读经验现状及政策建议[J]．教育学报，2017, 13(03):48-56.

[16] 王薇. 构建家校协同机制的实证研究[J]. 上海教育科研, 2015(02):72-76.

[17] 李清臣, 岳定权. 家校合作基本结构的建构与应用[J]. 中国教育学刊, 2018(12):38-42.

[18] 汪敏. 家校合作的主体边界与实践范式[J]. 教育科学研究, 2018(12):66-72.

[19] 李飞, 张桂春. 中美两国家校合作机制差异之比较[J]. 教育探索, 2006(03):49-50.

[20] 李大庆. 家校共同体: 高校协同育人模式研究[J]. 学校党建与思想教育, 2016(24):8-10.

[21] 李忠琼, 黄海霞. 厘清家校协同育人中各主体责任边界[J]. 人民教育, 2019(22):27-29.

[22] 沈小婷, 刘海燕. 从社会资源整合看家校共建平台的发展路径. 教学与管理, 2019(22):16-19.

[23] 黄河清, 马恒懿. 家校合作价值论新探[J]. 华东师范大学学报(教育科学版), 2011, 29(04):23-29.

[24] 盛天和. 家校合作:教育和谐的必然状态——上海市中小学家校合作的现状与思考[J]. 思想理论教育, 2012(22):25-28.

[25] 储朝晖. 家校社协同育人实施策略[J]. 人民教育, 2021(08):33-36.

[26] 董梁, 王燕红. 家校合作中家长边缘性参与研究[J]. 教学与管理, 2015(09):61-63.

[27] 蓝波涛, 覃杨杨. 构建大思政课协同育人格局:价值、问题与对策[J]. 教学与研究, 2022(02):92-100.

[28] 左惟, 秦霞, 单晓峰, 等. 高校校园网络文化中的问题及对思想政治教育的影响[J]. 江苏高教, 2010(5):109-111.

[29] 周贤君. 基于家校互动的独立学院思想政治教育新途径——以湖南农业大学东方科技学院为例[J]. 湖南农业大学学报:社会科学版, 2006(5):53-54.

[30] 叶红. 校园网环境下家校互动的新探索[J]. 硅谷, 2010(5):189.

[31] 陈万柏, 张耀灿. 思想政治教育学原理（第三版）[M]. 北京: 高等教育出版社, 2015.

[32] 李大庆. 家校共同体:高校协同育人模式研究[J]. 学校党建与思想教育, 2016(24):8-10.

[33] 杨天平. 法国学校与家长之间的交流与协调[J]. 外国教育研究, 2004(01):42-44.

[34] 付昌辉, 王中顺, 陈蕾.网络时代高校与家长之间的零距离交流与互动[J]. 浙江交通职业技术学院学报, 2005(01):69-73.

[35] 谭虎,蔡建兴.努力构建家校合作的教育机制[J].中国家庭教育,2005(2):5.

[36] 庄薇.试论当代大学生家庭教育的缺失及对策[J].黑龙江教育（高教研究与评估）,2006(03):28-30.

[37] 李晓丽,王铁军.与家长沟通——高校亟待加强的工作环节[J].东北电力大学学报,（3期）:71-74.

[38] 董雪."互联网+"视阈下的大学生创新创业教育路径探究[J].现代经济信息,2015(17):446.

[39] 牛国强.新时期家校联合的重要性和必要性[J].考试周刊,2014(14):1.

[40] 贺艳洁,杨浩强.新形势下高校家校合作育人模式的构建[J].无线音乐.教育前沿,2015(9):22-23+94.

[41] 童向亚.微信环境下高校家校互动教育模式研究[J].齐齐哈尔师范高等专科学校学报,2018(1):75-77

[42] 胡玉翠.创新微信环境下高校学生工作模式[J].中国成人教育,2016(4):76-80.

[43] 裴长盛,高孝夫."互联网+"背景下高校辅导员家校合作机制的构建探索[J].新教育时代电子杂志（学生版）,2015(2):12.

[44] 祝利克,狄涛.没有上锁的保险箱[M].北京:北京科学技术出版社,2003.

[45] 冯海侠."以生为本"视域下高校辅导员家访工作的思考[J].船舶职业教育,2017,5(2):68-71.

[46] 杨兆宇.刍议高校辅导员家访对大学生思想政治教育的促进[J].新西部,2017(09):109-110.

[47] 张凤,周奎武."学生家访"的创新管理和实践育人模式探究[J].扬州大学学报（高教研究版）,2013,17(6):52-55.

[48] 刘艳丰.高校家校合作育人新模式的应用探究[J].赤峰学院学报（自然科学版）,2016,32(18):194-195.

[49] 胡足凤.当前高校家校双向合作育人机制存在的问题及对策[J].长春大学学报,2014,24(6):830-833.

[50] 林舒.家校合作视域下高校育人途径的探索[J].开封教育学院学报,2014,34(4):90-91.

[51] 张进,欧珊.高校思想政治教育中的家校联动机制研究[J].知识经济,2013(8):172.

[52] 黄河清.家校合作导论[M].上海:华东师范大学出版社,2008.

[53] 李玉德.构建高校思想政治教育中家校合作探讨[J].现代商贸工业,2015,36(08):155-156.